불량학생
중국어 정복기

불량학생 중국어 정복기

발   행 | 2021년 07월 15일
저   자 | 재미리
펴낸이 | 한건희
펴낸곳 | 주식회사 부크크
출판사등록 | 2014.07.15.(제2014-16호)
주   소 | 서울특별시 금천구 가산디지털1로 119 SK트윈타워 A동 305호
전   화 | 1670-8316
이메일 | info@bookk.co.kr

ISBN | 979-11-372-5046-8

불량학생

중국어 정복기

차례

● 어대수 魚大水

　대학생. 중국 음식점 아들로 공부는 하지 않고 말썽만 피우는 불량학생. 어느 날 대형 캐리어 가방에 갇힌 채로 중국 상해 한복판에서 발견된다. 우연히 길거리에서 주전자 노인을 만나 중국말을 익히게 되고 아버지 어깨너머로 배운 수타 솜씨를 발휘해 주전자 노인의 식당 일을 돕는다. 대수는 주전자 노인의 손녀인 메이메이와 치명적인 사랑에 빠지게 되는데...

● 주전자 노인

　항상 찻물을 끓이는 주전자를 가지고 다니는 의문의 노인으로 절도면을 파는 식당을 하고 있다. 우연히 대수를 만나 대한민국 임시정부청사를 안내해 주고 갈 곳 없는 대수에게 숙식을 제공해 준다. 주전자 노인은 대수와 절도면 대 수타면 대결을 벌이고 대수에게 중국어 공부를 독려한다. 과연 주전자 노인의 정체는...

● 메이메이 美美

　주전자 노인의 손녀, 한국 관광객 대상으로 관광 가이드를 하고 있다. 우연히 대수를 만나, 할아버지 면관(面馆)에서 대수를 노예처럼 부려먹는데 대수가 수타에 자질을 보이자 그때부터 대수를 다시 본다. 대수가 수타를 연마하는 과정에서 불량학생 대수의 진지한 면에 남몰래 좋아하게 되는데...

● 왕샹 王上

　메이메이의 소꿉친구로 면관 옆, 만둣가게에서 일하고 있다. 메이메이를 짝사랑해 왔으나 대수의 출현으로 괴로워한다. 하지만 메이메이가 대수를 좋아하는 것을 알고 메이메이를 단념한다. 그런데 메이메이가 대수 말고 다른 남자와 맞선을 보자 대수와 함께 방해 작전을 펼치는데...

• 나잘난

불량 유학생으로 공부보다는 노는 것에 더 흥미가 많은 대수의 여사친
(여자 사람 친구). 나잘란은 전직 불량학생 대수를 유혹해 놀러 갈 궁리를
하다가 한국에서 온 아버지 나대로에게 끌려간다.

그 외 몇몇...

1. '메이여우' 하나면 돼!

나 완전히 새됐어!

정신이 든 어대수가 눈을 뜨니 컴컴한 어둠 속이다. 어딘가에 갇혀있는 듯 갑갑하고 사방에서 소란스러운 소리가 들리는데 왠지 한국말 같지 않다. 어젯밤 갑자기 정신을 잃고 쓰러진 것까지는 기억이 나는데 그다음부터는 생각이 나지 않았다.

"쌸라 쌸라 쌸라…"

"뭐야? 어떻게 된 거지?"

대수가 어둠 속에서 손을 더듬어 뭔가 잡고 여니 복잡한 길 한복판이다. 부스스한 얼굴로 눈을 부시며 커다란 캐리어 가방에서 나오는 대수. 사방을 둘러보지만 어딘지 도무지 알 수 없다. 대수 머리는 산발이고 옷은 땅바닥을 쓸었는지 더러움이 가득하다. 또 대수 몸에서는 술 냄새인지 돼지갈비 냄새인지 이상한 냄새까지 나 지나가는 사람들이 피해가기 바쁘다. 사방에 한자 간판이 보이고 돌아다니는 사람들도 왠지 한국 사람들 같지 않다.

"아― 머리 아파. 여기가 어디지? 분명히 어제 집에 들어갔었는데."

지나가던 사람들은 커다란 캐리어 속에서 나온 대수를 보고 뭐라 '쌸라 쌸라' 한다. 대수가 지나가던 사람에게,

"여기 어디죠? 내가 왜 여기 있는 거죠?"

"쌀라 쌀라... 팅둥(听懂 알아 들어요)... 팅더둥(听得懂 알아들을 수 있어요)?"

"핑... 똥... 이라뇨. 장난치지 말구요."

"쌀라 쌀라... 니 팅뿌둥 한위 마(你 听不懂 汉语 吗 너 중국어 못 알아들어요)?"

"뭔 마! 이 자슥이, 처음 본 사람에게 얌마라니..."

대수에게 말을 했던 사람은 뭐 이런 놈이 있나 하는 표정으로 사라지고 대수는 다른 사람에게도 말을 걸어보는데 여전히 들리는 건 쌀라 쌀라다. 대수가 정신을 차리고 사방을 둘러보니 보이는 것은 모두 다 한자로 된 간판뿐이다. 이제야 사태파악이 되는 듯 머릿속이 하얗게 된 대수는 두 팔을 치켜들며 크게 외친다.

"여긴 중국이잖아. 나 완전히 새됐어!"

메이여우!

대수를 둘러싸던 중국 사람들은 안됐다는 듯 쯧쯧- 혀를 차며 가고 대수는 자신이 나온 캐리어를 열어본다. 캐리어 속에는 종이 한 장과 주머니 3개가 있었다. 종이에는 이렇게 적혀있었다.

'어대수 보아라.

독립운동가의 자손으로서 너를 잘 가르치지 못해,
조상 뵐 낯이 없으며 나 또한 무한한 책임을 느낀다.
조부 어수선께서는 젊은 시절 악독한 일경 때려잡고
상해로 피하신 후 중국어를 배우고 독립운동을 하며 지내셨다.
그곳에서 너의 인생과 앞날에 대해 생각해 보는 시간을 갖기 바란다.
이상, 끝-

어대수 부, 어물전 씀.

p.s 세 개의 주머니는 위급할 때 하나씩 펴보고
정신 차릴 때까지 집에 전화하지 말고 돌아올 생각도 말 것!'

대수, 인상을 쓰며 종이를 구겨버린다.
"중국 말 한마디도 못 하는데 어떻게 하라고."
대수가 바지 주머니에 손을 넣어보나 주머니는 텅 비어있다. 대수는 어젯밤 일이 후회되기 시작했다. 어머니가 책 사고 학원 가라고 준 돈을 가지고 친구들과 술 퍼마시는데 다 써버린 것이다. 친구들이 술값을 엔 분의 일(1/n)로 나누자는 얘기도 무시하고 자신이 쏜다며 한껏 호기를 부렸었다. 그때 좀 참았더라면 흥청망청하지 않았더라면 하는 후회가 밀려왔다.
"돈 한 푼 없네. 말도 못 하고 돈도 없고. 지금이 바로 위급한 상황이겠지."
대수가 첫 번째 주머니를 펴보니 주머니에는 '메이여우(沒有)'라고만 적혀있다. 종이를 앞뒤로 돌려보아도 '메이여우'라는 글자뿐이다. 이때 허름한 차림의 거지 한 명이 대수에게 다가와 "쌀라 쌀라~"하며 손을 내민다.
"게이 디엔 치엔 바(给 点 钱 吧 돈 좀 줘), 게이 디엔 치엔 바"
"이 사람이 지금 뭐라고 하는 거야."
중국에서 보는 거지라! 중국이 사회주의 국가이니까 국가에서 모든 것을 결정하는 계획경제이고 당연히 모든 사람은 직업과 집이 있을 것으로 알았던 대수는 놀라웠다. 아무리 중국이 개혁개방으로 부분적으로 자본주의를 받아들였다고 해도 서울 못지않은 높은 빌딩 숲에서 보는 거지는 생소했다. 서울역 지하 보도의 노숙자도 아니고. 대수는 기가 막힌다는 듯 돈 없다고 손을 흔들지만, 거지는 끈질기게 대수에게 돈을 달라며 손을 내민다.
"여우 치엔 마(有 钱 吗 돈 있어)?"
대수 짜증 내며,
"뭔 마. 이 자식이. 돈 안 준다고 욕까지 하네. 메이욧(없어욧)- 메이여

11

우(없다고욧)-"

하니 거지 진작 말하지 그랬냐는 표정으로 간다. 대수는 신기한 듯 '메이여우, 메이욧-'를 중얼거려본다.

"메이여우, 뭔가 좋은 말인가 본데."

한국 단체관광객에게 빌붙다

대수가 주위의 간판과 표지판을 살펴보니 지금 있는 곳은 상해 시내 한복판인 난찡뚱루(南京东路 남경동로)였다. 남경동로에는 사방에 높은 빌딩과 백화점, 식당 등이 보였고 보행자 도로에는 사람들로 가득했다. 상점에는 사회주의 국가라는 말이 무색하게 값비싼 상품이 넘쳐났고 식당의 음식값도 서울 못지않게 비쌌으나 식당 안에는 손님들로 가득했다. 이곳이 정령 사회주의 국가 중국의 모습이란 말인가. 식당 유리창 안으로 다채로운 음식을 먹고 있는 사람들을 보자 대수의 배속에서도 꼬르륵 소리가 났다.

"점심시간이라 배가 고픈걸."

이때 멀리서 한국말 소리가 들리고 사람들 사이로 관광회사 깃발을 따라가는 한국 단체관광객들이 보였다. 한국 단체관광객들이 어느 식당으로 들어갔고 대수도 살며시 그 뒤를 따라갔다. 입구에서 대수가 한국 단체관광객을 따라 들어가려 하자, "후안인꾸앙린(欢迎光临 어서 오세요)"하며 인사를 하던 예쁜 중국 샤오지에(小姐 아가씨)가 대수를 잡아 세웠다.

"니 쓰 셰이(你 是 谁 누구세요)?"

"메이여우(没有), 메이욧-"

대수는 귀찮다는 듯 "메이여우"하고 들어가 버리자 샤오지에는 황당한 표정이다. 대수는 한국 단체관광객 테이블이 끼어 자연스럽게 다른 사람들과 인사를 했다.

"니 하오(你 好 안녕하세요)? 뚱팡밍쮸(东方明珠 동방명주) 멋있죠. 난 그 진주가 제일 예쁘더라고요. 하하-"

다른 관광객 황당한 표정으로,

"동방명주는 진주가 아니라 빌딩 이름인데. 당신은 누구세요?"

"저요. 비행기를 놓쳐서 다음 비행기로 왔어요. 헤헤. 어서 음식 드세요."

관광객 사이에 끼어 맛나게 식사를 한 대수가 한숨을 놓는데 관광 가이드 메이메이에게 딱 걸리고 만다.

"누구세요? 처음 보는 얼굴인데."

"메이여우(沒有)"

"메이욧가 당신 이름입니까?"

"메이여우, 메이여우"

"한국 사람 같은데 장난치지 말고요. 누구세요?"

"그게... 난 어대수인데요. 같은 한국 사람끼리 사정 좀 봐주세요."

"난 한국 사람 아닙니다."

"그럼, 누구세요?"

"중국 사람입니다. 보아하니 우리 관광 팀은 아니고 몰래 밥 먹으려면 적어도 뚜이부치(对不起 미안합니다) 정도는 해야 하는 거 아닙니까."

"뚜이부치가 메이여우와 같은 뜻인가요?"

어이없는 표정으로 대수를 바라보는 메이메이

"당신, 정말 중국 말 못 합니까? 뚜이부치(对不起)는 '미안합니다.'란 뜻이고 메이여우(沒有)는 '아니요, 없다.'의 뜻이에요."

"아하- 메이여우가 그런 뜻이군요. 내가 배가 고파서 정말 뚜이부치 했습니다."

"허참, 배고프다는 사람에게 욕도 못하겠고, 칸더둥(看得懂 볼 줄 안다=이해하다)은 됩니까?"

"어- 어떤 사람들이 나보고 띵둥, 띵뿌둥은 하던데 칸더둥은 또 뭡니까?"

"이거 큰일 나겠습니다. 팅둥(听懂)은 '알아듣는다.', 팅더둥(听得懂)은 '알아들을 수 있다.', 칸둥(看懂)은 '(한자를) 알아보다(이해하다).', 칸더둥(看得懂)은 '(한자를) 볼 줄 안다, 이해하다' 하는 뜻입니다. 중국 말도 못

하고 한자도 못 읽는데 중국에서 어떻게 다니려고 합니까?"

"아하~ 띵더둥이 중국 말 알아듣나 못 알아듣나 묻는 거였군요. 근데 게이 디엔 치엔(给 点 钱)은 무슨 말입니까?"

"그거 돈 좀 달라는 말 아닙니까. 중국에서 걸뱅이하려고 합니까."

"이제 가십시오. 밥 몰래 먹은 것은 메이꽌시(沒关系 괜찮다), 아니 괜찮으니 이제 가세요. 가~"

"사실 내가 갈 데가 없는데, 어떻게 안 되겠니...요?"

"잉?"

☆ 간단 회화 : 중국에서 가장 많이 듣는 중국 말

행인 : 니(你) 팅더둥(听得懂) 한위(汉语) 마(吗)?
　　　당신은 중국어를 알아들 수 있어요?
　　　(직역은 당신, 알아들을 수 있다, 중국어?)
대수 : 워(我) 팅뿌둥(听不懂) 한위(汉语)。
　　　나는 중국어를 알아들을 수 없어요.
　　　(직역은 나, 알아들을 수 없다, 중국어)
행인 : 니(你) 칸더둥(看得懂) 한위(汉语) 마(吗)?
　　　당신은 한자(중국어)를 볼 줄 알아(이해할 수 있어)?
　　　(직역은 당신, 볼 줄 안다, 중국어?)
대수 : 칸뿌둥(看不懂)。
　　　(한자를) 볼 줄 몰라(이해할 수 없어).
행인 : 뚜이부치(对不起), 워(我) 헌 망(很 忙)。
　　　미안해요, 나 바빠서.
대수 : 뿌싱(不行)。
　　　안 돼요.
행인 : 메이여우(没有)。
　　　일 없수다.
대수 : 메이꽌시(没关系)。
　　　괜찮아요.
행인 : 잉?
　　　잉?
대수 : 씨에씨에(谢谢)。
　　　고마워요.

▲ 간단 회화해설

- 한국 사람이 중국에 갔을 때 중국 사람들에게 제일 많이 듣는 말이 '팅더둥(听得懂), 알아들을 수 있다', '팅뿌둥(听不懂), 알아들을 수 없다', '메이여우(没有), 없다', '메이꽌시(没关系), 괜찮다' 같은 말이다.

- 반면에 한국 사람이 제일 많이 하게 되는 말은 '니하오(你好), 안녕하세요', '뚜이부치(对不起), 미안합니다', '씨에씨에(谢谢), 고마워요', '뚜워샤오치엔(多少钱), 얼마에요?' 같은 말이다. 무슨 한자인지는 몰라도 이정도 말을 알아듣거나 말할 수 있으면 중국 여행을 다닐 때 매우 편하다.

- 쓰(是)는 '네', 부쓰(不是)는 '아니다', 뿌싱(不行)는 '안 돼요' 등 가부(可否) 표현은 기본!

▲ 회화 단어정리

워(我 wǒ) : 나. 워(我)+먼(门) = 워먼(我们) 우리
니(你 nǐ) : 너, 당신, 존칭은 닌(您). 니먼(你们) 당신들. 관용적으로 '고마워요'를 '씨에씨에닌(谢谢您)'라고도 한다.
팅(听 tīng) : 듣는다.
둥(懂 dǒng) : 안다, 이해하다.
팅둥(听懂 tīngdǒng) : 알아듣다, 들어서 안다.
팅더둥(听得懂 tīngdedǒng) : 알아들 수 있다. 부정은 더(得) 대신 뿌(不)를 써서 팅뿌둥(听不懂)하면 '알아들을 수 없다'
한위(汉语 Hànyǔ) : 한어, 중국어. 중국어는 쭝구위위(中国语), 중국 글

은 중원(中文)

한위(韩语 Hànyǔ) : 한글. 한위(韩语 Hànyǔ)는 한(韩)이 2성, 한위(汉语 Hànyǔ)는 한(汉)이 4성

뿌(不 bù) : 아니다. 부정의 뜻

칸(看 kàn) : 보다, 읽는다. 찌엔(见)도 보다, 보이다.

칸둥(看懂 kàndǒng) : 알아보다, 보고 안다, 이해하다.

칸더둥(看得懂 kàndedǒng) : (한자를) 볼 줄 안다, 이해할 수 있다.

칸뿌둥(看不懂 kànbùdǒng) : 볼 줄 모른다, 이해할 수 없다. 칸더둥(看得懂)의 부정형으로 더(得) 대신 뿌(不)가 온다.

뚜이부치(对不起 duìbuqǐ) : 미안하다, 실례하다.

메이여우(没有 méiyǒu) : 없다, 가지고 있지 않다. 일 없다. 뿌(不)와 함께 부정의 뜻으로 쓰이는데 과거나 동작완료의 의미한다.

메이꽌시(没关系 méiguānxi) : 괜찮다.

씨에씨에(谢谢 xièxie) : 고맙다, 감사하다.

뚜이(对 duì) : 네, 맞다. 흔히 전화 통화나 대화에서 '맞아' 하고 대답할 때 쓴다.

뿌싱(不行 bùxíng) : 안 된다.

☆ 간단 문법 : 주전자 노인이 들려주는 중국어 2대 특징

---

1. <u>중국어 핵심 어순은 '**주술보/목**'이다.</u>

   1) 중국어 기본 어순은 '**주어+술어**'로 한국어, 영어 어순과 같다.

              주어+술어
      한국어 : 난+알아요. = 난 알아요(서태지 노래 제목에도 있는)!!
      영어   : I+know. = I know.
      중국어 : 워(我)+쯔따오(知道)。 = 워(我) 쯔따오(知道)。

   2) 중국어 핵심 어순인 '**주어+술어+보어**'는 기본 어순에 보어(보충어)가 더해진 어순이다. 보어 있는 한국어 어순과 다르나 영어의 2형식 '주어+동사+보어'와 어순이 같다. 단, 보어 있는 한국어/중국어에서 보어는 **술어 보완**, 영어 2형식 '주어+동사+보어'에서 (주격) 보어는 **주어 보완**의 차이가 있다.

      한국어 : 주어+보어+술어(술어←보어)
              나는+다+먹었다.
      영어   : 주어+술어+보어(주어←보어)
              He+looks+smart. 그는 똑똑해 보인다.
      중국어 : 주어+술어+보어(술어←보어)
              워(我)+츠(吃)+완러(完了)。
              ※러(了)는 완료 의미의 조사

      ※쓰(是) 술어(동사) 주의!
      한국어 : 주어+보어+술어 → 나는+한국인+이다.
      영어   : 주어+동사+보어 → I+am+Korean.

중국어 : 주어+술어+목적어 → 워(我)+쓰(是)+한구워런(韩国人)。

→ 중국어는 영어의 Be 동사가 없다. 쓰(是)는 '~이다'로 해석이 '~을/를'이 되지 않아도 한구워런(韩国人)이 목적어임.

3) 중국어 핵심 어순인 '**주어+술어+목적어**'는 기본 어순에 목적어 더해진 어순이다. 목적어 있는 한국어 어순과 다르나 영어의 3형식 '주어+동사+목적어'와 어순이 같다.

한국어 : 주어+목적어+술어 → 나는+밥을+먹는다.
영어   : 주어+동사+목적어 → I+eat+Bub.
중국어 : 주어+술어+목적어 → 워(我)+츠(吃)+판(饭)。

4) '주어+술어+보어'에 목적어가 더해지면 '**주어+술어+보어+목적어**' 어순이 된다. 목적어와 보어가 있는 한국어 어순, 영어 5형식의 '주어+술어+목적어+보어' 어순과 다르다. 목적어와 보어 있는 한국어와 중국어에서 목적어와 보어는 **술어 보완**, 영어 5형식 '주어+동사+목적어+보어'에서 (목적격) 보어는 **목적어 보완**으로 다르다.

한국어 : 주어+목적어+보어+술어(목적어+보어→술어)
          나는+밥을+다+먹었다.
영어   : 주어+동사+목적어+보어(목적어←보어)
          You+make+me+happy. 당신은 나를 행복하게 한다.
중국어 : 주어+술어+보어+목적어(보어+목적어→술어)
          워(我)+츠(吃)+완(完)+판 러(饭 了)。

5) '주어+술어+목적어'에 또 하나의 목적어가 더해지면 '**주어+술어+ 간적 목적어+직접 목적어**' 어순이 된다. 2개 목적어가 있는 한국

어 어순과 어순이 다르나 영어 4형식 '주어+동사+간목+직목'과 어순이 같다. 영어의 동사, 중국어의 술어는 ~에게(간목), ~을(직목)을 수여하는 **수여 동사** 성격도 같다.

단, 2개 목적어는 갖는 중국어 술어(동사)는 **까오수(告诉 알려주다), 게이(给 주다), 후안(换 돌려주다, 갚다), 지아오(教 가르치다), 지에(借 알려주다), 쑹(送 주다, 보내다), 원(问 묻다)** 등에만 적용된다.

한국어 : 주어+간접 목적어+직접 목적어+술어
　　　　 그는+나에게+책을+주었다.
영어　 : 주어+동사+간접 목적어+직접 목적어
　　　　 He+gave+me+a book.
중국어 : 주어+술어+간접 목적어+직접 목적어
　　　　 타(他)+게이(给)+워(我)+이번 슈(一本 书)。
　　　　 그는 나에게 책 한 권을 주었다.

2. 중국어 술어는 '동형명'이다.

중국어 술어는 '동사 외 형용사, 명사'도 술어로 쓰인다.

1) 동사술어

주어에 술어인 동사가 합쳐져 동사술어문이 된다. 동사술어는 목적어를 갖지 않을 수도 목적어를 가질 수도 있다.

주어+동사술어
워(我)+취(去)。 = 나는 간다.
주어+동사 +목적어
워(我)+츠(吃) +판(饭)。 = 나는 밥을 먹는다.

2) 형용사술어

주어에 술어인 형용사가 합쳐져 형용사술어문이 된다. 형용사가
술어일 때 일반적으로 헌(很) 같은 정도 부사를 수반하는데 헌
(很)은 별 뜻이 없고 다른 부사는 뜻을 가진다. 또한, 형용사술
어는 동사술어와 달리 목적어를 갖지 않는다.

※형용사는 술어가 아닐 때 당연히 형용사로 쓰인다. 형용사는
  명사 앞에 놓여 명사를 꾸며주는 한정어(관형어)나 술어를 꾸
  며주는 부사어로 쓰인다.

주어+(정도 부사)+형용사술어
워(我)+헌(很)+하오(好)。= 나는 좋다.

※주어+동사술어+(형용사)+목적어
  타(她)+쓰(是)+하오(好)+라오쓰(老师)。- 형용사(한정어)→명사
  그녀는 좋은 선생님이다.
  주어+(형용사)+동사술어
  워(我)+콰이(快)+파오(跑)。- 형용사(부사어)→동사술어
  나는 빨리 달린다.

3) 명사술어

주어에 술어인 명사가 합쳐져 명사술어문이 된다. 명사술어문은
주로 날씨나 고향, 요일 등을 말할 때 쓰인다.
명사가 술어가 아닌 명사로 쓰일 때는 주어, 목적어, 명사를 꾸
며주는 한정어(관형어), 술어를 꾸며주는 부사어로 쓰인다.

명사 +명사술어
쩐티엔(今天)+씽치이(星期一)。= 오늘은 월요일이다.

● 문법 문답

어대수 : 흔히 중국어는 영어와 어순이 같다고 하는데, 정말 그런가요?

주노인 : 그래. 중국어와 영어는 가장 중요한 '**주어+술어+보어/목적어**' 어순이 같아.

어대수 : 그럼, 중국어는 한국어하고만 어순이 다른가요?

주노인 : 그 녀석 급하긴. 한국어의 '나는+간다.', 영어의 'I+go.', 중국어의 워(我)+취(去).' 같은 '**주어+술어**' 기본 어순은 만국 공통이라고 할 수 있지.

어대수 : 아하~ 기본 어순은 모두 같구나.

주노인 : 그런데 '주어+술어'에 보어나 목적어 더해지면 한국어 어순은 '주어+보어/목적어+술어'이고 중국어 어순은 '**주어+술어+보어/목적어**'로 어순이 한국어와 다르지. 그런데 영어 어순은 '주어+술어+보어/목적어'로 중국어와는 같지. '**주어+술어+보어/목적어**'를 중국어 핵심 어순이라고 해.

어대수 : 중국어는 영어 어순과 기본 어순, 핵심 어순이 같네요.

주노인 : 중국어 핵심 어순 중 '주어+술어+보어'에 대해 알아보면 한국어 어순은 '주어+보어+술어'로 '나는+다+먹었다.'인데 중국어 어순은 '주어+술어+보어'로 '워(我 나는)+츠(吃 먹는다)+완 러(完 了 다)'여서 어순은 다른데 보어 역할은 술어 보완으로 같아. 영어 어순은 '주어+동사+보어'로 'She(그녀는)+is(이다)+beautiful(아름답다)'로 중국어 어순은 같은데 보어 역할은 주격 보어로 중국어와 달라.

어대수 : 중국어와 영어가 '주어+술어+보어' 어순이 같다고 같은 보어의 역할까지 같은 것은 아니네요.

주노인 : 맞아. 중국어 핵심 어순인 '주어+술어+보어'의 해석은 '**주어가 ~다(~이다) ~게**'로 알아두렴.

어대수 : 기본 어순 '주어+술어'에 목적어가 더해지면 어떻게 되죠?

주노인 : 중국어 핵심 어순 중 '주어+술어+목적어'에 대해 알아보면 한국

어 어순은 '주어+목적어+술어'로 '나는+밥을+먹는다.'인데 중국
어 어순은 '주어+술어+목적어'로 '워(我)+츠(吃 먹는다)+판(饭)。'
여서 어순은 다른데 목적어 역할은 같지. 영어 어순 역시 '주어
+동사+목적어'로 'I(나는)+eat(먹는다)+Bub(밥을)'로 중국어와
어순이 같고 목적어 역할도 같지.

어대수 : '주어+술어+목적어'의 경우는 중국어는 영어와 어순이 같고 목
적어 역할도 같네요.

주노인 : 중국어 핵심 어순인 '주어+술어+목적어'의 해석은 **'주어가 ~다
(~이다) ~을/를'**로 알아두렴. 그런데 중국어 동사술어 중 쓰(是
~이다), 여우(有 가지고 있다) 등은 목적어가 '을/를'이 되지 않
아도 목적어니까 주의해.

어대수 : 아하, 중국어 기본 어순 '주어+술어', 핵심 어순 '주어+술어+보
어/목적어'만 알면 되네요.

주노인 : 이제 말을 알아듣는군. 중국어를 '주어+술어+보어/목적어' 어순
으로 이해해서, 중국어 문장을 볼 때 '주어+술어+보어'면 **'주어
가 / ~다(~이다) / ~게'**, '주어+술어+목적어'면 **'주어가 / ~다(~
이다) / ~을/를'**로 생각할 수 있으면 중국어 절반은 끝난 거야

어대수 : 아하, 이게 바로 시간 순서에 따른 어순, 즉 어순감각이라는 거
군요.

주노인 : 맞아. 중국어와 영어는 성격 급한 언어라고도 할 수 있어. 뭔지
모르지만 일단 ~하고(술어) 그게 ~게(보어)/뭐지(목적어) 하는
느낌! 알겠지? 시간 순서에 따른 어순 정리할게, '주어가' 먼저
'~하고(하다)' 끝으로 '~게' 또는 '~을/를'이지. 시간 순서대로
'주어가 → ~하고(~다) → ~게 또는 ~을/를'로 해석하면 되는
거야.

어대수 : 영어처럼 직독직해로 중국어를 이해하라는 거군요.

주노인 : 또 중요한 것이 중국어는 '은/는(이/가)'과 '을/를' 같은 격조사
와 '~이다' 또는 '~있다'를 뜻하는 영어의 Be 동사가 없단 거지.

어대수 : 그런데 중국어 회화책 보니까. '은/는(이/가)', '을/를'이라고 해석해 놓았던데요.

주노인 : 허허- 녀석, 그건 알아듣기 쉽게 해놓은 것(의역)뿐, 실제는 '은/는(이/가)'과 '을/를'이 없단다. '워(我) 츠(吃) 판(饭)。'은 직역하면 '나 먹는다 밥'인데 의역해서 '나는 밥을 먹는다.'

어대수 : 아하- 친절도 하셔라.

주노인 : '은/는(이/가), 을/를' 같은 격조사가 없다고 생각하면 형용사술어문이나 명사술어문을 이해하는 게 더 쉽지. 형용사술어문 '워(我) 헌 하오(很 好)。'의 직역은 '나 좋다.'이고 의역이 '나는 좋다.'이지. 명사술어문 '찐티엔(今天) 칭하오(晴天)。'의 직역은 '오늘 맑다.'이고 의역이 '오늘은 맑다.'인걸 이제 알겠지.

어대수 : '~이다' 같은 영어의 Be 동사가 없다는 것은 무슨 말이죠?

주노인 : 영어의 Be 동사는 주어의 상태를 낼 때 쓰는데 'am, are, is' 같은 것이 있어. 가령 'I am a Korean(나는 한국인이다).'에서 'am'은 '~이다'도 되고 'I am in korea(나는 한국에 있다).'하면 '있다'도 되잖아. 하지만 중국어에서는 이런 복합 역할을 하는 Be 동사가 없다 는 거지.

어대수 : '쓰(是)'라는 게 있던데요.

주노인 : 쓰(是)는 '워(我) 쓰(是) 한구워런(韩国人)。'하면 '나는 한국인이다.'로 쓰(是)가 '이다'이지만, '나는 한국에 있다.'라는 말이 되는 건 아니야. '나는 한국에 있다.'는 '워(我) 짜이(在) 한구워(韩国)'야. 그러니 쓰(是)는 Be 동사와는 다르지.

어대수 : 중국어 술어는 동사, 형용사, 명사죠. **동.형.명!**

주노인 : 중국어는 **'주어+술어~'**를 기본 어순으로 해서 이를 주술 구조라고 하는데 술어로는 동사 외에 형용사, 명사도 술어로 쓰여 동사술어문, 형용사술어문, 명사술어문이 되는 것을 잊지 마. **중국어 핵심 어순은 '주동보/목'이고 중국어 술어는 '동형명'**인 것만 알아도 중국어 학습에 큰 도움이 되지. 오늘 강의 끝-

2. 중국어 한어병음이 기가 막혀!

대한민국 임시정부청사를 찾아라

점심을 배불리 먹은 대수는 어디로 갈지 정하지 못하고 있었다.

"뚱비엔(东边 동쪽)으로 갈까요, 난비엔(南边 남쪽)으로 갈까요, 차라리 씨비엔(西边 서쪽) 아니면 베이비엔(北边 북쪽)으로 갈까요."

이때 대수 아버지 어물전이 늘 하던 말씀이 떠올랐다.

"이 자슥, 명색이 독립운동가의 자손이란 녀석이 공부는 안 하고 놀기만 하니... 너희 조부께서는 일경을 때려잡고 상해로 피해 갖은 고생을 다하셨는데..."

어대수 땅바닥에 풀썩 주저앉아 손바닥을 치며,

"아부지. 엉엉... 할배가 계셨다는 샹하이(上海 상해)에 왔는데 대한민국 임시정부청사는 꼭 가봐야지요. 근데 어디 있지? 샹하이 샹하이- 트위스트 추면서... 난생처럼 사랑을 알았고.. 앗싸..."

대수는 남경동로를 하염없이 걷다가 보니 어느덧 쫑샨꿍위엔(中山公圆 중산공원)까지 와버렸다. 중산공원은 상해 중심의 대표적인 공원으로 공원 안에는 상해 대극장과 상해 국립박물관, 상해 국립미술관 등이 있어 휴식과 볼거리를 동시에 즐길 수 있는 곳이다. 공원 벤치에서 쉬던 대수에게 상해 국립박물관을 나오는 한국 배낭여행자들이 보였다. 부스스한 차림의 대수가 배낭여행 하는 한국 젊은이들에게 다가가니 젊은이들은 대수가 거

지인 줄 알고 슬슬 피한다. 대수가,

"저... 한국 분들이시죠?"

"네. 그런데요."

"대한민국 임시정부청사 가보셨어요?"

"저희 막 거기서 오는 길인데요."

"아하~ 저도 거기 가려던 길이었거든요. 근데 위치를 잘 몰라서..."

"띠티에(地铁 지하철) 타고요. 마땅루짠(吗当路站 마당로역)에서 내려 남쪽으로 쭉 내려가면 돼요."

한국 젊은이들이 가려고 하자 대수가 그들의 배낭을 잡고,

"저... 저기?"

"뭐예요? 대한민국 임시정부청사 가는 길 알려드렸잖아요."

"차비가 없는데... 지갑을 잃어버려서. 한국 가서 드릴게요."

"잉?"

한국 젊은이들은 역시 대수가 거지 맞는다며 자기들끼리 속삭인다. 젊은이들 혼잣말로,

"외국에서 모르는 사람이 돈 빌려달라는 건 사기꾼일 수 있는데."

"뭐예요. 대한민국 임시정부청사 가겠다는 사기꾼이 어디 있어요."

"아.. 알았어요. 여기요. 이거면 지하철 요금이 될 거예요. 가자~"

"잠깐~ 입장료도 주면 안 되겠니... 요?"

한국 젊은이들 돈 몇 푼을 던져주고 부리나케 뛰어가며 소리친다.

"뛰어~ 불량이다. 불량학생이다!"

젊은이들을 어이없이 바라보는 대수. 혼잣말로,

"어... 어떻게 내가 불량학생이란 걸 알았지. 나는 불량학생 불량학생 불량학생~ 한국에서 온 불량학생이걸랑~"

지하철만 타면 조는 대수

대수가 용케 띠티에짠(地铁站 지하철역)을 찾아 셔우피야오추(售票处 매표소)로 갔다. 중국의 지하철 요금은 1구간이 3위엔 정도 하고 우리와 달

리 다른 노선의 지하철로 갈아탈 때 또 한 장의 표가 필요하다. 대수는 제복 입은 매표원의 굳은 표정에 조금 겁먹은 표정으로,

"니하오? 마땅루짠(吗当路站 마당로역)! 피야오(票 표)!"

역무원은 대수의 말에 인상을 찌푸리며 '뭔? 소리야' 하는 표정이다.

"마땅~루~ 짠-, 짠짜짠-"

"쯔따오 러(知道 了 알았어), 쯔따오 러-"

대수가 우위안(五元 5원)을 건네자 매표원은 지하철 표와 함께 량위안(二元 2원)을 던져준다.

"뭐야. 거스름돈을 주려면 곱게 주지. 왜 돈을 던져."

대수는 걸뱅이한테 적선하듯 돈을 던져주는 매표원 때문에 기분이 상했다. 중국에 있어 보니 대부분의 중국 사람들은 돈을 받을 땐 공손하게 받고 돈을 줄 때는 던져준다는 것을 알았다. 그 후 대수도 중국 사람들처럼 돈을 받을 때는 공손히, 돈을 내줄 때는 던지듯 주니 맘이 편했다. 로마에서는 로마인처럼 중국에서는 중국인처럼.

대수, 지하철 표를 받아들고 지하철을 탔다. 중국 지하철은 좀 낡은 듯하나 겉모양은 한국 지하철과 비슷했다. 얼마 후, 한 남자가 일어나 자리가 나자 대수가 잽싸게 다이빙해 자리를 차지했다. 대수는 자리 앞에 서 있던 사람에게 미안했는지, "뚜이부치(对不起 미안해요)"라고 말했다. 그러자 그 사람은 어이없다는 듯 고개를 흔든다. 갑자기 일본 사람 흉내를 내는 대수.

"쓰미마셍(すみません 미안합니다). 쓰미마셍~"

그 사람은 일본 사람 흉내를 내는 대수를 보고 이렇게 얘기하는 것 같았다.

"너, 난찡(南京 남경)에서 그랬으면 죽었어."

남경은 상해 위쪽에 있는 도시로 쨩쑤성(江苏省 강소성)의 성도이다. 그곳은 중국을 침략한 일제가 수많은 남경 시민들을 죽여(남경대학살) 일본에 대한 감정이 좋지 않은 도시로 알려져 있다. 대수는 그 사람의 눈길에 흠칫 놀라며 딴청을 부렸다. 이때 다음 정차 역을 알리는 안내방송이 나

왔다.

"쌰짠(下站 다음 역) 쓰(튠 ~다) 쌀라 쌀라..."

"뭔 말이야. 알아들을 수가 있어야지. 짠(站 참)이 역이란 말 같은데..."

어대수 옆 사람에게,

"니 하오 마(你 好 吗 안녕하세요)? 마땅~루~ 짠?"

"션머(什么 뭐)?"

"마 · 땅 · 루 · 짠."

옆 사람 이제야 알아들었다는 듯 고개를 끄덕이며,

"싼거짠(三个站 3개 역)... 쌰(下 내리다)..."

"아하~ 싼(三)이 셋이니까. 3개 역 지나서 내리라고요. 씨에씨에(谢谢 고마워요)."

이럴 땐 코요테 노래 〈윈밍(云命 운명)〉 열심히 따라 불렀던 것이 도움이 되는군. 가사 중간에 원, 투, 쓰리를 '이(一), 얼(二), 싼(三)...'이라고 했거든.

안전을 위한 스크린 도어와 지하철 문이 닫히고 지하철이 다시 출발했다. 스크린 도어는 한국에나 있는 것으로 알았던 대수 놀라며,

"중국 지하철에 스크린 도어까지 있어?"

사실, 중국의 누추한 곳을 가면 한국의 70년대 영화 속 풍경을 연상케 해 중국을 무시하는 사람이 있다. 하지만 중국 실상을 보면 시민 안전을 위한 스크린 도어 같은 시설이 한국보다 먼저 도입, 운영되고 있었다.

아무튼, 지하철만 타면 조는 대수의 버릇은 오늘도 어김없이 나타나 어느새 창문에 기대어 잔다. 대수는 꿈속에서 불량친구들과 늦게까지 술 마시고 놀다가 돌아와 아버지에게 두들겨 맞고 있다.

"대수야. 이놈아, 정신 좀 차려"

"아버진 왜 나만 갖고 그래요."

"넌 불량해... 넌 불량해... 뿌리앙(不良 불량), 뿌리앙..."

대수 아버지 어물전은 독립운동을 하던 할아버지 어수선이 일제의 고문

후유증으로 일찍 돌아가시자, 어린 나이에 부친에게 배운 수타 하나로 큰 중국 식당을 일궈냈다. 그런 어물전이 볼 때 모든 여건이 나은 아들 어대 수가 하라는 공부는 하지 않고 놀기만 하는 것이 못내 아쉬웠다.

주전자 노인을 만나다

대수는 식은땀을 흘리며 퍼뜩 잠에서 깼다. 아무래도 마당로 역을 지난 듯 생각되어 지하철이 정차하자마자 후다닥 내렸다. 지하철역 밖으로 나오니 확실히 마당로 역은 아닌 것 같다. 지나가는 사람에게 길을 묻는 대수

"뚜이부치(对不起 실례해요), 마땅루(吗当路 마당로)?"

"메이여우(沒有 일 없어요)."

지나가던 사람들은 못 알아듣겠다는 듯 고개를 가로젓고 다른 사람에게 물어봐도 아는지 모르는지 저쪽으로 가라고 손짓을 한다. 손짓한 방향으로 한참을 갔으나 마당로나 대한민국 임시정부청사, 어느 것도 보이지 않았다. 힘들어 길바닥에 철퍼덕 앉은 대수

"이제 어떡하지?"

거의 포기하다시피 한 대수가 마지막으로 주전자를 들고 지나가는 노인에게 길을 물었다. '뚜이부치'도 없이 순 한국말로 말이다.

"할아버지, 대한민국 임시정부청사 아세요?"

주전자 노인은 잘 들리지 않는 듯 귀에 손을 모은다.

"션머(什么 뭐라구)?"

주전자 노인의 표정이 '잘 안 들려. 이놈아, 좀 크게 말하란 말이야. 요즘 애들은 왜 이리 목소리가 작은지' 하는 것 같았다.

"대·한·민·국·임·시·정·부·청·사·요?"

그제야 주전자 노인은 고개를 끄덕이며 따라오라는 듯 손짓을 했다. 주전자 노인은 아무런 말도 하지 않고 앞서가기 시작했다. 대수는 주전자 노인이 순 한국말을 알아들은 것이 신기해 쫓아가긴 하는데,

"이 노인네. 옳게 가는 거야? 알아듣기는 한 거야?"

이 골목 저 골목을 지나 한참을 걸어가자 길가에 여러 대의 꾸안꽝빠쓰(观光巴士 관광버스)가 보이고 대한민국 임시정부청사 표지판이 보였다. 주전자 노인이 자신의 말을 알아들은 것이 신기하기만 한 대수

　"어르신, 한국말 아세요?"

　주전자 노인은 대수의 말을 듣는 둥 마는 둥 할 일을 다 했다는 듯이 왔던 길로 되돌아갔다.

☆ 간단 회화 - 인사

대수 : 니(你) 하오(好)?
　　　안녕하세요?
행인 : 니(你) 하오(好)?
　　　안녕하세요?
대수 : 라오런(老人), 닌 하오 마(您 好 吗)?
　　　어르신, 안녕하세요?
행인 : 워(我) 헌(很) 하오(好)。
　　　저는 좋아요.
대수 : 따찌아(大家) 하오(好)?
　　　여러분 안녕하세요?
사람들 : 워먼(我们) 하오(好)。
　　　　우리는 좋아요.
대수 : 자오샹(早上) 하오(好)?
　　　(아침 인사) 안녕하세요.
행인 : 짜이찌엔(再见)。
　　　안녕히 가세요.
행인 : 완샹(晚上) 하오(好)?
　　　(저녁 인사) 안녕하세요?
대수 : 짜이찌엔(再见)。
　　　안녕히 가세요.
대수 : 쭈이찐(最近) 쩐머양(怎么样)?
　　　요즘 어때요?
행인 : 워(我) 헌(很) 망(忙)。니(你) 션티(身体) 하오(好) 마(吗)?
　　　저는 바빠요. 건강하세요?

▲ 간단 회화해설

- 중국에서의 인사는 흔히 '니 하오(你 好)?'하는데 끝에 의문 조사 마
(吗)를 붙여 '니 하오 마(你 好 吗)?'하는 사람도 있다. 아침 인사는 '자
오샹 하오(早上 好)?', 저녁 인사는 '완샹 하오(晚上 好)?' 대답은 '저는
좋아요, 워(我) 헌(很) 하오(好).', '나 저는 괜찮아요, 워(我) 뿌추워(不
错).'로 답하면 된다.

- '건강하세요?'는 '니(你) 션티(身体) 하오(好)?' 해서 직역은 '당신 몸(건
강) 좋아요?'가 된다. 션티(身体)는 '몸, 건강' 등의 뜻.

▲ 회화 단어정리

니하오(你好 nǐhǎo) : 안녕하세요? '니 하오?'해도 의문문이 되고, 끝에
　의문 조사 마(吗)가 붙어도 의문문이 된다. '니 하오 마(你 好 吗)?'
라오런(老人 lǎorén) : 노인, 고참
라오쓰(老师 lǎoshī) : 선생님
씨엔셩(先生 xiānsheng) : ~씨, 선생. 중국에서 선생은 ~씨 정도.
따찌아(大家 dàjiā) : 여러분
워(我 wǒ) : 나. 당신은 니(你), 그는 타(他), 그녀는 타(她), 그것은 타
　(它)
워먼(我门 wǒmén) : 우리. 당신들은 니먼(你们), 그들/그녀들은 타먼(他
　们), 그것들은 타먼(它们)
자오샹(早上 zǎoshang) : 아침
완샹(晚上 wǎnshang) : 저녁
우안(午安 wǔān) : 좋은 오후(점심 인사)

32

짜이찌엔(再见 zàijiàn) : 안녕히 계세요. 직역은 '다시 봐'

쭈이찐(最近 zuìjìn) : 최근, 요즘

쩐머양(怎么样 zěnmeyàng) : 어때요?

망(忙 máng) : 바쁘다. 헌 망(很 忙)에서 부사 헌(很)은 별 의미가 없다.

션티(身体 shēntǐ) : 신체, 몸. '션티 하오(身体 好)?' 해서 '몸 좋아요?'
   하면 '건강하세요?'로 의역된다.

☆ 간단 문법 : 한어병음과 성모, 운모, 성조, 한자 읽기

　　한어병음은 중국어 발음을 로마자(알파벳)로 표기하는 발음기호를 말한다. 한어병음에는 자음인 성모(声母) 21개와 모음인 운모(韵母) 15개로 이루어져 있다. 운모에는 4개의 음 높낮이(악센트)인 성조(声调)가 있다.

1. 성모(자음)와 운모(모음)

성모	발음	한글표기	한글발음	단운모	한글발음	복운모	한글발음
b	bo	ㅃ/ㅂ	뽀어(뿨)	a	아	ia(ya)	이아(야)
p	po	ㅍ	포어(풔)	o	오어(워)	ie(ye)	이에(예)
m	mo	ㅁ	모어(뭐)	e	으어(워)	iao(yao)	야오
f	fo	ㅍ/ㅎ	포어(풔)	i(yi)	이	※iu(you)	이우(여우)
d	de	ㄸ/ㄷ	뜨어(뚸, 떠 아님)	u(wu)	우	ian(yan)	이엔(옌)
t	te	ㅌ	트어(퉈)	ü(yu)	위	in(yin)	인
n	ne	ㄴ	느어(눠)	ai	아이	iang(yang)	이앙(양)
l	le	ㄹ	르어(뤄)	ei	에이	ing(ying)	잉
g	ge	ㄲ/ㄱ	끄어(꿔)	ao	아오	iong(yong)	이용(용)
k	ke	ㅋ	크어(퀴)	ou	오우(어우)	ua(wa)	우아(와)
h	he	ㅎ	흐어(훠)	an	안	uo(wo)	우워(워)
j	ji	ㅈ	지	en	언	uai(wai)	우와이(와이)
q	qi	ㅊ	치	ang	앙	※ui(wei)	우이(웨이)
x	xi	ㅅ	시	eng	엉	uan(wan)	우안(완)
zh	zhi	ㅈ/ㅉ	즈	ong	옹/웅	※un	운(원)

34

		(i는 '이'가 아니고 '으')				(wen)	
ch	chi	ㅊ	츠	er	얼	uang (wang)	우왕(왕)
sh	shi	ㅅ	스			ueng (weng)	우엉(웡)
r	ri	ㄹ	르			üe (yue)	위에(위에)
z	zi	ㅉ/ㅈ	쯔			üan (yuan)	위엔(위엔)
c	ci	ㅊ	츠			ün (yun)	윈(윈)
s	si	ㅆ/ㅅ	쓰				

※ 성모 중 'd, t, n, l, g, k, h'는 '어'가 아니라 '으어'로 발음하고 'zh, ch, sh, r, z, c, s'에서 'i'는 '이'가 아니고 '으'임을 주의하자.

※ 운모 중 ( )는 성모 없을 때, ※는 성모와 결합 시 발음되는 것에 주의.

2. 성조

성조	표기	한자 예	발음
1성	mā	妈(어머니)	'솔' 음으로 길게
2성	má	麻(삼 마)	'레' → '솔' 음으로 빠르게
3성	mǎ	马(말)	'미' → '레' → '솔' 음으로 내다가 올림
4성	mà	骂(욕하다)	'솔' 음 스타카토(강하고 짧게)
경성	없음	-	'도' 음으로 약하게

3. 한자 읽기

我는 한국어로 '아', 중국어로 '워', 你는 한국어로 '니(이)', 중국어로 '니', 我们은 한국어로 '아문', 중국어로 '워먼', 没有는 한국어로 '몰유', 중국어로 '메이여우'로 발음된다. 한자 읽기는 한국어 한자 읽기와 중국어 한자 읽기가 아(我)과 워(我)처럼 전혀 다른 것이 있으나 니(你)와 니(你)처럼 같은 것도 있다. 한국어 산(山)은 중국어 산(山), 한국어 강(江)은 쨩(江)이다. 대한민국 임시정푸청사(大韓民国 临时政府厅舍)는 중국어로 따한민궈 린스쩡푸팅셔(大韓民 国临时政府厅舍)! 어떤가, 관심만 가지면 한국어로 해도 알아들을 수 있지 않을까. 중국에서 중국어 모르면 한국어로 해보자.

• 문법 문답
어대수 : 영어 배울 때처럼 중국어 배울 때 발음기호인 한어병음을 다 외워야 해요?
주노인 : 아니, 굳이 외울 필요는 없고 몇 번 입으로 소리 내어 읽어 보면 알 수 있지. 다만, 운모(모음)에서 'e' 발음이 '으어(워)'로 되는 것과 'zh' 같은 권설음(혀 말림 소리)에서 'i'가 '이'가 아니고 '으'로 발음되는 것만 기억해. 운모에서는 u에 점이 두 개 달린 ü가 '위'로 발음된다는 것 정도 알면 돼.
어대수 : 그냥 넘어가라고요. 그래도 돼요?
주노인 : 다 이유가 있어서 하는 말인데 한국의 유명한 학원에서 한어병음, 즉 성모와 운모 배운다고 한 달을 다 보낸다며? 물론 성모와 운모, 성조가 중요하긴 한데 아주 어릴 때부터 중국에 살지 않는 한 중국 사람처럼 말할 순 없어. 그 대신 성모와 운모, 성조가 어떻게 쓰이는지 아는 게 중요하지.
어대수 : 맞아요. 대개 성모와 운모, 성조 배운다고 하다가 정작 중국어는 시작도 못하고 포기하는 사람이 많은 것 같아요.
주노인 : 맞다. 맞아. 불량학생이 오랜만에 옳은 소리 하는구나. 중국어 공부 시작할 때 한어병음 표 한번 쓱 보고 하면 되지. 그건 그렇고 내가 어떻게 '대한민국 임시정부청사'란 한국어를 알아들은 줄 아니?
어대수 : 할아버지, 한국어 좀 하시는 줄 알았어요? 아닌가?

주노인 : 너의 말을 알아들을 수 있었던 건 한국어 발음이 중국어와 비슷하다는 거지. 대한민국(大韓民国)은 '따한민궈', 임시(临时)는 '린스', 정부청사(政府厅舍)는 '쩡푸팅셔'야. 그래서 한데 읽으면 '따한민구워 린스쩡푸팅셔'가 되어 찾는 곳을 유추할 수 있었지.

어대수 : 야. 정말 한국어와 중국어 발음이 비슷하네요.

주노인 : 성조란 것도 마찬가지란다. 고구려, 백제, 신라의 삼국시대쯤에는 한국에도 성조가 남아있지 않았나 싶어. 눈이란 말 알지? 짧게 '눈' 하면 하늘에서 내리는 눈을 말하고 길게 '눈' 하면 얼굴에 있는 눈을 말한단다.

어대수 : 그러네. 짧게 '눈'은 4성일 수 있고 길게 '눈'은 2성 또는 3성일 수 있겠네요.

주노인 : 그래. 한국에서는 성조가 짧고 긴 것으로만 남은 것을 알 수 있는데 현대에 와서는 이마저 불분명해지고 있지. 왜냐고? 한국어는 중국어처럼 성조에 따라 그리 헤 깔리지 않기 때문이지. 중국어에서는 확연히 다른데 말이야.

어대수 : 그럼, 중국어 배울 때 성조를 확실히 배워야 하는 게 맞네요.

주노인 : 꼭 그런 건 아니란다. 한국어에 힌트가 있단다. '눈'이란 말을 쓴다고 상상해 보렴. 연인이 사랑 고백할 때 '자기 내 눈을 봐.'라고 말하는 경우가 있지. 여기서 '눈'은 길게 발음하는 얼굴의 '눈'이지. 하늘에서 내리는 짧은 발음의 눈으로 알아듣는 사람은 아무도 없다는 거야.

어대수 : 아하- 말은 상황과 대상에 따라 말하게 되니 성조를 알고 있되, 성조에 목 메일 필요는 없다는 말이군요.

주노인 : 그렇지. 물론 중국어 단어마다 성조를 정확히 알면 좋겠지만.

어대수 : 한자 읽기는 요?

주노인 : 한자 읽기도 마찬가지란다. 먼 옛날에는 아마 한국과 중국의 한자 발음이 거의 비슷하지 않았나 해. 그 자취가 지금도 남아있지. 你는 한국어로 '니', 중국어로 '니'이고 山은 한국어로 '산',

중국어로 '샹', 想은 한국어로 '상', 중국어로 '샹'이지. 또 대개 이음절 이상의 중단어 중에 한 글자는 한국발음과 비슷한 경우가 많아, 읽기 힌트가 되지.

어대수 : 그럼, 중국 한자 읽기의 반은 알고 읽는 거네요.

주노인 : 그래서 한국이 세계 어느 나라 사람보다 중국어를 이해하고 배우기 쉬운 거야.

3. 나는 한국인이야.

누구냐, 넌?

상해의 대한민국 임시정부청사 건물은 마당로 남쪽 재개발구역에 있었다. 주변은 낡은 건물들이 철거되고 높은 빌딩들로 채워지기 시작했다. 얼마 전까지 중국 정부는 재개발구역에 있는 대한민국 임시정부청사를 철거하고 빌딩이나 아파트를 지으려고 했었다. 하지만 한국 정부의 강력한 요청으로 보류가 되긴 했으나 막상 이곳에 와보면 언제까지 보존될 수 있을지는 장담할 수 없어 보인다. 그나마 다행인 것은 상해의 대한민국 임시정부청사에는 많은 한국 관광객들이 찾아와 입장료 수입을 올려주고 있다는 것이다. 대수가 대한민국 임시정부청사 안으로 들어가려 하자, 관리하는 샤오지에(小姐 아가씨)가 들어가지 못하게 잡았다.

"잉? 무슨 일이지? 나한테 관심 있나. 니 하오(你 好)?"

"나삐엔(那边 저쪽), 나삐엔"

"뭔 소리야?"

관리 아가씨가 가리키는 곳을 보니 입장료 내는 곳이었다. 대수, 주머니를 뒤져보니 지하철을 타고 남은 돈이 량위안(二元 2원) 뿐이다. 이때 한국인 단체관광객이 줄지어 입장하기 시작했고 대수는 회심의 미소를 지었다. 대수는 슬쩍 그 줄에 끼어들었고 관리 아가씨는 들어가는 사람의 수를 세기 시작했다.

"이(一), 얼(二), 싼(三), 쓰(四)..."

대수가 입장한 후, 줄의 제일 끝에 들어가던 사람이 관리 아가씨에게 걸려 실랑이를 벌였다.

"나, 단체 관광객이에요. 가이드에게 물어봐요."

"뿌싱(不行 안 돼요), 못 들어갑니다. 약속된 인원이 다됐단 말입니다."

대수, 모른 척 대한민국 임시정부청사 안을 구경한다. 대한민국 임시정부청사에는 독립투사들의 오래된 사진이 걸려 있고 2층에는 김구 선생의 집무실과 숙소가 있었다. 대수는 벽에 걸린 오래된 사진 속에서 낯익은 얼굴을 발견했다. 김구 선생 옆에 있는 사람이 눈에 익었다.

"앗! 나의 할아버지 어. 수. 선."

이때 누군가 어대수의 뒷머리를 사정없이 때린다.

"아야 누구야? 자랑스러운 우리 할아버지를 만나는 판에."

뒤를 돌아보는 대수, 관광 가이드 메이메이가 두 눈을 동그랗게 뜨고 대수를 노려보고 있었다.

"당신, 자랑스러운 할아버지를 만나려면 자신부터 당당해져욧."

"이런, 식당에서 봤던 샤오지에(小姐 아가씨) 아냐. 왜 쫓아다니는 거죠. 혹시 스토커?"

"쩐더(真的 정말), 뿌리앙(不良 불량)이구만. 입장료 안 내고 왜 남의 단체에 끼어드나 말입니다."

"메이욧(沒有 일 없어요). 그게. 돈이 없다고 했잖아요."

황당한 표정의 메이메이

"쓰 셰이, 니((是 谁, 你 누구냐, 당신)?"

"워 쓰 한구워런(我 是 韩国人 나는 한국인인데)..."

"그럼, 한국인답게 당당하십시오. 상해에는 메이구워런(美国人 미국인)이나 르뻔런(日本人 일본인), 파구워런(法国人 프랑스인), 더구워런(德国人 독일인)도 많은데 당신처럼 제멋대로는 아닙니다. 우리 쭝구워런(中国人 중국인) 보기에 부끄럽지도 않습니까."

"그만 해요. 잘 났어. 정말!"

대수, 길을 잃고 헤매다

대한민국 임시정부청사를 뒤로하고 정처 없이 걷는 대수의 어깨가 축 늘어져 있다. 이때 어디선가 아버지 어물전의 목소리가 들리는 듯하다.

"대수야. 아버지다.
말썽 그만 피우고 중국에서 스스로 살아보아라.
대수야. 뿌리앙(不良) 대수야."

이어서 할아버지 어수전의 목소리도 들리는 듯했다.

"대수야. 할아버지다. 오랜만이구나.
할아버지는 일경을 피해 상해로 온 뒤,
조국의 독립을 위해 갖은 고생을 다 했지.
그때 주위의 좋은 중국 사람들이 많이 도와주었단다.
그들에게 도움을 청해라."

퍼뜩 정신이 든 대수가 주위를 둘러보나 아무도 없고 한국 단체관광객의 버스만 쌩- 하고 지나간다.

"이제, 어쩌지?"

어느덧 주전자 노인을 만났던 거리까지 온 대수. 길가에 놓인 면수 솥 안으로 반죽을 칼로 잘라 넣어 치에따오미엔(切刀面 절도면)을 만들고 있는 주전자 노인이 보였다. 주전자 노인은 절도면을 파는 미엔관(面馆 국수집)의 주인인 듯했다. 대수가 반가운 마음에,

"어르신..."

주전자 노인은 대수의 축 늘어진 몰골을 보고 말없이 뜨거운 육수에 절도면 한 그릇 말아 내어 준다. 대수, 정신없이 절도면을 먹고 한숨 돌리는데 주전자 노인은 혼자 손님들에게 절도면을 내고 차를 끓이고 바삐 움직이고 있다. 대수는 주전자 노인의 눈치를 보며 탁자 위의 빈 그릇들을

치우기 시작했다. 한참 후 손님들이 가고 한산해지자 탁자에 마주 앉은 주전자 노인과 대수. 주전자 노인은 대수의 잔에 차를 따라준다.

"허(喝 마셔)"

"어르신, 갈 곳이 없는데요. 당분간 머물러도 될까요?"

주전자 노인은 대수의 말을 알아듣는지 모르는지 묘한 미소를 지으며 차를 마시고 있다.

"글... 쎄..."

"어- 한국말 하시네요."

"조금 하지. 예전, 한국 친구가 있었거든."

"그래요. 우리 집은 한구워(韓国 한국)에서 이름난 중식당이에요. 도움이 될 거예요."

주전자 노인, 떨떠름한 표정으로 대수에게,

"이제 가보게-"

"큰일이네. 어떻게든 여기 빌붙어야 하는데... 두 번째 주머니를 볼까?"

대수, 주전자 노인 몰래 두 번째 주머니를 보니 '수타'라고 적혀있다. 대수가 주전자 노인에게 말했다.

"아버지 어깨너머로 셔우따(手打 수타)를 배웠어요. 절도면도 괜찮지만 뭐니 뭐니 해도 면(面)은 수타로 만들어야죠."

사실, 대수의 말은 거짓말이었다. 불량학생 대수는 한 번도 아버지의 중국 식당 일을 돕지 않았다. 대수는 속으로 진짜 아버지에게 수타를 배었더라면 하는 생각이 들었다. 또 평소 바삐 일하는 아버지를 돕지 못했던 것이 후회되었다. 주전자 노인은 수타라는 말에,

"셔우따(手打)! 하하하- 쩐더(真的 정말)? 하오더(好的, 좋아) 하오더"

"그럼, 있게 해주시는 거예요. 씨에씨에(謝謝 감사해요)"

세 번째 만난 메이메이

길에 내놓았던 탁자를 가게 안으로 들여놓는 대수. 주전자 노인은 어디 갔는지 보이지 않고 이때 대수 뒤에서 귀에 익은 목소리 들렸다.

"니... 쓰... 셰이(谁 누구)?"

"이 놈의 새끼라니... 웬 놈이 욕이야?"

대수가 뒤를 돌아보자 뜻밖에 메이메이가 서 있었다.

"니(你 당신)?"

"찐티엔(今天 오늘), 치에따오미엔(切刀面 절도면) 끝났어요. 밍티엔(明天 내일) 다시 와요."

"무슨 소리예요. 여기, 워 찌아(我 家 내 집)란 말이에요."

"잉?"

"당신은 쭈워 션머(做 什么 뭐 하는 거예요)?"

"워(我 나는)..."

잠시 후, 면관에 주전자 노인과 어대수, 메이메이가 나란히 앉아 있다.

"이쪽은 나의 손녀인 메이(美), 보통 메이메이(美美)라 부르지. 한국인을 대상으로 관광 가이드를 하고 있어."

"네? 한 성질 하는 여자가 손녀라고요."

"메이메이, 당분간 우리 가게에 어대수 군이 머물기로 했단다."

"뿌싱(不行 안 돼요), 이 사람은 뿌리앙(不良 불량)하다고요."

메이메이가 불량하단 말에 욱- 한 대수가 한마디 한다.

"메이메이, 그렇게 말하면 워 헌 후워(我 很祸 나 화나)."

"대수, 말이나 못 하면. 워 씨엔짜이 뿌하오(我 現在 不好 나 지금 안 좋거든)。"

"성질하곤..."

"뿌리앙해서는..."

"어르신, 근데 제 방은 어디에?"

"방은 무슨 방이야. 대수는 가게에서 의자 붙여놓고 자. 바퀴벌레는 있어도 춥진 않으니."

"잉? 바퀴벌레 무서운데."

☆ 간단 회화 : 가장 기본적인 동작 표현, ~이다/있다/가다/오다/하다

메이 : 니(你) 쓰(是) 셰이(谁)?

　　　당신 누구세요?

대수 : 워(我) 쓰(是) 한구워런(韩国人)。

　　　나는 한국인이에요.

메이 : 니(你) 찌아오(叫) 션머(什么)?

　　　당신 이름 무엇입니까(당신 뭐라 부릅니까)?

대수 : 워(我) 찌아오(叫) 위따슈이(鱼大水)。

　　　나는 어대수입니다(어대수라 부릅니다).

메이 : 니(你) 짜이(在) 나알(哪儿)?

　　　당신 어디 있어요?

대수 : 워(我) 짜이(在) 쫑구워(中国)。

　　　나는 중국에 있어요.

메이 : 니(你) 취(去) 나얼(哪儿)?

　　　당신 어디 가요?

대수 : 워(我) 취(去) 따한민궈(大韩民国) 린스쩡푸팅셔(临时政符庭舍)。

　　　나는 대한민국 임시정부청사에 갑니다.

메이 : 니(你) 라이(来) 마(吗)?

　　　당신 와요?

대수 : 워(我) 뿌(不) 취(去)。

　　　나는 가지 않아요.

메이 : 니(你) 쭈워(做) 썬머(什么)?

　　　당신 뭐 해요?

대수 : 워(我) 쭈워(做) 셔우따(手打)。

　　　나는 수타를 해요.

▲ 간단 회화해설

- 중국에서 중국 사람이 외국 여행객에게 흔히 묻는 것 중의 하나가 '니스 션머구워런(你 是 什么国人)?, 당신 어느 나라 사람이에요?' 하는 것이다. 그럴 때 대답이 '워 쓰 한구워런(我 是 韩国人)。 나는 한국인입니다.'이다. '니 찌아오 션머(你 叫 什么)?'는 '당신 이름이 뭐예요(뭐라 불러요)?'이다.

- '~이다'와 달리 '~있다'는 '짜이(在)를 써서 '워 짜이 쭝구워(我 在 中国)。 나는 중국에 있다.'라고 하면 된다. '가다'와 '오다'는 취(去)와 라이(来)로 쓰며 저우(走)도 '가다'라는 뜻이다.

- 그 외 '주다'는 게이(给), '나에게 물건을 주세요'는 '바 뚱시 게이 워(把 东西 给 我)。', '달라'는 야오(要), '물건을 나에게 달라고 해라'는 '바 뚱시 야오 워(把 东西 要 我)。'

▲ 회화 단어정리

셰이(谁 shéi) : 누구, 아무. 누구를 뜻하는 의문사(의문 대사)
쓰(是 shì) : 맞다, 네, ~이다. 부정은 '뿌스(不是), 아니다,'로 쓰(是)의 부정에만 뿌쓰(不是)를 쓴다.
한구워(韩国 Hánguó) : 한국. 수도는 서울(首尔 Shǒu'ěr 셔우얼)
메이구워(美国 Měiguó) : 미국
르번(日本 Rìběn) : 일본
파구워(法国 Fǎguó) : 프랑스
션머(什么 shénme) : 무엇, 어떤. 무엇을 뜻하는 의문사

위따슈이(鱼大水 yúdàshuǐ) : 어대수, 주인공 이름. 이름은 밍즈(名字)

나얼(哪儿 nǎr) : 어디, 어느 곳. 어디를 뜻하는 의문사. 나(哪)도 어느,
  어떤, 어디

취(去 qù) : 가다, 간다.

따한민구워(大韩民国 Dàhánmínguó) : 대한민국

린스(临时 línshí) : 임시

쩡푸팅셔(政府厅舍 zhèngfǔtīngshè) : 정부청사

라이(来 lái) : 오다, 온다. '돌아오다'는 후이라이(回来)

쭈워(做 zuò) : ~하다. 깐(干)도 '~하다'의 뜻. 니 깐 썬머(你 干 什么)?
  당신 뭐 해?

셔우따(手打 shǒudǎ) : 수타, 손으로 면 뽑기. 중국에 수타 자격증도 있
  다.

짜이(在 zài) : (동사)~있다, (부사)막 ~하고 있다, (개사=전치사) ~에

쩌얼(这儿 zhèr) : 여기, 거기. 나얼(那儿)은 저기. 나얼(哪儿)은 어디

뿌리앙(不良 bùliáng) : 불량

☆ 간단 문법 : 중국어 5형식과 문장의 종류

중국어 문장은 '주어+술어'를 기본으로 해서 '주어+술어+보어/목적어'로 확장된다. 이를 영어 5형식에 빗대어 중국어 5형식으로 구분해보았다. 물론 중국어 5형식 외 여러 문장구조가 있으나 5형식에서 변형된 것에 불과하다.

● 중국어 5형식

영어 5형식에 빗대어 중국어 기본 어순인 '주어+술어'를 1형식, 보어가 더해져 '주어+술어+보어'를 2형식, 목적어가 더해져 '주어+술어+목적어'를 3형식, 3형식에 목적어 추가되어 '주어+술어+간목+직목'을 4형식, 2형식에 목적어가 추가되어 '주어+술어+보어+목적어'를 5형식이라 하기로 한다. ※중국어 5형식 외 여러 어순이 있음.

중국어 1형식 : 주어+술어
워(我)+쯔따오(知道)。나는 안다.

중국어 2형식 : 주어+술어+보어
워(我)+츠(吃)+완 러(完 了)。나는 다 먹었다.
※러(了)는 완료를 나타내는 시태 조사

중국어 3형식 : 주어+술어+목적어
워(我)+츠(吃)+판(饭)。나는 밥을 먹는다.

중국어 4형식 : 주어+술어+간접 목적어+직접 목적어
타(他)+게이(给)+워(我)+이번 슈(一本 书)。
그는 나에게 책 한 권을 주었다.

중국어 5형식 : 주어+술어+보어+목적어

워(我)+츠(吃)+완(完)+판 러(饭 了)。

나는 밥을 다 먹었다.

※주술술어문

주어와 술어 구조에 두 번째 술어가 와서, 첫 번째 술어가 두 번째 술어의 주어가 되는 문장이다. '워(我) 션티(身体) 하오(好)。내 건강은 좋다.'에서 첫 번째 술어 션티(身体)는 주어 워(我)의 소유격처럼 보인다. 션티(身体)는 두 번째 술어의 주어가 된다.

주어+술어

워(我)+션티(身体)。 = 나는 건강하다.

↓

주어+술어1(주어2)+술어2

워(我)+션티(身体)+하오(好)。 = 내 건강은 좋다.

문장의 종류에는 '주어+술어~'의 평서문과 의문문, 명령문 등으로 나뉜다. 의문문에는 의문 대사(의문사) 없는 의문문과 의문 대사 있는 의문문이 있다.

1. 평서문

주어와 술어 순으로 된 문장을 평서문이라고 한다.

주어+술어~

니(你)+라이(来)。 = 당신이 온다.

2. 의문문

1) 의문 대사 없는 의문문

의문 대사는 의문사인데 의문 대사 없는 의문문은 평서문에 의문 조사 마(吗)? 를 붙이면 된다.

니(你)+라이(来)+마(吗)? = 당신이 옵니까?

2) 의문 대사 있는 의문문

션머(什么 무엇) 같은 의문 대사(의문사)가 있는 의문문으로 의문 대사 없는 의문문에서처럼 끝에 마(吗)? 를 붙이지 않는다.

쩌(这)+쓰(是)+션머(什么)? = 이것은 무엇이냐?

3. 명령문

동사나 동사구를 써서 명령문을 만들 수 있고, 칭(请)과 바(吧)를 써서 '~해주세요.' 하는 문장을 만들 수도 있다.

칸(看)。 = 봐.
칭(请)+찐(进)。 = 들어오세요.
충 워(从 我)+슈워(说)+바(吧)。 = 나에게 말해줘.

4. 감탄문

중국어의 대표적인 감탄문 형식은 '뚜워(多) ~아(啊)'와 '쩐(真) ~아(啊)', '타이(太) ~러(了)'가 있다.

꾸냥(姑娘)+뚜워(多)+피야오리양(漂亮)+아(啊)。
= 소녀는 얼마나 아름다운지!
니(你)+쩐(真)+까오(高)+아(啊)。 = 당신은 정말 크네.
쩌번 슈(这本 书)+타이(太)+꾸이(贵)+러(了)。
= 이 책은 너무 비싸네.

● 문법 문답

주노인 : 중국어 어순은 기본적으로 영어와 같다. 기억나지?

어대수 : '주어+술어+보어/목적어' 해서, **'주어가, ~다(~이다), ~게/뭐를'** 이렇게 된다는 거죠.

주노인 : 그렇지. 중국어 문장을 영어 5형식에 빗댄 것이 중국어 5형식이지. 중국어 1형식 '주어+술어', 2형식 '주어+술어+보어', 3형식 '주어+술어+목적어', 4형식 '주어+술어+간접 목적어+직접 목적어'까지는 영어 1~4형식과 같아. 단, 중국어 5형식 '주어+술어+보어+목적어' 이것만 영어 5형식과 다르지. 영어 5형식은 '주어+동사+목적어+보어'야.

어대수 : 중국어 5형식과 영어 5형식의 차이는 목적어와 보어 위치만 바뀐 거네요.

주노인 : 오히려 중국어 어순이 2형식 '주어+술어+보어'에서 목적어만 더 해지지 더 쉽지. 중국어 5형식만 알면 어느 정도 중국어 문장은 안다고 해도 돼.

어대수 : '주어+술어~' 문장은 평서문이죠?

주노인 : 그렇지. 또 '주어+술어~' 평서문에서 의문 조사 마(吗)만 붙이면 의문문이 된단다. 물론 마(吗) 없이 의문 대사(의문사)를 쓴 의문문도 있고.

어대수 : 의문문 만들 때 주어나 술어의 위치변화 같은 거 없어요?

주노인 : 의문문에서 그런 거 없단다. 그러니 가장 많이 쓰는 평서문만 알면 질문되지, 대답되지. 이런 걸 일석이조라고 하는 거 아니겠니.

4. 주전자 노인은 주방장

절도면 대 수타면

주전자 노인의 면관에서 일하게 된 대수. 피곤했는지 르(日 해)가 중천에 떴는데 아직 긴 의자에 누워 자고 있다. 주전자 노인은 말없이 쭈워즈(桌子 탁자)를 밖으로 옮기고 있고 출근하려고 나오던 메이메이가 자는 대수의 엉덩이를 철썩 때린다.

"역시, 위따슈이(鱼大水 어대수) 쓰(是 ~다) 뿌리앙 쉬에셩(不良 学生 불량 학생)이야."

"셰이(谁 누구야)? 어느 놈의 셰이야."

그제야 부스스 일어나는 대수, 주전자 노인이 탁자를 탁자 옮기는 것을 보고 "뚜이부치(对不起 미안합니다) 뚜이부치"하며 돕는다. 주전자 노인은 "메이꽌시(没关系 괜찮아)"라고 대답하고 지나가는 사람들에게

"후안잉꾸앙린(欢迎光临 오서 오세요). 츠판(吃饭, 식사해요), 츠판"

하고 외친다. 어대수도 옆에서,

"츠판(吃饭) 츠판, 츠(吃) 치에따오미엔(切刀面)"

하고 외친다. 옆 만둣가게의 점원도 지나가는 사람들에게 "츠판 츠판" 하는데 노인이건 아이건 다 '츠판(吃饭 밥 먹어)'이다. 중국에는 위아래도 없나? 대수는 이상한 생각이 들었으나 곧 주전자 노인의 말을 듣고 이해가 되었다.

"따슈이(大水), 중국어에는 니(你 너)를 어른에게는 닌(您 당신)으로 하는 등 몇몇 높임말이 있지만, 한국어에 비하면 새 발의 피라고 할 수 있지. 중국어에서 높임말은 없다고 보면 돼."

"그래서 아이건 어른이건 츠판이군요."

"높임말만 보면 영어와 비슷하지. 영어도 몇몇 단어 빼고는 높임말이 없잖아. 중국어에는 '늙은이 노(老 라오)'자를 붙이면 어른에게 쓰는 말이란 걸 짐작하면 돼. 그래서 보통 선생님을 씨엔셩(先生 씨, 선생)이라고 하지 않고 라오쓰(老师 선생님)라고 하지."

"아하..."

손님들이 의자에 앉자 주전자 노인은 밀가루 반죽 한 덩어리 들고 칼로 샤샤샥 잘라 끓는 면수 속으로 넣었다. 대수가 집게로 면수 솥을 휘휘- 저어 절도면을 한 그릇씩 담고 육수를 부어 손님들에게 내놓는다. 한 나이든 손님이 절도면을 먹으며 한마디 한다.

"치에따오미엔예(切刀面也 절도면도) 헌 하오츠(很 好吃 맛있다)지만, 예전 셔우따미엔(手打面 수타면)도 맛있었어."

주전자 노인이 손님의 말을 받는다.

"그 친구는 갔고 난 이젠 기력이 달려서 수타는 못 해. 세월이 무심하지."

"수타라면 제가 좀 한다니까요. 워 빠바(我 爸爸 내 아버지)가 한구워(韩国 한국)에서 셔우따왕(手打王 수타왕)이잖아요."

"쩐더(真的 정말)? 쭈워바(做吧 해봐)"

대수 속으로

"헉. 사실은 노느랴. 한 번도 안 해봤는데."

수타, 셔우따, 쉐따

면관 앞에 기다란 도마가 놓이고 주전자 노인과 대수가 나란히 서 있다. 옆집 만둣가게 점원 왕샹(王上)이 대수와 주전자 노인을 소개하는데 무슨 UFC 격투기 대회 소개 같다.

52

"따찌아(大家 여러분), 콰이라이(快来 빨리 와요), 콰이라이~ 쩌얼 쓰 위 따슈이(这儿 是 鱼大水 여기는 어대수이고)。한구워런(韩国人 한국인)。타 쓰 셔우따왕더 얼쯔(他 是 手打王的 儿子, 그는 수타왕의 아들입니다)"

사람들이 대수에게 박수를 보내준다.

"쩌얼 쓰 치에따오미엔더 밍런(这儿 是 切刀面的 名人 여기는 절도면의 명인입니다)。지금부터 절도면과 수타면의 대결을 카이쓰(开始 시작합니 다)."

지나가는 사람들이 뭐하나 하고 모여들고 주전자 노인의 절도면과 대수 의 수타면 대결이 펼쳐진다. 주전자 노인은 손이 느려도 타이지취엔(太极 拳 태극권)을 하듯 안정적인 몸짓으로 반죽을 만든다. 반면에 대수는 밀가 루 반죽을 하는 것부터 땀을 삐질삐질 흘린다. 반죽이 잘 안 되자 당황하 는 대수. 주전자 노인이 대수의 반죽을 도와주려 하나 그래도 자존심은 있어서 한마디 한다.

"메이여우(没有 일 없어요)"

면수 솥이 끓자 주전자 노인은 밀가루 반죽을 따오(刀 칼)로 잘라 넣기 시작하고 대수는 이제야 반죽을 도마에 내려치며 면발을 뽑기 시작한다.

'텅- 텅-'

대수, 몇 번 반죽을 손가락 사이로 갈라 면을 뽑았지만 더는 가늘어지 지 않는다. 반면에 주전자 노인은 칼질의 각도를 조절해 굵은 절도면과 얇은 절도면을 자유자재로 만들어 낸다.

중국 사람들은 면 요리를 좋아해 면을 파는 식당을 미엔관(面馆 국숫 집)이라고 부른다. 한국에서 면 요리하면 냉면, 칼국수, 비빔국수 정도에 그치지만 중국의 면 음식은 사천, 광동, 산동, 양주 등 지역에 따라, 삶고, 볶고 하는 조리방법에 따라 매우 다양하다. 우리가 짜장면 하는 것도 원 래 산동에서 기름에 볶은 장(소스)을 면에 얹은 쟈쨩몐(炸酱面 작장면)에 서 유래한 것이다. 실제 중국의 면관 골목에 가면 칼을 가지고 절도면을 만들거나 수타로 면을 뽑는 것을 보여주며 손님을 끄는 광경도 어렵지 않 게 볼 수 있다.

대수는 더는 면발을 가늘게 하는 것을 포기하고 굵은 면발을 끊는 면수 안에 넣었다. 잠시 후 주전자 노인과 대수는 사람들에게 절도면과 수타면을 한 그릇씩 내놓는다. 마침내 모여든 사람들이 절도면과 수타면을 맛보는데...

"치에따오미엔 페이창 하오츠(切刀面 非常 好吃 절도면 매우 맛있어요)."

주전자 노인은 흐뭇한 표정을 짓고 사람들이 그냥 가려 하자, 대수가

"워더 너(我的 呢, 내건 요)?"

"셔우따미엔 뿌하오츠(手打面 不好吃 수타면 맛없어). 뿌하오츠, 뿌하오츠"

"웨이션머(为什么 왜요)?"

"미엔티아오 메이여우 딴리(面条 没有 弹力 면발이 탄력 없어)."

내 아버지는 수타왕

대수, 면관 한구석에 힘없이 앉아 있고 회사에 나갔던 메이메이가 돌아왔다.

"워팅러, 니더 셔우따미엔 쓰 뿌하오츠러(我听了, 你的 手打面 是 不好吃 了 나 들었어, 니 수타면 맛없었다며). 니 쩐쓰 뿌리앙 러(你 真是 不良 了 넌 정말 불량이야)."

"워... 빠바(爸爸 아빠)..."

예전, 대수는 아버지가 땀 흘리며 수타를 해서 손님들에게 대접할 때 이렇게 말하고는 했다.

"제면기를 써도 되는데 왜 힘들여 수타를 해요. 손님은 제면기를 썼는지 수타를 했는지 알지도 못한다고요."

"수타는 나의 땀과 노력이지. 손님들이 제면기인지 수타인지 모른다고 해서 나를 속일 수는 없다."

그땐 아버지가 괜한 고생을 한다고 생각했지만, 한편으로는 아버지가 수타에 대해 마음을 다한다는 것을 알고 있었다. 그 때문에 아버지의 수타가 한국 최고라고 자부하고 하고는 했다. 이제야 아버지의 말씀이 나의

심장에 와서 꽂혔다. 대수는 한국에 있을 때 말썽만 피우지 말고 아버지의 수타 일을 돕지 못한 것이 후회되었다. 명색이 한국 수타왕의 아들이라고 큰소리를 쳤는데 수타 면발이 형편없다는 말을 들으니 더욱 그랬다. 이때 주전자 노인이 대수의 어깨를 두드려주며,

"메이꽌시(没关系 괜찮다), 메이꽌시"

"…"

주전자 노인이 화제를 돌렸다.

"니찌아 여우 지커우런(你家 有 几口人 너의 집에 몇 식구가 있니)?"

"여우 싼커우런(有 三口人 세 식구예요). 푸친, 무친, 허 워(父亲, 母亲 和 我 아버지, 어머니와 나)."

"뚜이(对 그래). 나는 손녀 메이메이와 단둘이지. 메이의 부모는 사고로 죽고 말았어."

"아~"

"찐니엔 뚜워따 러(今年 多大 了 올해 나이가 어떻게 되지)?"

"얼스이수이(二十一岁 21살이에요)."

"메이메이예 얼수이수이(美美也 二十一岁 메이도 21살이야)."

잠시 후, 주전자 노인이 도마 위에 밀가루 반죽을 내놓으며 대수의 어깨를 두드려준다.

"짜이라이 이츠(再来 一次 다시 해봐)"

"씨에씨에(谢谢 감사해요)"

"리엔시(练习 연습해). 인웨이 니 쓰 셔우따왕더 얼쯔(因为 你 是 手打王的 儿子 너는 수타왕의 아들이니까)"

대수는 면관 문을 닫은 뒤에 홀로 밀가루 반죽을 가지고 수타 연습을 했다. 밀가루에 적당히 물을 붓고 손을 주물러 대략 반죽을 하고 치댄다. 어느 정도 반죽이 되면 그때부터 반죽을 도마에 내리쳐 손가락 사이로 수타면을 뽑았다. 대수는 얼마 수타를 하지도 않았는데 이마에서 땀이 흘러내리기 시작했다. 대수는 생각했다.

"맞아. 세상에 땀을 흘리지 않고 되는 일은 없어. 수타든 중국어 공부
든 말이야."

대수는 텅- 텅- 반죽을 내리치며 수타면을 뽑고 또 뽑는 연습을 했다.
이제 수타면의 면발을 어느 정도 가늘게도 굵게도 할 수 있었다. 대수는
뛸 듯이 기뻤다.

"워 넝 셔우따(我 能 手打 나는 수타 할 수 있다). 워 넝 셔우따!"

이때 자던 메이메이가 대수의 소리를 듣고 자기 방에서 소리를 질렀다.

"팅즈(停止 그만 하고), 수이(睡 자)"

같은 시간, 자지 않고 대수의 수타 소리를 듣고 있던 주전자 노인은 흐
뭇한 표정으로 메이메이 몰래 작은 목소리로 외친다.

"따슈이(大水 대수), 짜여우(加油 힘내)!"

☆ 간단 회화 : 가족과 직업 묻기

주노인 : 니찌아(你家) 여우(有) 지(几) 커우런(口人)?
　　　　당신 집에 몇 식구가 있습니까?

대수 : 여우(有) 싼 커우런(三口人)。푸친(父亲), 무친(母亲) 허(和) 워(我)。
　　　 세 식구가 있어요. 아버지, 어머니와 나.

주노인 : 니(你) 쓰(是) 라오지(老几)?
　　　　당신은 (형제 중) 몇째입니까?

대수 : 워(我) 쓰(是) 라오싼(老三)。
　　　 나는 셋째입니다.

주노인 : 찐니엔(今年) 뚜워따 러(多大 了)?
　　　　올해에 나이가 몇 살입니까?

대수 : 얼스이 수이(二十一 岁)。
　　　 21살입니다.

주노인 : 니(你) 쓰(是) 나니엔 성더(哪年 生的)?
　　　　당신 몇 년 생입니까?

대수 : 워(我) 쓰(是) 1980(一九八0 이지우빠링) 니엔 성더(年 生的)。
　　　 나는 1980년생입니다.

주노인 : 니푸친(你父亲) 쭈워(做) 션머 꿍쭈워(什么 工作)?
　　　　당신 아버지는 무슨 일합니까?

대수 : 워 푸친(我 父亲) 짜이(在) 쭝궈차이띠엔(中国菜店) 꿍쭈워(工作)。
　　　 나의 아버지는 중국 식당에서 일합니다.

주노인 : 니(你) 쓰(是) 리우쉬에성(留学生) 마(吗)?
　　　　당신은 유학생입니까?

대수 : 쓰(是)。워(我) 쓰(是) 리우쉬에성(留学生)。니너(你呢)?
　　　 네. 나는 유학생입니다. 당신은?

메이 : 워(我) 짜이(在) 꽌꽝꿍쓰(观光公司) 꿍쭈워(工作)。
　　　 나는 관광회사에서 일합니다.

▲ 간단 회화해설

- 가족을 물을 때 '당신 가족은 몇 명입니까?'는 '니찌아 여우 지커우런
(你家 有 几口人)?'이라고 한다. 직역으로는 '당신 집에 몇 식구가 있어
요?'가 되는데 여기서 '있다'라는 말이 '짜이(在)'가 아닌 '여우(有)'라는
점이다. 여우(有)는 '있다, 없다' 같은 특정 존재의 있고 없고를 말할 때
쓰고, 짜이(在)는 폭넓게 '어떤 것이 있을 때' 쓴다.

- 형제 중 '몇째'를 말할 때는 그냥 '지(几 幾)'하지 않고 '라오(老)'를 붙
여 '라오지(老几)'해서 '몇째'가 되고 대답도 라오(老)를 붙여 '라오싼(老
三 셋째)'이 된다. 그렇다고 '몇 살이세요?'는 '지수이(几 岁)?'가 아니고
이럴 땐 '뚜워수이(多岁)?'가 되는데 '뚜워(多)'는 '많음'의 뜻 외 '얼마?'
하는 의문 대사(의문사)로도 쓰인 것이다.

▲ 회화 단어정리

니찌아(你家 nǐjiā) : 당신 집. 내 집은 워찌아(我家), 우리 집은 워먼
　찌아(我们家)
푸친(父亲 fùqīn) : 아버지
무친(母亲 mǔqīn) : 어머니
허(和 hé) : ~와. 나열된 것의 제일 뒤에 위치.
지(几 jǐ) : 몇을 뜻하는 의문 대사(의문사). 라오지(老几)는 '몇째'라는 뜻
　으로 대답도 '라오+숫자'로 해서 라오싼(老三)이면 '셋째'가 된다.
뚜워따(多大 duōdà) : 몇 살입니까? 직역은 '얼마나 커?' 대답은 '~수이
　(岁 살)'로 한다.
니엔셩(年生 nián shēng) : 태어난 해

더(的 de) : 한정어(관형어) 뒤에 붙는 조사. '~의'의 뜻. 또는 니엔셩더 (年生的)처럼 단어 끝에 쓰여 '~것'이라고도 쓴다. '내 것'은 워더(我 的), '산 것'은 마이더(买的)

꿍쭈워(工作 gōngzuò) : 일, 직업 또는 일하다.

리우쉬에셩(留学生 liúxuéshēng) : 유학생. 학생은 쉬에셩(学生)

꾸안꾸앙꿍쓰(观光公司 guānguānggōngsī) : 관광회사. 꿍쓰(公司)는 정 부가 세운 회사인 공사가 아닌 일반회사임.

☆ 간단 문법 : 의문문Ⅰ - 의문 대사 없는 의문문

중국어 의문문은 크게 의문 대사(의문사) 없는 의문문과 의문 대사 있는 의문문으로 나눌 수 있다. 의문 대사 없는 의문문은 '주어+술어~'의 평서문에 의문 조사인 '마(吗)?'만 붙이면 되고, 의문 대사 있는 의문문은 의문 대사가 있는 대신 '마(吗)?'가 생략된다.

---

1. 마(吗)? 형

   평서문인 '주어와 술어~' 끝에 '마(吗)?'만 붙이면 의문문이 된다. 술어로 쓰(是)가 쓰였을 때 대답은 쓰(是 네)와 뿌쓰(不是 아니오)로 한다. 술어 쓰(是)가 없는 의문문에서는 쓰(是 네)와 뿌쓰(不是 아니오)로 대답하지 않는다.

   주어+술어(동사/형용사/명사)+마?
   니(你)+쓰(是)+한구워런(韩国人)+마(吗)? = 당신 한국 사람입니까?
   타(他)+까오싱(高兴)+마(吗)? = 그는 기뻐요?

2. 마(吗)? 생략 형

   1) 마(吗) 없는 평서문 형
      평서문 끝에 마(吗) 없이도 한국말처럼 말꼬리를 살짝 올리면 의문문이 된다.

      니(你)+하오(好)? = 안녕하세요?

   2) 하오뿌하오(好不好) 형
      하오뿌하오 형 의문문은 긍정부정 의문문이라고도 하고 상대의

심정을 떠볼 때 사용한다. 형용사술어와 동사술어로 하오뿌하오형을 만들 수 있고 팅둥(听懂) 같이 2음절 단어일 때는 팅부팅둥(听不听懂)으로 앞의 둥(懂)이 생략되기도 한다.

주어+형용사술어+뿌(不)+형용사?
/ 주어+동사술어+뿌(不)+동사술어~?
니(你)+하오(好)+뿌(不)+하오(好)? = 당신 좋아요, 안 좋아요?
타(她)+쓰(是)+뿌(不)+쓰(是)+라오쓰(老师)?
= 그녀가 선생이에요, 아니에요?

3) 알송달송 형

  ① 바(吧) 의문문
    평서문의 의문문에 마(吗) 대신 바(吧)를 쓰고 상대의 심정을 떠볼 때 쓴다.

      니(你)+후이 슈워(会 说)+르위(日语)+바(吧)?
      = 당신 일어 할 수 있지요?

  ② 메이여우(没有) 의문문
    메이여우(没有)가 과거나 동작완료 의미가 있으므로 상태변화나 과거 일을 나타내는 러(了)와 같이 쓴다. 역시 상대의 심정을 떠볼 때 쓴다.

      타(他)+취(去)+러(了)+메이여우(没有)? = 그는 갔지요?

  ③ 하이쓰(还是) 의문문
    하이쓰(还是), 즉 '아니면' 문장에서 마(吗)를 쓰지 않고 '주어+

쓰(是)+OO+하이쓰~'에서 하이쓰(还是) 다음에 다시 쓰(是)를 중복해 쓰지 않는다.

주어+술어~+하이쓰(还是)+주어+술어~
워(我)+취(去)+하이쓰(还是)+니(你)+라이(来)?
= 내가 갈까 아니면 네가 올래?
타(他)+쓰(是)+한구워런(韩国人)+하이쓰(还是)+쭝구워런(中国人)?
= 그는 한국인 아니면 중국인입니까?

4) 확인 형 - 너(呢)

앞 문장이 끝난 뒤, '주어+너(呢)'가 되어 앞 문장의 내용을 물음.
워(我)+쓰(是)+쉬에셩(学生), 니(你)+너(呢)?
= 나는 학생이다. 너는?

● 문법 문답
어대수 : 아하, 의문 대사 없는 의문문은 평서문만 잘 알면 되는 거네요.
주노인 : 그렇지. '주어+술어(동사/형용사/명사)~'의 평서문에 의문 조사
        인 '마(吗)?'만 붙이면 되니까. 직역은 **'주어가 ~다 ~게/뭐를**
        까?'로 되지.
어대수 : 그렇군요. '니 하오 마(你 好 吗)?'에서는 마(吗)가 없어도 되죠.
주노인 : 그래. 근데 하오뿌하오(好不好)? 형은 그냥 알아만 두렴. 하오
        마(好 吗)? 하면 될 걸 입 아프게 더 말할 필요 없잖니. 일상
        에서는 알송달송 형 중 상대의 심정을 묻는 바(吧)가 많이 쓰
        여서 **'주어가 ~하다 ~게/뭐를 이지요?'**로 직역되지.
어대수 : 맞아요. 마(吗)?는 좀 사무적인 것 같아요. 개그맨들이 하는 엉
        터리 중국어를 들어보면 '~바?, ~바?' 하던데 이런 질문이었네

요.

주노인 : 그래. 개그맨들이 하는 게 전혀 엉터리는 아니었지. 알송달송 형의 메이여우(没有)?와 확인 형의 너(呢)?도 그냥 알아만 두렴. 초심자는 마(吗)? 질문하기도 바쁜데 언제 과거형 만들어 '~러(了) 메이여우(没有)?' 하고 '나는 이런데~, 너(呢)?' 하겠니?

어대수 : 초심자는 현실적으로 하기 힘들단 얘기네요.

주노인 : 그래, 하더라도 어색해 보이지. 그런데 하이쓰(还是) 같은 건 잘 알아두렴. 꼭 질문이 아니더라도 '~아니면'이라는 접속사로 많이 쓰이니까.

어대수 : 대답은 어떻게 해야죠. 영어처럼 'Yes, or No'가 분명한가요?

주노인 : '주어+쓰(是)~ 마(吗)?' 의문문에서 Yes면 '쓰(是 네)', No면 '뿌쓰(不是 아니오)' 하는데 그냥 쓰(是)와 뿌쓰(不是) 없이 대답을 해도 상관없단다. 또 부정이면 대수가 제일 중국에서 제일 많이 들었던 '메이여우(没有)' 해도 되고.

어대수 : 맞아요. 중국 사람들은 몰라도 '메이여우', 대답하기 귀찮아도 '메이여우', 말하기 싫어도 '메이여우' 등으로 모든 부정적인 것에 쓰이는 것 같아요.

주노인 : '주어+쓰(是)~ 마(吗)?' 질문 말고는 마(吗)를 뺀 평서문으로 대답하면 되지. 또한, 한국어처럼 주어 없이 '술어~ +마(吗)?'로 질문이 되는 것도 알지. 주어 없는 질문 중에 가장 많이 쓰이는 것이 '뭐 있어요?'는 여우(有)+뭐+마(吗)?', '~이에요?'는 '쓰(是)+뭐+마(吗)?'이지.

어대수 : 아하. 쉽네.

주노인 : 만약 '여우(有)+션머(什么 무엇)+뭐?'이면 션머(什么)라는 의문대사(의문시) 때문에 마(吗)가 생략되지. 해석은 '무슨(션머) 뭐 있어요?'가 되는 거야. 마(吗) 없이 '여우(有 있다) 피지우(啤酒 맥주)?' 해도 돼.

어대수 : 그럼, '맥주 있어요?' 정도 되겠네요.

주노인 : 그래. 보통 마(吗) 없이 '여우 피지우(有 啤酒)?' 해도 못 알아듣
          는 사람 없지.

어대수 : 정리하면, 의문 대사 없는 의문문은 '평서문(주어+술어~)+마
          (吗)?'만 잘 알면 되겠네요. 평서문은 질문되고 대답되고.

주노인 : 뚜이(对 맞아), 뚜이-

5. 나는 언제 어디서 무엇을 어떻게 왜 했나?

넌 불량이야

메이메이는 자오샹(早上 아침)에 엷은 화장을 하고 정장을 차려입는 등 샹빤(上班 출근) 준비를 했다. 대수는 그런 메이메이를 힐끔 보았는데 집에서 화장하지 않을 때와는 다른 느낌이었다. 대수는 자신도 모르게 메이메이에게 이렇게 말하고 말았다.

"피아오리앙(漂亮 아름다운데)"

메이메이는 대수가 자신을 놀리는 줄 알고 대수에게 한마디 쏘아붙이고 간다.

"넌 뿌리앙(不良 불량)이야. 셔우따(手打 수타)도 못하면서 떠벌리기는."

"이그! 잘 봐주려고 했더니. 니예 쓰 페이하오깐(你也 是 非好感 너도 비호감이야)."

"난, 판셔(反射 반사)。"

"흥! 얼우이엔(二五眼 멍청이)。"

"치! 니예(你也 너도)。"

상해에 사는 메이메이는 지하철을 타고 출근과 샤빤(下班 퇴근)을 하나 아직도 많은 지방 사람들은 쯔싱처(自行车 자전거)를 타고 출퇴근을 한다. 출퇴근 시간 때 대로에서 볼 수 있는 수백 대의 자전거 행렬은 장관이 아닐 수 없다. ※요즘은 자전거보다 전기 스쿠터가 더 많이 보인다. 중국의 대도시는 한국처럼 출퇴근 시간이면 지하철이나 꿍꿍치처(公共汽车 시내버스)는 만원사례이다. 지하철 요금은 3위엔 정도이고 시내버스 요금은 2위엔 정도인데 이는 중국 서민들의 한 끼 식사비와 비슷해 지하철이나 시내버스를 타고 다니는 사람은 그나마 안정된 직업이 있는 사람이라고 할 수 있다. 중국 사람들이 자전거를 많이 타고 다니는 이유는 단 하나이다. 돈을 아끼기 위해서. ※요즘은 중국 생활 수준이 높아져 돈 아끼기 위해 자전거를 타는 사람은 거의 없다. 예전 이야기다.

메이메이가 출근하고 주전자 노인이 자전거를 끌고 나왔다. 주전자 노인의 자전거는 낡고 오래된 것이지만 주전자 노인이 매일 닦고 기름을 쳐, 멋진 골동품처럼 보였다. 주전자 노인은 자전거를 타고 시장으로 갔다.

"대수야. 스창(市场 시장)에 가니 가게 좀 보고 있으렴."

"쓰(是 네), 니 후이라이 션머스허우(你 回来 什么时候 어르신 언제 돌아와요)?"

"우판 치엔(午饭 前 점심 전에)."

스창(市场 시장)이 재래시장이라면 차오쓰(超市 초시)는 시설이 개량된 시장이나 슈퍼마켓을 의미한다. 최근에는 이마이더(易买得 E-마트) 같은 대형할인점에 가는 사람도 많아져 시장에서 가격 흥정을 하거나 덤을 더 주는 인정을 찾아보기가 점점 어려워지고 있다. 주전자 노인이 시장에 간 후, 주방으로 들어와 보니 도마 위에 밀가루 반죽 한 덩어리가 놓여있었다.

나는 언제 어디서 무엇을 어떻게 왜 했나?

주전자 노인은 자신이 시장에 다녀올 동안 대수에게 수타를 연마하라는 것 같았다. 주전자 노인은 말보다 마음이 담긴 행동으로 대수에게 힘을 실어주고 있었다. 도마 위의 반죽을 정성껏 주무르는 대수. 이마에 땀이 흐르고 반죽은 점점 공기가 빠져 찰기를 갖기 시작했다.

"나, 위따슈이(鱼大水)는 씨엔짜이(现在 지금) 미엔관(面馆 국숫집)에서 반죽으로 셔우따(手打 수타)해서 셔우따미엔(手打面 수타면)을 만드는 중이야."

대수는 반죽을 들어 도마에 내려친다. 텅- 텅- 반죽이 도마에 부딪혀 경쾌한 소리가 나고 반죽은 손가락 사이를 빠져나오며 점차 면발이 되어 간다. 양팔을 벌려 면발을 늘려가는 대수. 양팔의 간격이 넓어질수록 면발의 굵기는 더욱 가늘어진다.

"이츠 짜이(一次 再 한 번 더)"

하지만 면발은 가늘어지다가 툭- 끊어지고 만다.

"다 됐는데."

실망하는 대수, 다시 면발을 한데 뭉쳐 수타를 한다. 멀리 숨어서 이를 흐뭇하게 칸(看 보고) 있는 주전자 노인. 이윽고 대수의 손가락 사이로 가느다란 면발이 술술 나오기 시작한다. 그제야 주전자 노인이 헛기침하며 면관으로 들어서고 대수, 뽑은 수타면을 황급히 숨긴다.

"니 쭈워 션머(你 做 什么 너 뭐 했니)?"

"워... 션머 떠우 메이쭈워(我... 什么 都 没做 저는 아무것도 하지 않았어요)"

"하오(好 그래). 육수 끓일 준비 해라. 곧 우판 스찌엔(午饭 时间 점심 시간)이니."

손님들이 하나둘 면관으로 오고 대수는 손님들에게 재스민 차(茉莉花茶)를 내놓는다. 중국의 식당이나 가정에서는 여름에도 결코 찬물을 대접하는 일이 없다. 잘 알려진 대로 중국 시골에서는 아직 많은 사람이 우물이나 강물을 떠먹기도 하고 도시라도 식수가 만족할 만큼 정제되어 보급되고 있지 않다. 그런 이유로 맹물보다는 차(茶 차)를 끓여 마신다. 대표적인 차로는 찻잎을 볶은 뤼차(绿茶 녹차), 찻잎을 볶아 반쯤 발효시켜 재스민 꽃 향을 입힌 재스민차, 녹차를 완전 발효시킨 홍차(红茶 홍차) 등이 있다. 찻잎을 반쯤 발효시킨 것은 우롱차(乌龙茶 오룡차). 중국의 식당에서는 녹차보다 재스민 향이 은은한 재스민차를 내는 경우가 많다.

손님은 자리에 앉자, 대수에게 주문했다.

"칭 게이 워 치에따오미엔 량펀(请 给 我 切刀面 两份 절도면 2인분 주세요)."

대수는 다시 주전자 노인이 있는 주방에 주문을 전달했다.

"여우 량펀 치에따오미엔(有 两份 切刀面 절도면 2인분 있어요)."

주전자 노인은 칼로 밀가루 반죽을 샤샤샥~ 잘라 끓는 면수에 넣고 몇 번 휘휘 젓는다. 면발이 삶아진 뒤, 그릇에 면발을 건져 담고 육수를 부으면 대수가 쟁반에 놓고 손님에게 내갔다. 마치 손발이 잘 맞는 한 팀 같았다. 이때 한 손님이 주전자 노인에게

"워 야오 츠 셔우따미엔(我 要 吃 手打面 나는 수타면 먹고 싶어요)."

"뿌넝쭈워(不能做 만들 수 없어요)."

"워 샹 꾸더 웨이따오 러(我 想 古的 味道 了 나는 옛날 맛이 생각났어요). 칭 쭈워 셔우따미엔(请 做 手打面 수타면 만들어 주세요)."

"하오(好 좋아요). 위따슈이(鱼大水 어대수)!"

"워 뿌커이(我 不可以 저는 할 수 없어요)."

"쭈워바(做吧 해봐). 메이꽌시(没关系 괜찮아)."

대수가 할 수 없이 밀가루 반죽을 집고 도마에 때리기 시작한다. 텅- 텅- 밀가루 반죽은 이내 도마에 부딪히고 손가락 사이를 통과해 면발이 되어 간다. 대수가 양팔을 벌려 면발을 가늘게 하나 끊어질까 봐 더는 가늘게 하지 못하고 면발을 자른다. 잘린 면발은 끓는 면수 속으로 들어갔다 나와, 그릇에 담기고 육수가 부어져 손님에게 갔다. 대수와 주전자 노인, 다른 손님들이 수타면의 웨이따오(味道 맛)를 보는 커런(客人 손님)을 쳐다봤다. 수타면을 맛본 손님은 엄지손가락을 치켜들며 한마디 했다.

"따빵(大棒 좋아(실제 뜻은 위협(※예전 광고에서 나온 '따봉'의 중국 말?)"

순간 사람들 춤추며 좋아하고 손님들은 맛나게 수타면을 먹는다. 대수는 수타면이 맛있다는 말이 기분이 좋았지만, 중국어로 '따봉(Tá bom 포르투갈어로 '좋다, 괜찮다')'이란 말을 표기할 수 없다는 것이 이해가 안 됐다. 일본어가 분절음(음절을 자음이나 모음으로 분리할 수 있는 음)이

적어 외국어 발음을 제대로 표기하기 어렵다는 것은 알았지만 수만 가지 글자가 있다는 중국어가 설마 제대로 외국어 발음을 표기할 수 없을까 하는 생각이 들었다.

"중국어로 '따빵(大棒 대봉), 따붜(大拨 대발), 따빈(大宾 대빈), 따빙(大幷 대병), 따번(大本 대본), 따부(大部 대부)'까지 되는데 따봉의 보(bo)에 ㅇ(ng) 받침이 안 되네. 그러고 보면 우리 한글이 참 좋은 것이여." ※한국어는 소리 나는 대로 표기 가능한 표음문자, 중국어는 하나하나의 글자가 일정한 뜻을 나타내는 표의문자. 한국어가 무한정한 소리(발음)를 표기할 수 있는 것에 비해, 중국어는 표기할 수 있는 소리(발음)는 500여 가지에 불과.

굽고 볶고 찌고 튀기고 삶고

저녁, 손님들이 다 가고 대수와 주전자 노인만 남아있다. 대수 탁자 위의 그릇들을 치우는데 주전자 노인은 화덕에 불을 지피고 요리를 시작한다.

"커런 떠우 저우 러(客人 都 走 了 손님은 모두 갔어요)."

"워 쯔따오 러(我 知道 了 알아). 워 샹 웨이니 쭈워 쭝궈차이(我 想 为 你 做 中国菜 너를 위해 중국 요리를 만들어주고 싶어). 워 칸 러 니더 서우따렌스(我 看 了 你的 手打 练习 나는 너의 수타 연습을 봤단다)."

"어른신..."

"네가 수타를 하니 중국 요리에 대해 조금은 알아야 하지 않겠니. 중국 요리의 특징은 내가 쓰는 쭝후아구워(中华锅 밑이 오목한 솥)과 만둣가게에서 쓰는 쩡룽(蒸笼 찜통)을 보면 알 수 있지."

"차오(炒 볶는) 것과 쩡(蒸 찌는) 것이군요."

"뚜이(对 맞아). 중국 요리는 볶거나 찌는 것에서 기름에 카오(烤 굽고), 여우쟈(油炸 튀기고), 물에 추이(脆 삶는) 것이 파생되었지. 그래서 음식 이름을 잘 보면 어떻게 조리되었는지 알 수 있어. 가령, 베이징카오야(北京烤鸭 북경고압)는 북경 오리를 구운 것이고 여우빠오슈앙추이(油爆双脆 유폭쌍취)는 돼지 위와 닭 간을 기름에 살짝 튀긴 것이지. 중국어 문법도 '누가 언제 어디서 무엇을 왜 어떻게 했나?' 같은 육하원칙 조리법을 알면 말하기가 쉽겠지."

"결국, 중국어 문법(문법)을 이야기하려고 중국 요리 이야기를 하신 거
네요."

주전자 노인이 말을 하는 동안 요리가 완성되었다. 중국 요리의 특징
중의 하나가 조리 시간이 짧다는 것을 실감했다. 주전자 노인이 요리를
내놓았다.

"자, 이제 츠 바(吃 吧 먹어봐)"

대수와 주전자 노인이 요리를 먹는데 메이메이가 샤빤(下班 퇴근)해서
들어왔다.

"션머(什么 뭐에요)? 추러 워, 니먼 떠우 츠 하오츠더 차이 마(除了 我,
你们 都 吃 好吃的 菜 吗 나만 빼고, 맛난 요리 먹어요)?"

메이 : 니(你) 쓰(是) 셰이(谁)?
　　　 당신은 누구세요?

대수 : 워(我) 쓰(是) 위따슈이(鱼大水)。
　　　 나는 어대수입니다.

메이 : 니(你) 션머스허우(什么时候) 저우(走)?
　　　 당신은 언제 가요?

대수 : 워(我) 찐티엔(今天) 완샹(晚上) 저우(走)。
　　　 나는 오늘 저녁에 갑니다.

메이 : 니(你) 짜이(在) 나얼(哪儿)?
　　　 당신 어디 있어요?

대수 : 워(我) 짜이(在) 찬팅 리(餐厅 里)。
　　　 나는 식당 안에 있어요.

메이 : 니(你) 쭈워(做) 션머(什么)?
　　　 당신 무엇을 해요?

대수 : 워(我) 짜이(在) 슈워(说) 화(话)。
　　　 나는 이야기를 하는 중이에요.

메이 : 니(你) 웨이션머(为什么) 츠(吃)?
　　　 당신은 왜 먹어요?

대수 : 워(我) 웨이(为) 셩(生) 츠(吃)。
　　　 나는 살기 위해 먹어요.

메이 : 니(你) 쩐머(怎么) 저우(走)?
　　　 당신은 어떻게 가요?

대수 : 워(我) 쭈워(坐) 꿍꿍치처(公共汽车) 저우(走)。
　　　 나는 버스를 타고 가요.

(기타 의문사 질문)

메이 : 쩌(这) 츠띠엔(词典) 쓰(是) 나거(哪个)?
　　　이 사전은 어느 것입니까?

대수 : 쩌(这) 츠띠엔(词典) 쓰(是) 워더(我的)。
　　　이 사전은 내 것입니다.

메이 : 띠엔쓰(电视) 뚜워샤오(多少)?
　　　텔레비전 얼마에요?

대수 : 량완(两万) 치엔(钱)。
　　　2만 위안입니다.

메이 : 찐티엔(今天) 지위에(几月) 지하오(几号)?
　　　오늘은 몇 월 며칠입니까?

대수 : 찐티엔(今天) 얼위에(二月) 스하오(十号)。
　　　오늘은 2월 10일입니다.

▲ 간단 회화해설

- 의문 대사(의문사) 없는 의문문은 '주어+술어~'로 이루어진 평서문의 끝에 의문 조사인 마(吗)?만 붙이면 되고 대답도 평서문으로 하면 된다. 의문사 있는 의문문은 '셔머스허우(什么时候 언제), 나얼(哪儿 어디(서)), 션머(什么 무엇(을)), 쩐머(怎么 어떻게), 웨이션머(为什么 왜)' 같은 의문 대사(의문사)를 이용하여 질문하고 대답은 평서문으로 하면 된다.

- 육하원칙으로 질문을 하면 '누가 언제 어디서 무엇을 어떻게 왜 했나?'가 '셰이 쭈워 션머스허우 나얼 션머 쩐머 웨이션머(谁 做 什么时候 哪儿 什么 怎么 为什么)?'가 되고 대답은 '나는 오늘 집에서 외롭기 때문에 즐겁게 노래를 불렀다'로 '워 찐티엔 짜이 찌아 까오싱더 창꺼 웨

72

이찌뭐(我 今天 在 家 高兴的 唱歌 为寂寞)。' 기타 의문사로는 지(几)와
뚜워(多) 등이 있다.

▲ 회화 단어정리

셰이(谁 shéi) : 누구. 의문대명사 또는 의문 대사(의문사)
션머스허우(什么时候 shénmeshíhòu) : 언제. 의문 대사
나얼(哪儿 nǎér) : 어디. 의문 대사
나(哪 nǎ) : 어느. 의문 대사
션머(什么 shénme) : 무엇. 의문 대사
쩐머(怎么 zěnme) : 어떻게. 의문 대사
웨이션머(为什么 wèishénme) : 왜. 의문 대사
지(几 jǐ) : 몇. 의문사. 형제를 물을 땐 라오지(老几 몇째)로 쓴다.
저우(走 zǒu) : 가다.
깐(干 gàn) : ~하다.
찬팅(餐厅 cāntīng) : 식당
짜이(在 zài) : ~에 있다. 개사(전치사)로는 ~하는 중
리(里 lǐ) : ~안. 전치사
꿍꿍치처(公共汽车 gōnggòngqìchē) : 시내버스
후워처(火车 huǒchē) : 기차
띠티에(地铁 dìtiě) : 지하철
웨이(为 wèi) : ~위해. 개사(전치사)
쭈워(做 zuò) : ~하다. 깐(干)도 ~하다. '~이다'는 쓰(是), '~에 있다'는
    짜이(在), '~가지고 있다'는 여우(有)

☆ 간단 문법 : 의문문 II - 의문 대사 있는 의문문

의문 대사(의문사)에는 셰이(谁 누구), 션머스허우(什么时候 언제), 나얼(哪儿 어디), 션머(什么 무엇), 쩐머(怎么 어떻게), 웨이썬머(为什么 왜) 등의 6하 의문 대사가 있다. 기타 의문 대사에는 나(哪 어느), 뚜워(多 얼마), 지(几 몇) 등이 있다.

---

1. 6하 의문 대사 의문문
   1) 주어+의문 대사+술어 형
      주어+의문 대사+동사/형용사~?
      니(你)+션머스호우(什么时侯)+취(去)? = 당신 언제 가요?
      니(你)+짜이(在)+나얼(哪儿)+츠(吃)+판(饭)?
      = 당신 어디서 밥 먹어요?
      니(你)+쩐머(怎么)+하오(好)? = 당신 어떻게 좋아요?
      니(你)+웨이썬머(为什么)+츠(吃)? = 당신 왜 먹어요?
      의문 대사가 있어 문장의 끝에 의문 조사 마(吗)?가 없다. 직역은 '주어가 뭘/어떻게 ~하니?'로 되어 거의 한국어 질문과 같은 어순이 된다. '주어+부사어(의문 대사)+술어~'

      니(你) 같은 주어 없이 의문 대사를 주어로 쓸 수도 있다.
      셰이(谁)+후이라이(回来)? = 누가 돌아와요?
      여기서는 의문 대사 셰이(谁)가 주어로 쓰였다.

   2) 주어+술어+의문사 형
      주어+술어(동사/형용사)~ +의문사?
      니(你)+칸(看)+셰이(谁)? = 당신 누구를 보나요?
      니(你)+칸(看)+션머(什么)? = 당신 뭘 봐요?
      니(你)+취(去)+나얼(哪儿)? = 당신 어디 가요?

74

술어 뒤에 의문 대사가 있으면 마치 '을/를'의 목적어 질문처럼 쓰이고, 직역은 '주어가 ~하니? 뭘'이 된다.

3) 주어+의문 대사 형

주어+의문사(술어)?

니(你)+션머(什么)? = 너 뭐야?

티엔치(天气)+쩐머양(怎么样)? = 날씨 어때요?

주어 뒤에 의문 대사가 있으면 마치 '~하다'의 술사 질문처럼 쓰이고 직역은 거의 한국어 질문과 같게 되어 '주어가 뭐니?/뭐하니?'로 된다.

2. 너(呢) 첨가 형 의문문

주어+의문 대사+술어+너(呢) / 주어+술어+의문 대사+너(呢)?

니(你)+쩐머(怎么)+칸(看)+너(呢)? = 당신 어떻게 읽어요?

니(你)+쭤워(做)+션머(什么)+너(呢)? = 당신 뭐 해요?

너(呢)는 평서문 형 의문문에서 '나는 뭔데, 당신은?' 하고 구체적인 확인을 하는 데 쓰였고 역시 의문 대사와 함께 쓰여서 구체적인 대답을 요구한다. 직역은 거의 한국어 질문과 같게 되어 '주어가 뭘 ~하니?'로 된다.

3. 기타 의문사 : 나(哪 어느), 뚸워(多 얼마), 지(几 몇)

르번 슈(日本 书)+쓰(是)+나거(哪个)? = 일본 책은 어느 것?

허판(盒饭)+뚸워샤오(多少)? = 도시락 얼마예요?

밍티엔(明天)+지(几)+위에(月)+지(几)+하오(号)? = 내일 몇 월 며칠?

나(哪)와 뚸워(多) 뒤의 단어로 인해 구체적인 의문 대사가 된다. 지(几)는 몇이란 뜻, 형제의 수를 말할 때는 라오(老)를 붙여 라오지(老几)하여 '몇째'가 된다. 직역은 주어+의문 대사 형과 같이 거의 한국어 질문처럼 '주어가 뭐니?'가 된다.

● 문법 문답

주노인 : 의문 대사 있는 의문문 중에 가장 많이 쓰는 어순은 '주어+의
　　　　 문 대사+술어?'로 직역은 **'주어가 뭘(의문 대사) ~하니?'**가 되
　　　　 거나 술어 없이 **'주어가 뭘?'**로 된다.

어대수 : 그냥 한국어로 질문할 때처럼 하란 얘기잖아요. '당신 언제 가
　　　　 요?'면 '니 션머스허우 취(你 什么时候 去)?'가 되는 거잖아요.

주노인 : 어허, 좀 알겠다고 건방진데. 맞아, 중국어 질문은 **한국어 질문
　　　　 처럼** 해. 의문문 끝에 너(呢)가 붙어 구체적 대답을 원할 때에
　　　　 도 마찬가지고. 6하 의문 대사 외 기타 의문 대사를 쓸 때도
　　　　 같아.

어대수 : 의문 대사가 술어 뒤 목적어 자리에 오면 **'주어가 ~하니? 뭘(의
　　　　 문대사)'**로 되는 거죠.

주노인 : 그래. 의문 대사 있는 의문문의 대답은 그대로 원하는 답을 해
　　　　 주면 된단다. '셰이(谁 누구)?'면 그인지 그녀인지, 션머스허우
　　　　 (什么时候 언제)면 몇 월 며칠 아니면 몇 시 몇 분인지, 나얼
　　　　 (哪儿 어디)이면 장소를, 션머(什么 무엇)면 어떤 것을, 쩐머(怎
　　　　 么 어떻게)면 이렇게~, 웨이션머(为什么 왜)면 ~때문에 등으로
　　　　 대답하면 되지. 단, 대답은 '주어+술어~'의 평서문이란 것을 잊
　　　　 지 말고.

어대수 : 평서문은 **'주술보/목'**이고요.

주노인 : 정리를 해보면 '주어가 ~하다 ~게/뭐를' 같은 평서문을 의문문
　　　　 으로 하려면 끝은 마(吗)? 붙이면 되고, 대답은 '주어가 ~하다
　　　　 ~게/뭐를'의 평서문으로 하면 된다. 의문 대사 있는 의문문은
　　　　 한국어 질문처럼 '주어가 뭐(의문 대사) ~하니?'처럼 하면 되고,
　　　　 대답은 '주어가 ~하다 ~게/뭐를'의 평서문이 된다. 벌써 중국어
　　　　 의문문은 다 알아버렸지. 오늘 강의 끝-

6. 메이메이는 아름다워

도시락 배달

"완 러(晚 了 늦었다), 워 완 러(我 晚 了 나 늦었다). 오늘 꽌꽝 뷔란 후이(观光 博览会 관광 박람회) 있는데..."

급히 면관을 나서는 메이메이. 주전자 노인 메이메이 뒤를 따라 나오며,

"메이메이, 늦었으면 따띠(打的 택시 타)"

"치엔 여우 나얼(钱 有 哪儿 돈이 어디 있어요)?"

대수가 메이메이의 뒤통수에 대고,

"타이 셩 쩌 융 치엔(太 省 着 用 钱 너무 돈을 아껴 쓴다). 메이메이 웨이션머 짠 치엔 마(美美 为什么 攒 钱 吗 메이는 왜 돈을 모으는 거야)?"

"잉까이 여우 융 창 바(应该 有 用 场 吧 쓸 곳이 있겠지)."

메이메이는 따쓰(的士 택시)를 타지 않고 시내버스 정류장으로 달려갔다. 중국에서는 택시 말고 개인이 자가용을 가지고 영업을 하는 경우가 있는데 이를 헤이처(黑车 흑차)라고 한다. 가급적 흑차보다 택시를 타는 것이 좋으나 사정상 흑차를 타면 미리 흥정을 잘 해야 바가지를 쓰지 않는다. 반면에 시골에 가면 시내버스나 택시를 보기 힘들어 자가용이나 봉고 같은 흑차를 타야 하는데 이럴 땐 동네 가게 주인에게 미리 가격을 물어보고 흥정하는 것이 도움이 된다. ※요즘은 띠디추싱(滴滴出行)이라는 인터

넷 자동차 호출서비스가 생겨, 조금 안심하고 차를 불러 탈 수 있게 되었다. 그런데도 시골에 가면 흑차를 탈 기회가 있으니 주의!

우샹(午上 점심) 무렵, 면관 옆 만둣가게의 왕샹이 대수를 찾아왔다. 왕샹은 예전 중국 축구 스타 허하이둥(何海东 하해동)을 닮은 메이메이의 소꿉친구로 메이메이를 짝사랑해 왔다. 대수가 메이메이의 식당으로 온 후, 메이메이의 관심이 대수에게 간 것 같아 대수를 못마땅하게 생각하고 있다.

"니 쓰 위따슈이 마(你 是 鱼大水 吗 당신이 어대수예요)?"

"뚜이(对 맞아요)。 여우 션머 쓰(有 什么 事 무슨 일 있어요)?"

"칭 랑 니 게이 메이메이 추안따 허판 바(请 让 你 给 美美 传达 盒饭 吧 당신이 메이에게 도시락을 전달해줘요)。"

"잉?"

"내가 갖다 주곤 했는데 찐티엔(今天 오늘)은 메이여우 스지엔(没有 时间 시간 없네요)。"

"워, 웨이션머(我, 为什么 내가, 왜)?"

"인웨이 니 쓰 미엔관더 즈위엔(因为 你 是 面馆的 职员 당신은 면관의 직원이니까)。"

"딴쓰, 워 뿌스 메이메이더 즈위엔(但是, 我 不是 美美的 职员 하지만, 나는 메이의 직원은 아니야)。"

"메이쓰얼(没事儿 상관없어)。"

"잉?"

메이메이는 아름다워

대수, 할 수 없이 자전거를 타고 갔다. 거리에서 미니스커트를 입고 자전거를 타고 가는 여자들을 힐끔힐끔 쳐다보는 대수. 전에 메이메이가 했던 말이 떠올랐다.

"한국인과 일본인만 짧은 췬쯔(裙子 치마) 입고 자전거 타는 여자를 쳐다봐."

중국의 거리에서 짧은 치마를 입고 자전거를 타고 다니는 것을 주의 깊게(?) 바라보는 사람들이 있기는 했다. 그들이 한국인과 일본인인지는 몰라도. 중국 사람들은 별별 요상한 복장을 한 사람이 있어도 본체만체인 경우가 많다. 개인주의가 발달해 남 일에 신경을 쓰지 않는다.

대수는 반대편 미니스커트 입고 자전거를 타는 여자가 미소를 짓자, 정신이 팔려 그만 전봇대에 꽝- 하고 부딪치고 만다.

"짜이 쭝구워 치 쯔싱처 취 타이 난 러(在 中国 骑 自行车 去 太 难 了 중국에서 자전거 타고 가는 것은 너무 어려워)."

완구워치(万国旗 만국기)가 펄럭이고 있는 관광 박람회장에는 이징(已经 이미) 많은 사람으로 붐비고 있었다. 메이구워치(美国旗 미국기), 파구워치(法国旗 프랑스기), 잉구워치(英国旗 영국기) 사이에 우리의 타이지치예(太极旗也 태극기도) 보였다. 대수는 메이메이를 찾아 샹하이 띠팡(上海 地方 상해 지방) 부스에 찾아갔으나 메이메이는 보이지 않았다.

"메이메이 짜이 나얼(美美 在 哪儿 메이메이 어디 있어요)?"

대수가 사람들이 모여 있는 곳으로 가자 중국 전통의상인 치파오(旗袍 기포)를 입고 있는 메이메이가 보였다. 중국 여성 전통복인 치파오는 몸에 꼭 맞게 만들어져 여성의 아름다움을 잘 보여준다. 대수는 평소와 다른 메이메이의 모습에 그만 반하고 말았다.

"피아오피아오리앙리앙더(漂票亮亮的 무척 아름다운데)"

"니 션머 쓰(你 什么 事 무슨 일이야)?"

"인웨이 왕샹더 투워푸(因为 王上 托付 왕샹의 부탁 때문에). 왕샹 찐티엔 페이창 망 러(王上 今天 非常 忙 了 오늘 왕샹 매우 바빠). 받아, 허판(盒饭 도시락)"

메이메이, '네가 왜'라는 표정이지만 이내,

"씨에씨에(谢谢 고마워)"

"야오뿌야오 게이 니 마이 커러(要不要 给 你 买 可乐 콜라 사줄까)?"

"뿌야오(不要 필요 없어). 워 여우 이삥 챠(我 有 一饼 茶 나 차 있어)."

79

하지만, 대수는 메이메이의 말을 다 듣기도 전에 콜라를 사러 갔다. 차(茶)에 길들여 진 중국 사람에게 달짝지근하고 톡- 쏘는 콜라는 새로운 맛이다. 또 비싼 패스트푸드점에서 식사한다는 자체가 좀 있어 보이는 풍경이 되고 있다. ※요즘은 중국 경제가 발전해 콜라, 패스트푸드점 정도야. 커피 파는 스타벅스에도 사람들로 북적인다. 다 옛날이야기다.

관광 박람회장 한구석에서 도시락을 먹는 메이메이를 쳐다보고 있는 대수. 오늘따라 메이메이가 더 예쁘게 보였다. 대수의 눈길을 느낀 메이메이가,

"니 칸 쩌 션머(你 看 着 什么 뭘 보는 중이야?)"

"워 칸 쩌 니(你 看 着 你 너를 보고 있는 중이야)."

"웨이션머(为什么 왜)?"

"글쎄, 워 커이아이 니 마(我 可以爱 你 吗 내가 너를 사랑해도 될까?)"

"갑자기? 밥 먹는데? 니 짜이 슈워 션머(你 在 说 什么 무슨 말을 하는 거야)?"

"워 즈아이 니(我 只爱 你 나는 단지 네가 좋다고)."

"쑤완 워 메이팅(算 我 没听 나 안 들은 것으로 할게). 취 바(去 吧 가봐). 예예 짜이 찌아 이거런(爷爷 在 家 一个人 할아버지 혼자 계시잖아)."

절도면 대 수타면 2차 대결

면관으로 돌아온 대수는 주전자 노인과 함께 저녁 시간 준비했다. 면관에 온 커런먼(客人们 손님들)은 여전히 주전자 노인의 절도면만 찾았다. 주전자 노인은 이제 나이가 있어서 무거운 반죽을 들고 칼로 잘라 넣는 일이 점점 힘겨웠다. 대수가 주전자 노인을 도와 칼을 들고 절도면을 대신해보겠다고 하는데 주전자 노인은 칼이 위험하다며 말린다. 절도면 역시 수타면처럼 아무나 할 수 있는 게 아니었다.

"따슈이(大水), 치에따오미엔 허 쭝구워위 떠우 쉬야오 헌 창스지엔(切刀

面 和 中国语 都 需要 很 长时间 절도면도 중국어도 긴 시간이 필요하단 다)."

"워 메이티엔 쉬에시 쩌 한위(我 每天 学习 着 汉语 매일 중국어 공부하는 중이에요)."

"하오더(好的 좋아), 하오더. 오늘 영업도 끝났으니. 대수의 셔우따미엔(手打面 수타면) 맛 한번 볼까. 나는 치에따오미엔(切刀面 절도면)을 만들어줄 테니."

주전자 노인이 면수 솥에 불을 지피고 밀가루를 반죽하기 시작한다. 대수도 머리띠를 하고 비장하게 밀가루 섞고 도마에 반죽을 텅- 텅- 친다. 반죽은 이내 손가락 사이에서 면발로 나오나 아직은 굵다. 주전자 노인은 끓는 면수에 반죽을 샥- 샥- 썰어 놓기 시작하고 대수도 마지막으로 양팔을 힘껏 벌려 면발을 최대한 가늘게 한다. 대수는 수타면을 잘라 끓는 면수에 넣어 익힌 뒤, 그릇에 담았다. 주전자 노인도 절도면을 그릇에 담았다. 절도면과 수타면에 육수를 붓고 시식만 남았는데 마침 메이메이가 샤빤(下班 퇴근)해 왔다. 메이메이가 절도면과 수타면의 웨이따오(味道 맛)를 보는데,

"치에따오미엔 렁란 헌 하오츠, 셔우따미엔...(切刀面 仍然 很 好吃, 手打面... 절도면은 여전히 맛있는데 수타면은...)."

"션머(什么 뭐?)"

"딴쓰, 하이 뿌주 바이펀즈얼(但是 还 不足 百分之二 아직 2% 부족하지만), 츠 더 꾸워얼(吃 得 过儿 먹을 만해)."

메이 : 워먼(我们) 취츠(去吃) 우판(午饭) 마(吗)?

　　　우리 점심 먹으러 갈까?

대수 : 하오더(好的)。 워(我) 껀(跟) 니(你) 이치(一起) 취(去)。

　　　좋아요. 너와 나 함께 가요.

메이 : 워먼(我们) 취(去) 나얼(哪儿)?

　　　우리 어디에 가요?

대수 : 워먼(我们) 취(去) 샤오츠띠엔(小吃店)。

　　　우리는 분식점에 가요.

메이 : 니(你) 시환츠(喜欢吃) 미엔(面), 하이쓰(还是) 빠오즈(包子)?

　　　당신은 국수 먹기 좋아해요? 아니면 만두 먹기 좋아해요?

대수 : 빠오즈(包子) 여우(又) 피엔이(便宜) 여우(又) 하오츠(好吃)。

　　　만두는 값싸고 맛이 좋아요.

메이 : 칭(请) 게이(给) 빠오즈(包子) 싼런펀(三人份) 바(吧)。

　　　만두 3인분을 주세요.

대수 : 칭(请) 게이(给) 이뻬이 슈이(一杯 水)?

　　　물 한 잔 주세요?

메이 : 쩌거(这个) 빠오즈(包子) 페이창(非常) 하오츠(好吃)。

　　　이 만두는 매우 맛있어.

대수 : 빠오즈(包子) 싼런펀(三人份) 뚜워샤오치엔(多少钱)?

　　　만두 3인분 얼마예요?

직원 : 우(五) 콰이(块) 치엔(钱)。

　　　5위안입니다.

대수 : 워(我) 메이여우(没有) 치엔(钱)。

　　　나는 돈 없습니다.

메이 : 찐티엔(今天) 워(我) 라이푸(来付)。

　　　오늘 내가 돈 낼게.

▲ 간단 회화해설

- '점심 먹으러 갈까?'의 '취 츠(去 吃)'처럼 '가다(去)'와 '먹으러(吃)' 두
가지 행동이 있는 경우 중국어 문장이나 단어는 시간순으로 놓인다. 따
라서 중국어에서 단어가 놓인 자리가 매우 중요하다. 한국말로는 '먹으
러 가다'지만 중국어에서는 시간순에 따라 '가다'가 먼저고 '먹으러'가
나중이 된다. '영화 보러 간다'도 '간다'가 먼저고 '보러'가 나중에 와
'취칸(去看)'이 된다.

- 식당에서 음식 가격은 메뉴판에 잘 나와 있으므로 걱정할 필요 없다.
단지, 주문할 때 일 인분, 이 인분 하는 단어를 알아두면 편하다. 인분
은 '~런펀(人份)'을 붙여 일 인분은 '이런펀(一人份)', 이 인분은 '량런펀
(兩人份)', 삼 인분은 '싼런펀(三人份)'으로 하면 된다. 계산해달라고 할
때는 '칭 마이딴(请 买单)'이나 '칭 지에짱(请 结帐)'하면 된다. 여기서
칭(请)은 '~해주세요' 정도의 뜻이다.

▲ 회화 단어정리

우판(午饭 wǔfàn) : 점심(밥). 아침 식사는 자오판(早饭), 저녁 식사는 완
  판(晚饭)
껀(跟 gēn) : ~와. 전치사. 허(和)도 ~와
샤오츠띠엔(小吃店 xiǎochīdiàn) : 분식점. 보통은 샤오츠(少吃)라고만
  적혀있다. 허판(盒饭)은 도시락
시환(喜欢 xǐhuan) : 좋아하다. 시환 츠(喜欢 吃)는 먹길 좋아하다.
미엔(面 miàn) : 국수. 라면은 팡삐엔미엔(方便面), 밥은 판(饭), 쌀밥은
  미판(米饭)

하이쓰(还是 hái·shi) : (부사) 아직도, (접속사) ~아니면

빠오쯔(包子 jiǎozi) : 만두. 지아오즈(饺子)도 만두. 찐빵은 만터우(馒头). 찐빵 중에 고기 속을 넣은 것도 있어 만두와 구별이 안 되는 것도 있다. 물만두는 슈이지아오(水饺)

여우(又 yòu) : 또, ~도

피엔이(便宜 piányi) : 싸다. '비싸다'는 꾸이(贵), '매우 비싸다'는 타이꾸이(太贵). 보통 러(了)를 붙여 타이구이러(太贵了)

칭(请 qǐng) : ~해 주세요, 플리즈(Please). 칭 게이(请 给)면 '~주세요.', 야오(要)도 '주세요'

싼런펀(三人份 sānrénfèn) : 삼 인분. 이 인분은 이런펀(一人份) 대신 량런펀(两人份)

바(吧 ba) : 문장 끝에서 '~해주세요' 확인, 강조

이뻬이(一杯 yībēi) : 한 잔. 건배는 깐뻬이(干杯)

하오츠(好吃 hǎochī) : 맛있다. 맛, 입맛은 커우웨이(口味). '짜다'는 시엔(咸), '싱겁다'는 딴(淡), '맵다'는 라(辣), '달다'는 티엔(甜)

웨이따오(味道 wèi·dao) : 맛

콰이치엔(块钱 kuài) : 중국 돈 단위인 위안(元)을 대신하는 많이 쓰는 단어. 콰이(块)도 중국 화폐 단위(元), 원래 덩어리. 청나라 때 은(银)을 돈으로 써서. 치엔(钱)는 동전, 화폐

라이푸(来付 láifù) : (돈을) 지불하다. 한턱내다, '손님을 초대하다'는 칭커(请客)

☆ 간단 문법 : 주어

주어는 문장의 제일 앞에 놓여 술어의 동작 주체가 된다. 주어에는 인칭대명사와 지시대명사, 명사, 명사를 꾸며주는 한정어(관형어) 등이 쓰인다.

---

1. 인칭대명사
   워(我 나), 니(你 당신, 너), 타(他 그), 타(她 그녀) , 타(它 그들)

   주어+술어~
   워(我)+쓰(是)+한구워런(韩国人)。 = 나는 한국인이다.
   인칭대명사는 인칭 주어가 되고 복수형은 '인칭대명사+먼(们)'을 붙여서 워먼(我们 우리들), 니먼(你们 당신들) 등으로 된다. 단, 닌먼(您们)은 없다. 남녀가 함께 있을 땐 타먼(他们 그들), 우리는 워먼(我们)과 짠먼(咱们)

2. 지시대명사
   쩌(这 이, 이것), 나(那 그, 그것), 나(哪 어느)

   주어+술어~
   쩌(这)+헌(很)+하오(好)。 = 이것 좋아.
   거(个)를 붙이면 쩌거(这个 이것), 나거(那个 그것), 나거(哪个 어느 것)이 되고, 얼(儿)를 붙이면 쩌얼(这儿 이곳), 나얼(那儿 그곳), 나얼(哪儿 어느 곳)이 된다.

3. 명사
   주어+명사술어~
   꿍쭈워(工作)+헌(很)+뚜워(多)。 = 일이 많다.

워(我)+꿍쭈워(工作)。 = 나는 일한다.
여기서 꿍쭈워(工作)는 명사인데 때때로 술사 자리에 와서 명사술사로 쓰인다.

4. 한정어(관형어) - 더(的)
   한정어+더(的)+명사
   워(我)+더(的)+슈(书)~ = 나의 책은
   한정어(관형어)는 명사를 꾸며주는 명사를 말한다. 워 더 슈(我 的书)에서 더(的) 앞의 명사가 더 뒤의 명사를 꾸며주는 한정어이다. 마치 영어 소유격처럼 '뭐 의(的) 뭐'로 해석할 수 있다.

   ※워더(我的 내 것), 니더(你的 당신 것)
     더(的)는 '대명사/명사+더(的)'로 쓰여서 '누구의 것'으로 사용.
   ※가족관계나 날짜 요일처럼 아주 연관이 있을 땐 더(的) 없이 주어 '명사+명사술어'로 쓰여 명사술어문이 되기도 한다.
     워먼(我们)+빤(班)。 = 우리 반
     워(我)+빠바(爸爸)。 = 우리 아빠
     찐티엔(今天)+씽치치엔(星期天)。 = 오늘은 일요일이다.

5. 동사구 - 인 것
   동사구 주어(동사+주어)
   융(用)+위엔쭈비(圆珠笔)+동사~ = 볼펜 사용하는 것
   여우(有)+치엔(钱)+동사~ = 돈 있는 것
   동사구를 알아보는 방법은 처음에 '동사+주어(명사)'인 것에서 동사구임을 알 수 있고 그다음에 다시 술어(동사/형용사)가 나오는 것을 확인할 수 있다.

[동사+주어(명사)]+술어(동사/형용사)

여우(有)+치엔(钱)+헌(很)+하오(好)。 = 돈 있는 것은 좋다.

6. 개사구(전치사구)

충(从에서, 부터), 짜이(在에서), 왕(往 으로), 리(离 부터), 뚜이(对
에게), 게이(给 에게(동작)), 샹(向 에게), 웨이(为 위해), 웨이러(为了
위해서), 꽌위(关于 관해서), 출러(除了 외의), 껀(跟 와), 티(替 대신
에)

전치사+명사+주어+술어~

충(从)+밍티엔(明天)+워(我)~ = 내일부터+나는~

개사는 전치사로 개사와 결합한 명사를 개사구(전치사구)라고 한다.
대개 주어와 술어 사이에 위치해 부사어가 되나 주어 앞에 있을 경
우 주어를 꾸며주어 주어부라고 생각하면 편하다. 직역은 '언제/어
디서 주어가 ~하다 ~게/뭘를'이 된다.

● 문법 문답

어대수 : 중국어책 중에 이렇게 자세히 주어에 대해 말하는 책은 없는
　　　　것 같은데요.

주노인 : 맞아. 왜 그런가 하면, 중국어 핵심 어순이 **'주술보/목'**이라고
　　　　했지. 그러니 주어와 술어만 알면 그 뒤는 보어 또는 목적어가
　　　　되는 거지. 술어 뒤 보어(보충어)는 술어의 일부로 보면 이해하
　　　　기 쉬워.

어대수 : **'주어+술어+보어/목적어'**에서 술어는 동사 외 형용사, 명사도 술
　　　　어죠?

주노인 : 그래. 중국어에서 술어는 동사술어, 형용사술어, 명사술어가 있
　　　　지. 동사술어만 목적어를 갖고 형용사술어, 명사술어는 목적어

를 가질 수 없어. 그래서 일단 주어 하고 술어만 알면 모든 문장이 **'주어가 ~다(~이다) ~게/뭐'**로 해석이 된단다.

어대수 : 부사어도 있잖아요.

주노인 : 맞아, 나중에 배우겠지만 부사어를 알면 중국어 문장의 이해가 더 깊어지지. 주어의 상황을 말해주니까. 달리 말하면 부사어(상황어)는 또 다른 보어라고 할 수 있어. 문장의 감칠맛을 주는. 술어 앞에 가면 부사어, 술어 뒤에 가면 보어라고 생각하렴.

어대수 : 주어와 술어 아니까, 이제 보어나 목적어로 오는 단어만 알면 중국어 문장은 다 아는 거네요.

주노인 : 단어를 몰라도 그 자리가 주어나 술어, 보어 또는 목적어 자리란 것만 알아도 무척 쉬워지지. 그래서 어순이 중요하단다. 문법이란 게 결국 어순을 아는 것이지.

어대수 : 그래서. 문장의 시작인 주어에 대해 잘 알자는 거군요.

주노인 : 맞아. 주어에서 대명사, 명사 외 한정어(관형어) 구와 동사구, 짜이(在) 같은 개사(전치사) 구 몇 가지만 알면 끝이지. '내 친구의 친구의 친구가'라는 문장은 한정어 구를 써서 '워 펑여우더 펑여우더 펑여우(我 朋友的 朋友的 朋友)' 같이 긴 주어가 될 뿐 그리 어려운 것은 아니야.

어대수 : 동사구 주어도 혼동되요?

주노인 : 동사구 주어도 '물건 사는 것, 마이 뚱시(买 东西)+술어~'처럼 길게 되어 어려워 보여도 한국어에서 쓰이는 것과 다르지 않으니 처음부터 동사 나온다고 혼란스러워할 건 없지.

어대수 : 주어 앞 개사(전치사) 구는 '개사+주어'로 되는 거죠.

주노인 : 맞아. 주어 앞 개사 구는 '오늘부터, 충 찐티엔(从 今天)+주어가~'처럼 주어부를 형성한다고 생각하면 되지. 대부분의 개사 구는 부사어가 되어 주어와 술어 사이에 위치하기 하지만 말이야. 부사어에 대해선 나중에 자세히 하자고.

7. 다시 도진 불량 병

시장에 가면, 밀가루도 있고 수박도 있고

"따수이(大水), 니 취 스창 마이 이따아 미엔펀 허 씨꽈 라이(你 去 市場 买 一袋 面粉 和 西瓜 来 너 시장에 가서 밀가루 한 포대와 수박을 사와라)。"

"쓰(是 네)。"

"하이여우, 후이라이더 루샹 취 여우쥐 취라이 바(还有, 回来的 路上 去 邮局 取钱 吧 그리고, 돌아오는 길에 우체국에서 돈 찾아와라)。"

자전거를 타고 가는 대수에게 옆집 만듯가게 왕샹이 한마디 한다.

"비에 완 러, 뿌리앙쉬에셩(别 晚 了, 不良学生 늦지 마, 불량학생)。"

"셰이 슈워 워 쓰 뿌리앙쉬에셩(谁 说 我 是 不良学生 누가 불량학생이라고 말해)?"

"니 뉘펑여우 메이메이 슈워 러(你 女朋友 美美 说 了 네 여자 친구 메이메이가 말했어)。"

"잉? 워 뿌쓰 뿌리앙쉬에셩(我 不是 不良学生 나 불량학생 아니야)。 워 삐엔청 씬런 러(我 变成 新人 了 나 새사람 됐어)。"

시장에 가니 많은 사람이 있었고 시장 옆 시설 좋은 슈퍼마켓에도 사람이 많았다. 대수는 미엔펀띠엔(面粉店 밀가루 가게)으로 갔다.

"얼스꿍찐 미엔펀 뚜워시아오치엔(二十公斤 面粉 多小钱 20kg 밀가루 얼마에요)?"

"이바이콰이(一百块 100위안이에요)."

"칭 피엔이 이디엔 바(请 便宜 一点 吧 깎아 주세요)."

"뿌 타이꾸이 러(不 太贵 了 비싸지 않아요)."

대수가 밀가루 가게 주인에게 돈을 건네주자 주인은 대수에게 받은 돈을 햇빛에 비춰 보고 손가락으로 비벼도 본다.

"니 짜이 깐 션머(你 在 干 什么 당신 뭐 하는 거예요)?"

주인은 요즘 웨이삐(伪币 가짜 돈)를 쓰는 사람이 종종 있어 돈을 받을 땐 꼭 확인한다고 했다. 실제 중국에서 상점에서 중국 돈을 내거나 받을 때 돈을 화폐검사기에 넣고 확인을 하거나 손가락으로 비벼보고 가짜 돈인가 아닌가 확인하는 모습을 흔히 볼 수 있다. 중국을 여행하는 사람의 경우 무허가 환전소 대신 은행을 이용해 환전하는 것이 믿을 만하다. 시장통에서 거스름돈으로 가짜 돈을 받는 경우는 어쩔 수 없지만, 여행자로서는 돈을 받을 때마다 가짜 돈인지 확인할 방법이 없다.

대수는 밀가루 한 포대를 자전거에 싣고 수박을 사기 위해 과일가게로 갔다. 중국의 과일가게에서는 낱개로 파는 한국과 달리 모든 과일을 이진(一斤 한 근), 량진(二斤 두 근)처럼 무게로 달아 팔았다. 중국의 시장에서 물건을 팔 때 웬만하면 모두 저울에 달아 파는 것을 보면 당 태종의 도량형 통일이 얼마나 중국의 유통시장에 영향을 큰 끼쳤는지 실감 난다. 생선 같은 것도 우리처럼 한 마리 두 마리로 파는 것이 아니라 무게에 따라 가격이 결정되니 어느 측면에서는 매우 합리적인 방법이라는 생각이 들었다.

"여우 씨꽈(有 西瓜 수박 있어요)?"

"니 야오 나거 씨꽈(你 要 哪个 西瓜 당신 어느 수박 원해요)?"

"칭 게이 워 나거 씨꽈(请 给 我 那个 西瓜 저 수박 주세요)."

과일가게 주인은 수박을 저울에 달며,

"쩌거 씨꽈 스콰이치엔(这个 西瓜 十块钱 이 수박은 10위안입니다)."

대수는 수박을 자전거 앞 바구니에 넣고 여우쥐(邮局 우체국)로 갔다. 대수가 창구 앞에서 통장을 내밀고 돈을 찾아 주머니에 넣는데 주전자 노인의 말이 들리는 듯했다.

"쩌치엔 야오 융 짜이 미엔관 팡쭈상(这钱 要 用 在 面馆 房租上 이 돈은 면관 집세로 쓸 거야). 샤오씬(小心 조심해)."

상해에서 나잘난을 만나다

"대수야-"

대수가 밀가루와 수박을 싣고 열심히 자전거 페달을 밟는데 누군가 부르는 소리가 들렸다. 자전거를 세우고 뒤돌아보니 한국에서 같이 놀던 대수의 불량 여사친(여자 사람 친구) 나잘난이었다. 소문으로는 한국에서 공부 안 하고 말썽만 피워서 그녀의 아버지가 외국으로 유학을 보냈고 했는데 중국으로 온 모양이었다.

"니 씨엔짜이 션머 쭈워(你 现在 什么 做 너 지금 뭐하는 거야)?"

"워(我 나)... 워 짜이 빵쭈 쭝구워런(我 在 帮助 中国人 나 중국 사람을 돕고 있어)."

"쩌 쓰 쯔위엔푸우 마(这 是 志愿服务 吗 자원봉사야)?"

"뚜이(对 맞아). 쯔위엔푸우(志愿服务 자원봉사). 니너(你呢 너는)?"

"나는 아버지에게 붙잡혀 강제로 쭝구워 리우쉐(中国 留学) 왔지."

"쉬에시 헌 쑨리 마(学习 很 顺利 吗 공부는 잘 되니)?"

"공부는 무슨, 망 쩌 완(忙 着 玩 놀기 바쁘지). 워먼 찐완 야오 취 예 쭝후이(我们 今晚 要 去 夜总会 우리들은 오늘 나이트클럽 갈 거야)."

"시엔무 러(羡慕 了 부럽다)."

"이치 취 바(一起 去 吧 함께 가자)."

"워 야오 후이취 러(我 要 回去 了 나 돌아가야 해)."

"니 쓰 티엔샤띠이 위따슈이(你 是 天下第一 鱼大水 너는 천하제일 어대수야). 왜 그래, 전엔 안 그랬잖아."

"니 여우 치엔 마(你 有 钱 吗 너 돈 있어)?"

"워 여우 빠바더 신용카(我 有 爸爸的 信用卡 나 아버지 신용카드 있어)."

대수, 자전거를 나이트클럽 루커우(入口 입구)에 세워둔 채 나잘란 일행을 따라 들어가 신나게 춤추며 논다. 그동안 주전자 노인의 면관에서 쩡즈더 쉬에셩(正直的 学生 바른 학생)으로 살았던 것도 사실이다. 어쩌면 대수에게 뿌리앙삥(不良病 불량병)이 도진 것인지도 몰랐다. 아니면 한국에 대한 쓰씨앙삥(思乡病 향수병) 때문인지도. 사실 중국에서 몇 주만 지내면 중국어를 알아듣지 못해도 중국 사람들이 하는 말을 대충은 짐작하게 된다. 어차피 사람 사는 모습은 어디나 비슷하므로. 그리고 조금 더 지나면 짐작했던 말이 무슨 말인지 알게 되고 자주 듣는 문장이 뭔지 알게 되면 중국어가 점차 늘게 되는 것이다. 하지만 중국어를 알게 되는 만큼 향수병 또한 깊어 간다. 대수도 오랜만에 만난 불량 여사친 나잘란과 한국어로 자유롭게 이야기한 것이 더 향수병을 증폭시켜 사그라들었던 불량병을 끄집어낸 것은 아닐까.

대수는 오랜만에 와본 나이트클럽이 번쩍번쩍-해서 별천지처럼 느껴졌다. 중국 샤오지에(小姐 아가씨)에게 작업을 거는 대수.

"워 용셔우 쭈아쩌 베이찡아(我 用手 抓着 北京鸭)
내 손으로 북경오리를 때려잡고
씨앙 티에찐 이양 쥐에쩌 차오니엔까오 츠(像 钢筋 一样 嚼着 炒年糕 吃)
떡볶이를 철근같이 씹어 먹고
충 뻔파오 더 꿍꿍치처샹 파오샤라이(从 奔跑 的 公共汽车上 跳下来)
달리는 공공버스에서 뛰어내리는,
워 쓰 리우~ 빵다(我 是 六~ 棒达) 나는 육~ 봉달
아니, 위~따슈이(鱼~大水) 어대수"

한편 밤늦게까지 심부름 간 대수가 돌아오지 않자 걱정하는 주전자 노

인과 화가 난 메이메이.

넌 정말 불량이야

한밤중 술 냄새를 풍기며 면관으로 돌아온 대수. 시장에서 사 온 밀가루 한 포대와 수박을 면관 안에 놓다가 우두커니 앉아 있는 주전자 노인을 보고 깜짝 놀란다. 이때 대수에게서 뭔가 툭- 바닥에 떨어진다. 주전자 노인은 대수에게,

"메이 션머 쓰 바(没 什么 事 吧 무슨 일 없었지)? 취 슈이쨔오 바(去 睡觉 吧 가서 자라)."

이때 메이메이 안에서 나오며,

"웨이션머 씨엔짜이 차이 후이라이 아(为什么 现在 才 回来 啊 왜 지금 돌아온 거야). 니 츠따오 러 헌 뚜워(你 迟到 了 很 多 너 많이 늦었어)."

"뚜이부치(对不起 미안). 워 찌엔따오 워더 펑여우 러(我 见到 我的 朋友 了 내 친구를 만났어)."

"그럼, 따 띠엔화(打 电话 전화해야지). 치엔 너(钱 呢 돈은)?"

주머니를 뒤져보는 대수. 그러나 주머니에 돈 봉투가 없다.

"메이여우(没有 없네)!"

"뿌리앙(不良 불량). 바 나씨에 치엔 떠우 후아 꾸앙 러(把 那些 钱 都 花 光 了 그 돈을 다 쓴 거야). 이렇게 뿌리앙(不良 불량)이면서 '슈워 시 후안 워(说 喜欢 我 나 좋아한다고)'한 거야. 추취 바(出去 吧 나가)."

대수는 메이에게 이런 소리를 들으니 창피하기도 하고 자존심도 상해서 뛰쳐나갔다. 대수는 홀로 걷고 또 걷다 보니 어느새 상해를 관통하는 황푸쨩(黄埔江 황포강)까지 왔다. 벤치에 앉아 건너편 동방명주 빌딩을 바라보니 오색조명이 밝게 빛나고 어디선가 주전자 노인의 목소리가 들려오는 듯했다.

"따슈이(大水),
오래전 워더 펑여우(我的 朋友 내 친구)도

괴로운 일이 있으면 황포강 변에 가고는 했지.
홍빠오(红包 돈 봉투)는 면관 바닥에서 발견되었단다.
그동안 열심히 잘 했는데 쉴 시간을 주지 못해 미안하구나.
어서, 후이라이 바(回来 吧 돌아와라)。"

(우리 숫자 3의 배수 게임 해볼까. 3의 배수에서 손뼉~ 걸리면 원하는 거 해주기)

메이 : 이(一), 얼(二), 짝(손뼉)-
       일, 이, 짝-

대수 : 쓰(四), 우(五), 짝-
       사, 오, 짝-

메이 : 치(七), 빠(八), 짝-
       칠, 팔, 짝-

대수 : 스(十), 짝-
       십, 십일, 십이

메이 : 스이(十一) 뿌쓰(不是) 싼(三) 더(的) 뻬이슈(倍数)。
       십이는 3의 배수가 아니야.

대수 : 하오(好)。 워((我) 껀(跟) 니(你) 이칭(一起) 취(去) 차오스(超市)。
       좋아. 내가 너와 함께 슈퍼마켓에 갈게.

메이 : 워(我) 샹 마이(想 买) 쩌거(这个) 씨꽈(西瓜) 허(和) 핑꾸워(苹果)。
       나는 이 수박과 사과를 살 거야.

대수 : 워(我) 시환(喜欢) 쥐즈(桔子) 삐(比) 씨꽈(西瓜) 허(和) 핑꾸워(苹果)。 나는 수박과 사과보다 귤을 더 좋아해.

메이 : 쩌(这) 쥐즈(桔子) 꾸이(贵), 씨꽈(西瓜) 허(和) 핑꾸워(苹果) 피엔이(便宜)。 이 귤은 비싸고, 수박과 사과는 싸다.

대수 : 쩌(这) 씨꽈(西瓜) 웨이따오(味道) 쩐머양(怎么样)?
       이 수박 맛 어때요?

상인 : 헌(很) 티엔티엔(甜甜)。
       달달하다.

메이 : 씨꽈(西瓜) 뚜워샤오치엔(多少钱) 이찐(一斤)?

수박 1근에 얼마입니까?

상인 : 싼스(三十) 콰이(块)。

　　　30위안 입니다.

대수 : 타이(太) 꾸이 러(贵 了) 피엔이(便宜) 이디얼(一点儿) 바(吧)。

　　　비싸요. 싸게 좀 해주세요.

상인 : 뿌(不) 쑤안(算) 꾸이(贵)。

　　　비싸지 않아요.

메이 : 칭(请) 게이(给) 워(我) 이거(一个) 씨꽈(西瓜)。

　　　수박 1개 주세요.

▲ 간단 회화해설

- 중국어 회화에서 이(一), 얼(二) , 싼(三), 쓰(四)... 같은 숫자만 알아도 중국에 갔을 때 매우 유용하게 쓸 수 있다. 숫자에서 주의할 것은 두 개와 2위안(元)은 '얼거(二个), 얼위엔(二元)'이 아니라 '량거(两个), 량위엔(两元)'으로 량(两)을 쓴다는 것!

- 숫자 6인 리우(六)는 가운데 세 손가락을 접고 손가락 엄지와 세끼 손가락만을 피면서 말하는 경우가 많다. 중국 손가락 숫자로 6이라는 뜻이니 영어의 손가락 언어로 '아이 러브 유'로 착각하지 말 것.

- 시장이나 상점에서 물건을 살 때 찌아거(价格 가격) 또는 삐아오찌아(标价 표시가격)을 보고 흥정을 하면 되는데 대개 가격의 2/3 정도가 적당하다. 가격을 깎기 위해 '비싸요' 하는 말은 '타이 꾸이 러(太 贵 了)'이고 '싸게 해주세요'는 '피엔이 이디얼 바(便宜 一点儿 吧)' 정도로 하면 된다.

숫자 : 이(一 yī), 얼(二 èr), 싼(三 sān), 쓰(四 sì), 우(五 wǔ), 리우(六 liù), 치(七 qī), 빠(八 bā), 지우(九 jiǔ), 스(十 shí), 스이(十— Shí Yī), 얼스(二十 èrshí) , 바이(百 bǎi), 치엔(千 qiān), 완(万 wàn, 만) , 이(亿 yì, 억), 완이(万亿 wànyì, 조)

뻬이슈(倍数 bèishù) : 배수

예((也 yě) : (부사) ~도. (조사) 구의 끝에 놓여 긍정·판단·설명 어감 표시

차오쓰(超市 chāoshì) : 슈퍼마켓, 정식 명칭은 차오지쓰창(超级市场)

쓰창(市场 shìchǎng) : 시장

샹창(商场 shāngchǎng) : 건물 내에 있는 시장이나 상가, 쇼핑센터. 백화점은 바이후워러우(百货大楼)

시앙(想 xiǎng) : 생각하다, ~할 예정이다. 시앙→샹

마이(买 mǎi) : 사다. 팔다 도 마이(卖)

씨꾸아(西瓜 xīguā) : 수박. 사과는 핑꾸워(苹果), 귤은 쥐즈(桔子)

허(和 hé) : ~와

시환(喜欢 xǐhuan) : 좋아하다.

삐(比 bǐ) : (동사) 비교하다, (개사=전치사) ~보다

꾸이(贵 guì) : 비싸다. 원래는 헌 꾸이(很 贵)이나 부사 헌(很)은 형용사 술러일 때 별 의미가 없음.

피엔이(便宜 piányi) : 싸다.

웨이따오(味道 wèidao) : 맛

티엔(甜 tián) : 달다. 형용사 중첩인 티엔티엔(甜甜)은 뜻이 강화되어 매우 달다.

이디얼(一点儿 yìdiǎnr) : 좀. 이디얼(一点儿)은 있어도 얼디얼(二点儿)이란 말은 없다. 이후이(一会)도 '좀, 잠시'라는 뜻.

☆ 간단 문법 : 술어

술어는 주어의 동작을 나타내는 말로 동사 외 형용사, 명사까지 포함되어 동사술어, 형용사술어, 명사술어라 한다. 동사술어는 동작의 목적이 되는 목적어를 갖고 형용사술어, 명사술어는 목적어를 갖지 않는다.

---

1. 동사술어문
   주어+동사술어
   워(我)+취(去)。 = 나는 간다.
   니(你)+라이(来)。 = 당신은 온다.
   직역은 '주어가 ~하다'로 한국어 어순처럼 쉽게 이해할 수 있다.

   동사술어문의 부정은 뿌(不)와 메이(没) 또는 메이여우(没有)를 동사술어 앞에 써서, 뿌(不)는 '않다.', '아니다' 정도의 뜻으로 확실한 가부(可否)를 물을 때 쓰고, 메이(没)는 동작완료나 과거 부정을 의미해 '~하지 않았다', '~이지 않다.' 정도의 뜻이 된다.

   워(我)+뿌(不)+취(去)。 = 나는 안 간다.
   니(没)+메이(没)+라이(来)。 = 당신은 오지 않았다.

2. 명사술어문
   명사술어문은 주로 날짜, 요일, 시간, 고향, 가격, 나이, 학년 등을 물을 때 사용한다.

   주어+명사술어
   쭈워티엔(昨天)+씽치이(星期一)。 = 어제는 월요일이다.
   씨엔짜이(现在)+우띠엔(五点)。 = 지금은 5시다.
   명사인 '월요일, 씽치이(星期一)'나 '5시, 우띠엔(五点)'이 동사술어로

쓰였다.

쭈워티엔(昨天)+쓰(是)+씽치이(星期一)。 = 어제는 월요일이다. (X)
보통 날짜 등 명사술어문에 '~이다'의 쓰(是)를 쓰지 않는다. 단, 의
문문에서 '쓰(是)', 부정문에서는 '뿌쓰(不是 아니다)'를 쓴다.
쭈워티엔(昨天)+**쓰(是)**+씽치이(星期一)+마(吗)?
= 어제는 월요일입니까?
쭈워티엔(昨天)+**뿌쓰(不是)**+씽치이(星期一)。
= 어제는 월요일이 아니다.

3. 형용사술어
   주어+형용사술어~
   워먼(我们)+헌(很)+**하오(好)**。 = 우리는 좋다.
   쩌화(这花)+페이창(非常)+**피야오리앙(漂亮)**。
   = 이 꽃은 매우 아름답다.
   형용사 앞의 부사 헌(很)은 특별한 뜻이 없고 부정형이나 의문문이
   되거나 둘 간 대조할 때 생략된다. 부사 헌(很) 외 부사 페이창(非
   常), 터비에(特別) 등은 생략되지 않는다.
   판(饭)+**구이(贵)**, 미엔(面)+**피엔이(便宜)**。 = 밥은 비싸고, 면은 싸다.
   ※헌(很) 생략

   주어+형용사술어+목적어 = (X)
   워(我)+헌(很)+**하오(好)**+니(你)。 = 나는 너를 좋아한다. (X)
   워(我)+**시후안(喜欢)**+니(你)。 = 나는 너를 좋아한다. (O)
   형용사술어는 목적어를 가질 수 없다.

   형용사술어의 부정은 '않다'의 뿌(不)와 '하지 않다'의 메이(没)를 씀.
   티엔치(天气)+**뿌(不)**+**하오(好)**。 = 날씨 좋지 않다.

워먼(我们)+메이(没)+하오(好)。 = 우리는 좋지 않다.

※형용사의 중첩
　니(你)+피아오피아오리앙리앙더(漂漂两两的)。
　= 당신은 매우 아름답다.
　피아오피아오리앙리앙더(漂漂两两的) 화(花)+짜이(在)+쩌얼(这儿)。
　= 아름다운 꽃이 여기 있다.
　워(我)+피아오피아오리앙리앙띠(漂漂两两地)+추안(穿)。
　= 나는 아름답게 입었다.
　형용사는 중첩되어 술어, 한정어(관형어), 부사어로 사용된다. 한
　정어일 때 ~더(的)와 부사어일 때 ~띠(地).

형용사는 중첩될 때 그 뜻이 강해진다.
일음절 형용사는 AA형으로, 이음절 형용사는 AABB형으로 중첩
따따더(大大的) = 아주 커다란
꾸이꾸이더(贵贵的) = 매우 비싼
칭칭추추더(清清楚楚的) = 아주 분명한
깐깐징징더(干干净净的) = 아주 깨끗한

※주술술어문
　주어+술어에서 다시 술어가 붙은 문장을 말한다. 1술어는 2술어의
　주어가 된다.

　주어+술어1(주어2)+술어2
　빠바(爸爸)+션티(身体)+헌 하오(很 好)。 = 아버지 건강은 좋다.
　빠바(爸爸)+션티(身体)。 = 아버지 건강하다.
　션티(身体)+헌 하오(很 好)。 = 건강이 좋다.

● 문법 문답

주노인 : 중국어의 술어는 '**동형명**'이란 거 몇 번 말했지. 또 중국어 술
        어는 과거나 미래에 따라 영어처럼 동사 변화가 없어 정말 간
        단하단다. '**주어가 ~다 ~게/뭐를**'만 생각하면 되지.

어대수 : 정말 이것뿐이에요? 그럼, 중국어 술어는 과거나 미래 같은 것
        을 만들 수 없어요?

주노인 : 어허, 녀석. 급하긴. 중국어 술어에도 과거나 미래 등을 만들
        수 있는데 이를테면 과거나 미래의 시태(동태) 조사만 붙이면
        되니 영어의 동사 변화에 비하면 거저먹기란 얘기지.

어대수 : 그렇군요. 과거나 현재, 미래에 따른 복잡한 동사 변화가 없다
        는 게 어디에요.

주노인 : 중국어의 술어에는 동사 외 형용사와 명사가 있는데 형용사술어
        와 명사술어는 목적어를 가질 수 없으니 '**주어가 ~다**'만 생각
        하면 되지.

어대수 : 명사술어문은 언제 쓰여요?

주노인 : 명사술어문은 주로 날짜, 요일, 시간, 고향, 가격, 나이, 학년 등
        을 물을 때 사용한단다.

어대수 : 명사술어문의 의문문은 어떻게 해요?

주노인 : 명사술어문의 의문문은 생략되었던 쓰(是)가 나타나고 끝에 의문
        조사 마(吗)를 붙이면 되지.

어대수 : 아하~ 명사술어문의 부정형에서도 생략되었던 쓰(是)가 나타나고
        그 앞에 뿌(不)를 붙여 뿌쓰(不是)가 되는 거죠.

주노인 : 제법인데. 그렇다고 명사술어 앞에 생략된 쓰(是)를 쓰면 어색하
        니 쓰지 말고.

어대수 : 형용사술어의 의문문은 어떻게 만들어요?

주노인 : 형용사 의문문은 끝에 마(吗)만 붙이면 되니 얼마나 쉽니.

어대수 : 그게 바로 '니 하오 마(你 好 吗)?'인 거죠.

주노인 : 그래. 형용사술어의 부정은 '뿌(不)'나 동작완료일 때 '메이(没)'

를 쓰면 된단다. 형용사술어 앞의 부사 헌(很)은 부정형이나 의
문문이 일때 생략되지.

어대수 : 부사 헌(很) 대신에 부사 터비에(特別)나 페이창(非常) 등이 오면
생략할 수 없고요.

주노인 : 허허- 맞다. 맞아- 끝으로 주술술어문은 '주어+술어1(주어2)+술
어2' 어순이야. 술어2가 형용사술어라면 부사 (很)이 있겠지.

어대수 : 아- 술어2에 헌(很)이 보면 되겠네요.

주노인 : 근데, 헌(很)이 생략될 수도 있어.

8. 황산으로 가요.

기차표 살 수 있으면 중국 여행은 쫑-

주전자 노인과 대수는 주말을 이용해 황산 뤼싱(黃山 旅行 황산 여행)을 가기로 했다. 주전자 노인도 오랜만에 연휴를 맞아 면관을 닫고 가는 길이었다. 중국은 경제개방으로 생활 수준이 높아지자 명절이나 연휴 때면 여행을 다니는 인구가 급격히 늘어나고 있다. 그래서 명절이나 연휴 동안에 중국에서 여행하자면 미리 기차표를 예매해야 여행을 떠날 수 있다.

"따슈이(大水). 황산에 밤 기차를 타고 갈 거니까. 상하이짠(上海站 상해역)에 가서 황산가는 잉워피아오(硬卧票 일반 침대표)를 사 와라."

"뭐 하러 일반 기차를 타요, 까오티에(高铁 고속철도) 타면 빠른데."

"Easy come easy go라고 들어 봤니, 쉽게 가면 쉽게 오게 되어 있어. 여행의 재미를 느낄 새도 없이 말이야. 잔말 말고 기차표나 사와."

"쓰(是 네), 일반 침대 중 상쫑쌰(上中下 상중하) 중에 쫑(中)이나 쌰(下하)면 되겠죠?"

중국의 기차는 고속철도(高铁)와 일반 기차(火车)로 나뉜다. 고속철도의 좌석은 2등석, 1등석, 비니지스석, 일반 기차의 좌석은 일반 좌석인 잉쭈워(硬座 경좌), 고급 좌석인 루안쭈워(软座 연좌), 3층 일반 침대칸인 잉워(硬卧 경와), 2층 고급 침대칸인 루안워(软卧 연와) 등이 있다. 장거리 여행 시 보통 침대칸을 이용하는데 일반 침대칸의 경우 가격이 제일 위인 3

층 침대가 싸고 제일 아래 1층 침대가 비싸다. 아무래도 편하기는 제일 아래층이 편하니까.

"뚜이(对 맞아). 루구워 셔우피아오위엔 팅뿌둥 니더 후아, 찌우 씨에씨 아라이 게이 타 칸칸(如果 售票员 听不懂 你的 话, 就 写下来 给 他 看看 만약 매표원이 너의 말을 알아듣지 못하면, 써서 보여줘라)."

"르즈(日子 날짜) / 스찌엔(时间 시간) / 훠처하오(火车号 기차번호) / 추파띠 허 따오쩌띠(出发地 和 到着地 출발지와 도착지) / 좌석 종류인 잉쭈워(硬座 일반 좌석), 루안쭈워(软座 고급 좌석), 잉워(硬卧 경와, 일반 침대), 루안워(软卧 연와, 고급 침대) 중에 하나 고르고 / 이번에 일반 침대 칸이니까 샹쫑쌰(上中下 상중하) 중에 하나 선택해 써 보이면 되죠?"

르쯔(日子 날짜) / 스찌엔(时间 시간) / 훠처하오(火车号 기차번호) / 추파띠 허 따오쩌띠(出发地 和 到着地 출발지와 도착지) / 좌석 종류

⇩

3위에(月) 21르(日) / 예(夜) 11스(时) 30펀(分) / ha1201 / 상하이→황산(上海→黄山) / 잉워 샤(硬卧 下)

"뚜이(对 맞아). 가령, 3위에(月) 21르(日) / 예(夜) 11스(时) 30펀(分) / ha1201 / 상하이→황산(上海→黄山) / 잉워 쌰(硬卧 下)로 하면 되지. 기차 정보는 셔우피아오추(售票处 매표소) 근처에 게시판이 있으니 참고해."

"역까지 가려면 귀찮은데 그냥 모바일로 기차표 파는 트립닷컴 들어가서 사면 안 돼요. 아니면 여행사에서 수수료 주고 사죠."

"이 녀석, 그걸 누가 몰라. 너 중국어 실전 연습시키려고 가라는 거지. 한 번이라도 더 입으로 말해봐야 중국어가 늘 거 아니니."

"앗, 그렇게 깊은 뜻이..."

"루구워 커이 마이따오 후워처피아오, 쫑구워뤼싱 찌우 지에슈 러(如果 可以 买到 火车票, 中国旅行 就 结束 了 만약 기차표를 살 수 있으면, 중

국 여행은 끝)이나 마찬가지야."

대수는 주전자 노인의 말대로 기차역으로 가서 매표소 앞에 줄을 섰다. 막상 자신의 차례가 오니 제대로 말을 할 수 없었다. 매표원은 귀찮다는 듯이 "싸이웨이(下一位 다음 사람)"을 외쳤다. 사실 중국어 초급의 사람이 매표소에서 말로 기차표를 사기는 어렵다. 조금만 시간을 끌어도 매표원은 다음 사람을 외치고 뒤에 기다리는 사람도 빨리 표를 사라고 재촉하기 때문이다. 제일 좋은 방법은 위의 그림처럼 날짜, 기차번호 등을 적어서 보여주는 것이다. ※이것도 다 옛날이야기다. 요즘은 모바일로 트립닷컴이나 다른 중국 기차표 판매 사이트에 들어가 사면되니 말이다. 그것도 중국어가 아닌 한국어 화면으로!

기차 여행은 재미있어

메이메이는 주말 가이드 일이 있다고 나갔고 주전자 노인과 대수만 상해역으로 갔다. 상해역 안팎에는 시골에서 도시로 올라온 건설노동자인 민꿍(民工 민공)들이 많이 보였다. 허름한 옷차림의 민공들은 이불 보따리와 짐을 들고 기차를 기다리고 있었는데 보통 청스(城市 도시)에서 1~2년 정도 일하고 시골로 돌아간다고 한다. 가난한 민공들은 돈을 아끼기 위해 기차 시간까지 기차역 앞에 이불을 깔고 잠을 자거나 제일 싼 좌석인 일반석(잉쭈워)을 타고 수십 시간을 가기도 한다. 중국 기차의 일반석은 등받이가 수직이어서 장시간 타고 가는 것은 여간 고역이 아닐 수 없다. 카이피아오 스찌엔(开票 时间 개표시간)이 되자 사람들은 일제히 뛰기 시작했다. 엉겁결에 주전자 노인과 대수도 따라 뛰어갔다.

"밍밍 여우 피아오 웨이션머 런먼 후이파오 너(明明 有 票 为什么 人们 会跑 呢 분명 표가 있는데, 왜 사람들이 뛰는 거죠)?"

"그건, 티엔예 뿌쯔따오, 띠예 뿌쯔따오, 워예 뿌쯔따오(天也 不知道, 地也 不知道, 我也 不知道, 하늘도 모르고, 땅도 모르고, 나도 모르지)"

주전자 노인과 대수는 일반 침대(잉워) 칸에 자리를 잡고 앉았다. 짐을 선반에 올려놓고 잠시 쉬는데 중국 사람들이 바로 꽈즈(瓜子 해바라기 씨), 띠엔신(点心 과자), 슈이구워(水果 과일), 완미엔(碗面 컵라면) 등을 먹기 시작했다. 마치 먹기 위해 기차를 탄 사람들처럼 말이다. 재미있는 것은 이들이 먹은 해바라기 씨껍질이나 과자 봉지 등을 객실 밖에 있는 쓰레기통에 버리지 않고 그대로 바닥에 버린다는 것이다. 시간이 지나면 기차 바닥에 수북이 쓰레기가 쌓이는데 그럼 당연하다는 듯이 객실 담당이 지나다니며 쓰레기를 치운다. 아직 에티켓이 부족해서 벌어지는 일이기도 하지만 중국 사람들의 의식구조를 엿볼 수 있어 흥미로웠다. 반유목민 출신인 청나라가 마지막 왕조여서 방에서 신발을 벗는 문화가 없고 유교의 상하좌우 체계가 잡혀 있어 쓰레기를 버리는 사람과 치우는 사람이 따로 있다고 생각하기 때문이 아닐까 한다. 이런 이유로 중국 사람들은 자연스럽게 행동한다지만 외국 여행자에게는 조금 어색해 보이는 것도 사실이다.

주전자 노인이 차핑(茶瓶 차병)을 들고 객실 뒤 찌아슈이타이(加水台 가수대)에서 뜨거운 물을 담아왔다. 대수가 주전자 노인에게 말했다.

"워먼 션머스호우 츠 판(我们 什幺时候 吃 饭 우린 언제 밥 먹어요)?"

"완샹 리우디엔 쭈워여우 라이마이 삐엔땅더 런(晚上 六点 左右 来卖 便当的 人 저녁 6시쯤 도시락 파는 사람이 와)."

정말 저녁 6시쯤 도시락을 파는 사람이 "츠 판(吃 饭 밥 드세요), 츠 판" 하면서 수레를 끌고 왔다. 식당에 가려면 기차의 중간에 있는 식당칸에 가면 되는데 가격이 비싸서 도시락을 사 먹거나 가져온 컵라면을 먹는 사람들이 대부분이다.

"칭 게이 워 리앙거 삐엔땅(请 给 我 两个 便当 도시락 2개 주세요). 칭따오 피지우예(青岛 啤酒也 청도 맥주도)."

주전자 노인과 대수는 도시락 먹으며 중국에서 가장 유명한 맥주인 청도 맥주를 마셨다. 산동성 청도는 19세기 말에서 20세기 초 독일제국이 차지한 적이 있고 이때 독일제국 사람들이 맥주 공장을 세웠다. 그 후 독일제국은 떠나가고 맥주 공장이 남아 오늘날까지 독일 기술의 맥주가 생산되고 있다. 주전자 노인과 대수는 식사를 마치고 침대에 누웠다.

"자오샹 청우위엔 후이 짜오싱 워먼더(早上 乘务员 会 叫醒 我们的 아침 승무원이 우리를 깨워줄 거야). 검표할 때 환표했잖아."

아까 승무원이 좌석을 확인하고 종이 표를 플라스틱으로 된 표로 바꾸어 주었다. 내릴 시간이 되면 승무원이 손님을 깨워 다시 종이 표를 바꾸어 줄 모양이다. 대수가 누운 중간층은 지면서 떨어지면 어쩌나 싶기도 했으나 별일 없이 잘 수 있었다. 한밤중 조명이 꺼지자 그 시끄럽고 할 말이 많아 보이던 사람들이 일시에 조용해지는 게 인상적이었다.

황산에 올라

황산 역에서 내려 날이 새기를 기다렸다가 황산 입구까지 버스를 타고 들어갔다. 황산 입구에는 이미 많은 사람이 있었고 주전자 노인과 대수는 계단 길로 산에 오르기 시작했다. 계단은 정상까지 이어지는 듯했다. 얼마 가지 않아 주전자 노인은 힘에 겨운지 쉬는 시간이 많아졌다. 대수는 배낭을 앞으로 메고 주전자 노인을 업고 오르기 시작했다.

"샹후앙산 쓰 타런, 쌰산 쓰 펑여우(上黃山 是 他人, 下山 是 朋友 황산에 오를 땐 타인이지만, 내려올 땐 친구가 된다)."

"뚜이(对 맞죠)?

"하오(好 그래). 짜이 후앙산 허 런허런 찌아오 펑여우(在 黃山 和 任何 人 交 朋友 황산에서는 어느 사람과도 친구가 되지)."

황산은 마치 설악산 공룡능선을 보는 듯한 모습이었다. 기암괴석과 암석 사이에 자란 소나무가 인상적이다. 정상에서는 띠엔쓰 꽝까오(电视 广告 TV광고)에서 본 페이라이스(飞来石 비래석)이 보였다. 주전자 노인을 업고 가는 대수 앞에 갑자기 메이메이가 나타났다.

"메이메이, 니 쭈워 션머(你 做 什么 너 뭐해)?"

"보면 몰라, 워 씨엔짜이 꿍쭈워 쩌(我 现在 工作 着 나 지금 일하는 중이야)."

메이메이는 황산에 단체관광객을 인솔하고 왔다고 했다. 메이메이는 할아버지를 업고 있는 대수를 보자 며칠 전 대수를 나무랐던 것이 미안해졌다. 주전자 노인과 대수는 메이메이의 관광 팀을 따라가기로 했다. 어쩌면 주전자 노인은 메이메이가 황산에 오는 것을 알고 있었는지 모른다. 힘이 없다던 주전자 노인은 대수와 메이메이에게 화해의 시간을 만들어주려는 듯 서둘러 내려갔다. 대수와 메이메이가 연화봉 정상에 이르자 난간에 매어진 수많은 자물쇠가 보였다. 일부는 너무 오래되고 낡아 자물쇠가 저절로 열려있었다.

"메이메이, 쩌거 쓰 션머(这个 是 什么 이거 뭐야)?"

"쩌거 쓰 아이더 수워(这个 是 爱的 锁 이건 사랑의 자물쇠야). 사랑을 굳게 약속한 거지."

대수, 메이메이를 보고,

"워 아이 니(我 爱 你 사랑해)"

"너는 나에게 '사랑해'라고 말했지만, 언젠가 우리 사랑도 헐거워질지 몰라."

"뿌쓰(不是 아니야). 워먼 아이칭더 슈워 뿌 후이 지에카이(我们 爱情的 锁 不 会 解开 우리 사랑의 자물쇠는 풀리지 않을 거야)."

"그럴까..."

☆ 간단 회화 : 희로애락 표현

대수 : 워더 차이피아오(我的 彩票) 뚜이(对) 러(了) 이떵하오(一等号)。
　　　나의 복권이 1등 번호 맞았어.
메이 : 쩐더(真的)? 비에 씽펀(別 兴奋)。 짜이칸(再看) 이떵하오(一等号)。
　　　정말? 흥분하지 마. 1등 번호 다시 봐.
대수 : 워(我) 헌(很) 퉁쿠(痛苦)。 인웨이(因为) 하오(号) 뿌뚜이(不对)。
　　　나는 괴로워. 번호 틀리기 때문에.
메이 : 비에(別) 쿠(哭)。
　　　울지 마.
대수 : 시앙(想) 쿠(哭)。
　　　울고 싶어.
메이 : 워(我) 딴씬(担心) 러(了)。
　　　나는 걱정했어.
대수 : 헌(很) 찡야(惊讶)。
　　　놀라워.
메이 : 워(我) 찌아오지(焦急) 러(了)。
　　　나는 초조해.
대수 : 메이메이(美美), 워(我) 아이(爱) 니(你)。
　　　메이메이, 나는 당신을 좋아해.
메이 : 션머(什么)? 뿌(不) 까오싱(高兴)。
　　　뭐? 기쁘지 않네.
대수 : 웨이션머(为什么)? 워(我) 아이(爱) 니(你) 바(吧)。
　　　왜? 나는 당신을 좋아한다고.
메이 : 니더(你的) 화(话) 페이창(非常) 완(晚) 러(了)。
　　　당신의 말은 매우 늦었어.
대수 : 워(我) 헌(很) 성치(生气)。 니(你) 여우(有) 아이런(爱人)?
　　　나는 화났어. 당신 애인 있어?

메이 : 메이여우(没有)。 즈(只) 여우(有) 니(你)。
　　　없어. 너뿐이야.

▲ 간단 회화해설

- 희로애락은 시누아이러(喜怒哀乐), 희로애락 중 시(喜)는 기쁘다, 누(怒)는 노엽다, 아이(哀)는 슬프다, 러(乐)는 즐겁다. 아이(爱)는 사랑하다, 쩡(憎)은 미워한다.

- 중국어의 형용사는 본래 형용사로 쓰일 수도 있고 형용사술어로도 쓰일 수 있다. 형용사가 본래 형용사로 쓰일 때 '하오(好) 라오쓰(老师), 좋은 선생님'에서 형용사 하오(好)는 한정어(관형어), '누리(努力) 쭈워(做) 윈뚱(运动), 열심히 운동한다'에서 형용사 누리(努力)는 부사어로 쓰인다.

- 형용사는 술어로 쓰여 형용사술어가 되는데 목적어를 갖지 않는다. 이때 부사 헌(很)이 형용사술어 앞에 관용적으로 놓이나 특별한 의미는 없다.

▲ 회화 단어정리

차이피아오(彩票 cǎipiào) : 복권
씽펀(兴奋 xīngfèn): 흥분하다. 술어로 쓸 땐 부사 헌(很)을 붙여 '워(我) 헌(很) 싱펀(兴奋), 나 흥분했다' 조사 러(了)나 마(吗)가 붙으면 헌(很) 생략. '워(我) 씽펀(兴奋) 러(了), 나는 흥분했다', '워(我) 씽펀(兴奋) 마(吗)?, 나는 흥분했냐?'

110

퉁쿠(痛苦 tòngkǔ) : 괴롭다.

인웨이(因为 yīnwèi) : ~ 때문에

쿠(哭 kū) : 울다.

쑤이란(虽然 suīrán)~딴쓰(但是 dànshì)~ : 비록 ~이지만, ~이다. 비교
  문형

쪈(真 zhēn) : 진짜다.

딴씬(担心 dānxīn) : 걱정하다.

찡야(惊讶 jīngyà) : 놀라다.

찌아오지(焦急 jiāojí) : 초조하다.

셩치(生气 shēngqì) : 화낸다.

하이파(害怕 hàipà) : 무서워하다.

아이(爱 ài) : 좋아하다, 사랑하다. 애인은 아이런(爱人). 하오(好)는 좋다.

이삐엔(一边 yìbiān)~ 이삐엔(一边 yìbiān)~ : ~하기도 하고 ~하기도 하
  다.

난꾸워(难过 nánguò) : 괴롭다, 고생스럽다.

까오씽(高兴 gāoxìng) : 기쁘다.

☆ 간단 문법 : 목적어

목적어는 술어의 대상이 되는 것으로 이때의 술어는 동사술어에 한한
다. 형용사술어와 명사술어는 목적어를 갖지 않는다. 목적어는 동사술어에
따라 1개 또는 2개를 가질 수 있다. 중국어 4형식일 때 2개 목적어는 간
접 목적어와 직접 목적어가 된다.

---

1. 목적어
목적어로 보통 사물이나 장소가 온다.

1) 주어+동사술어+목적어
쩌(这)+쓰(是)+**씨꽈(西瓜)**。 = 이것은 수박이다.
타(她)+짜이(在)+**메이구워(美国)**。 = 그녀는 미국에 있다.
워(我)+마이(买)+**피아오(票)**。 = 나는 표를 샀다.
동사술어가 '쓰(是)'일 때, 장소일 때 목적어 해석이 '을/를'이 되
지 않아도 목적어이다. 쓰(是) 문장인 '이것은 수박이다.'에서 '수
박'이 목적어, '그녀는 미국에 있다.'에서 '미국에'도 목적어.

목적어로 '명사와 문장(절)'이나 '동사구(동사+명사)' 등이 올 수
있다.
워(我)+팅둥(听懂)+**니 슈워 르위(你 说 日语)**。
= 나 당신이 일어로 말하는 것 안다.
워먼(我们)+시왕(希望)+**여우 치엔(有 钱)**。
= 우리 돈 갖기를 바란다.

2) 주어+동사술어+간접 목적어+직접 목적어
보통 간접 목적어로 사람, 직접 목적어로 사물이 온다.

라오쓰(老师)+지아오(教)+**타(她)**+르위(日语)。
= 선생이 그녀에게 일어를 가르친다.
까오수(告诉 알려주다), 게이(给 주다), 후안(还 돌려주다), 지야오(教 가르치다), 찌에(借 알려주다), 쏭(送 주다, 보내다), 원(问 묻다), 자오(找 거슬러주다) 같은 동사는 목적어를 2개 가질 수 있다. 간접 목적어에 사람, 직접 목적어에 사물이 와서, 해석은 간접 목적어가 '~에게', 직접 목적어가 '을/를'이 된다.

※주어+동사술어+목적어(형용사+명사)
 니(你)+여우(有)+**헌 뚜워(很 多)+슈(书)**。
 = 당신은 많은 책을 가지고 있다.
※목적어가 길면 주어 앞으로 가기도 한다.
 헌 뚜워(很 多)+슈(书)+니(你)+여우(有)。
 = 많은 책을 당신이 가지고 있다.

● 문법 문답

어대수 : 목적어는 '주어+동사술어'에 목적어가 추가된 거지요?

주노인 : 맞아. '주어+동사술어+목적어'로 되니까, 해석은 **주어가 ~다을
/를**로 하면 되지.

어대수 : 명사술어나 형용사술어는 목적어를 가질 수 없나요?

주노인 : 형용사술어나 명사술어는 목적어를 갖지 못해. 명사술어문인 '찐
티엔(今天) 칭티엔(晴天), 오늘은 맑은 날이다.'에서 명사술어 칭
티엔(晴天)은 '맑은 날이다' 하고 한정이 되어 버리지.

어대수 : 형용사술어도 마찬가지군요.

주노인 : 맞아. 형용사술어문인 '뉘펑여우(女朋友) 헌 피아오리양(很 漂亮),
여자 친구는 아름답다.'에서 형용사술어인 헌 피아오리양(很 漂
亮)도 '아름답다' 하고 한정이 되어 목적어가 올 자리가 없어.

어대수 : 아하~ 동사술어처럼 한정이 되지 않아야 목적어를 가질 수 있는 거군요.

주노인 : 그래. 동사술어문 '워(我) 마이(买) 피아오(票), 나는 표를 샀다' 처럼 동사술어 마이(买)가 '샀다' 하고 한정이 아닌 '을/를' 할 여지(목적)가 있어야 하지.

어대수 : 목적어 해석할 때 '을/를'이 안되는 게 있다면서요?

주노인 : 목적어로 보통 사물이나 장소가 오는데 사물은 '을/를'이 되는데 장소는 '을/를'은 아니지. 장소 해석은 '~에, ~로'로 할 수 있지만, 목적어라는 거지. '라오쓰(老师) 취(去) 쉬에시아오 러(学校了), 선생님은 학교에 갔다.'에서 장소인 학교도 목적어가 되지.

어대수 : 쓰(是) 동사술어도 목적어를 가지잖아요.

주노인 : 맞아. 쓰(是) 문장인 '워(我) 쓰(是) 한구워런(韩国人), 나는 한국인이다.'에서 목적어는 '한국인'인데 '을/를' 안 된다고 목적어 아니라고 하면 안 돼.

어대수 : 목적어가 두 개인 경우는요?

주노인 : '누구에게 무엇을 수여한다'는 수여 동사 성격의 동사술어가 두 개의 목적어를 갖는단다. 이들 동사술어는 까오수(告诉 알려주다), 게이(给 주다), 후안(还 돌려주다), 지야오(教 가르치다), 찌에(借 알려주다), 쑹(送 주다, 보내다), 원(问 묻다), 쟈오(找 거슬러주다) 같은 것이야.

어대수 : 목적어가 2개 일 때 해석은 어떻게 하죠?

주노인 : 응. 동사술어 뒤 목적어가 2개일 땐 간접 목적어인 사람 먼저, 직접 목적어인 대상은 나중에 위치하지. 해석은 '**주어가 ~다 ~에게 ~을/를**' 이렇게 하면 돼. 어때? 그리 어렵지 않지.

9. 대수가 좋아지기 시작하다.

온천을 하다

황산 아래 원취엔(溫泉 온천)에 들린 주전자 노인과 대수. 모처럼 뜨끈한 온천물에 몸을 담그니 대수는 그간의 어려움이 다 가시는 것 같았다.

"따슈이(大水) , 뭔가를 할 때는 쭈이씨엔(最先 최선)을 다해 집중해야 하고 쉴 땐 씨엔짜이(现在 지금)처럼 모든 것을 잊는 것도 좋지."

"쫑씬(中心 중심)을 잡는 것과 비슷하네요."

"쯍구워위 쉬에시(中国语 学习 중국어 학습)도 한번 시작하면 무리가 될 정도로 쯔션(自身 자신)을 몰아붙이는 게 필요해. 초급이면 초급 교재를 외울 정도, 하루 대부분을 학습에 투자해야 청구워(成果 성과)를 볼 수 있어."

"어느 정도 성과를 얻게 되면 자연히 정체되는 순간이 오는데 그때 잠시 쉬면 되겠네요."

"하오(好 그래). 네가 연습하는 수타도 마찬가지란 걸 알겠지. 한번 수타를 하겠다면 어느 슈이핑(水平 수준)까지 되도록 열심히 해야 하는 거야."

"쩌 쩐 쓰 런셩파쩌(这 真 是 人生法则 이게 진짜 인생 법칙이네요)."

이때 수영복을 입은 메이메이가 주전자 노인과 대수가 있는 탕으로 들어왔다. 수영복을 입고 있어도 부끄러운 대수. 하지만 늘씬한 메이메이의

115

몸매에 눈을 떼지 못한다.

"따슈이 허 예예 짜이 이치, 따슈이 샹 예예 쑨즈(大水 和 爷爷 在 一起, 大水 就 像 爷爷 孙子 대수와 할아버지가 같이 있으니, 대수가 할아버지 손자 같네)."

"따슈이 쩐더 쓰 워더 쑨즈(大水 真的 是 我的 孙子 대수는 진짜 내 손자지)."

"뚜이(对 맞아요)."

메이메이는 대수가 할아버지와 잘 지내는 것이 보기 좋았다. 주전자 노인과 대수, 메이메이는 '쿵쿵따! 중단어 끝말잇기'를 하기로 했다. 대수는,

"나부터, 이 얼 산 쓰, 씨우씨 이파이, 씨우씨 이앙파이(一二三四, 休息 一拍, 休息 两拍 박자 하나 둘 셋 넷, 한 박자 쉬고 두 박자 쉬고). 황산 (黄山 황산)"

"(주노인) 산뚱(山东 산동)"

"(메이메이) 뚱시(东西 동서)"

"(대수) 씨안(西安 서안)"

"(주노인) 안찡(安静 안정)"

"(메이메이) 찡?"

대수가 메이메이에게 말했다.

"걸렸다. 인디언 밥, 엎드리시지."

"(메이메이) 헤이치쓰(黑骑士 흑기사)!"

메이메이, 대수를 바라본다.

"(대수) 잉? 쫑구워예 여우 헤이치쓰 마(中国也 有 黑骑士 吗 중국에도 흑기사가 있어)?"

"(메이메이) 여우(有 있지)."

"(대수) 그 대신, 친 워 리엔지아(亲 我 脸颊 내 뺨에 뽀뽀해 줘)."

주전자 노인이 느닷없이,

"친친(亲亲 뽀뽀해), 친친~"

대수와 메이메이 어이없는 표정으로 주전자 노인을 바라보자 주전자 노

116

인 멋쩍은 듯 먼 산을 쳐다본다. 메이메이가 살며시 대수의 볼에 뽀뽀하고 대수는 얼굴이 붉어져 온천탕을 뛰쳐나간다.

수타권 연습

다음 날 아침 주전자 노인은 삔관(宾馆 호텔) 마당에 나와 어디서 빌렸는지 긴 칼을 들고 우슈(武术 무술)를 하고 있다. 나이를 의심하듯 획- 획 - 긴 칼을 자유자재로 휘두르는 주전자 노인의 모습에서 치에따오미엔(切刀面 절도면)을 만드는 모습이 연상된다. 대수도 쉬쿵(虚空 허공)에서 밀가루를 반죽하고 량셔우(两手 양손)으로 텅- 텅- 셔우따미엔(手打面 수타면)을 뽑는 동작을 해본다. 굵은 면발에서 얇은 면발까지 자유로운 상상 속에서 셔우따더 스지에(手打的 世界 수타의 세계)로 빠져든다. 이때,

"츠판(吃饭 식사해요)"

메이메이의 목소리 들리고 대수는 상상에서 씨엔스(现实 현실)로 돌아온다. 주전자 노인, 대수에게 땀을 닦으라고 수건을 건네준다. 상상 속의 수타만으로 온몸이 땀으로 젖은 대수는 이제 수타에 대해 좀 알 것 같다.

식당에서의 아침 식사는 판(饭 밥)과 위썅러우쓰(鱼香肉丝 어향육사)였는데 이 차이(菜 요리)는 사천성 대표요리 중 하나다. 위썅(鱼香 어향)은 마늘, 생강 등 생선요리 양념을 말하고 러우(肉 육)는 대개 쭈러우(猪肉 돼지고기)이며, 쓰(丝)는 가늘게 썬 모양을 말한다. 따라서 가늘게 썬 돼지고기에 위썅 소스로 요리한 음식이 된다. 쑤완라탕(酸辣汤 산랄탕)도 시켰는데 쑤완(酸 산)은 식초, 후추, 고추 맛이 나는 소스이고 여기에 떠우푸(豆腐 두부), 달걀, 목이버섯 등을 넣은 매운탕이다. 대수가 음식을 맛보고 말했다.

"하오츠(好吃 맛 좋은데). 헌 라(很 辣 매워)."

어향육사와 함께 한국 사람들의 입맛에 맞는 요리는 흔히 마파두부로 불리는 마뭐떠우푸(麻婆豆腐 마파두부)다. 돼지고기 다진 것에 갖은 양념을 넣고 볶다가 두부를 네모로 잘라 넣고 다시 한번 볶아내는 요리다. 또 흔히 샤브샤브라고 불리는 훠구워(火锅 화과)도 인기 있는 요리인데 주문

117

을 하면 화로에 뜨거운 육수와 데 처먹을 꼬치, 채소를 함께 내온다. 꼬치는 돼지고기, 소고기, 양고기 등 종류가 여러 가지인데 주변을 둘러보고 다른 사람들이 많이 먹는 것이 시키는 것이 요령이다.

주전자 노인과 대수, 메이메이는 음식을 맛나게 먹고 차를 시켰다. 중국에서 유명한 차 재배지는 주로 사천이나 운남 등 남방의 고산지역이 많고 황산이나 항주에서도 명차가 난다. 대수는 황산의 특산인 황산마오챠(黄山矛茶 황산모차)를 시켰고 주전자 노인은 항주의 특산 룽징챠(龙井茶 용정차), 메이메이는 삐루워춘(碧螺春 벽라춘)를 시켰다. 차는 뚜껑이 있는 찻잔에 찻잎을 넣고 뜨거운 물을 부은 뒤, 뚜껑을 닫고 잠시 찻물이 우러나기를 기다린다. 어느 정도 시간이 지나 찻물이 우러나오면 차 뚜껑으로 찻잎을 막고 조금씩 차를 음미한다. 차를 맛본 대수가,

"하오츠(好吃 맛 좋은데요)."

하자, 주전자 노인이,

"중국의 차는 깊은 맛이 있지."

하고 받는다. 그러자 메이메이는,

"난, 카페이예 팅하오더(咖啡也 挺好的 커피도 좋던데)."

"잉?"

항주 서호를 보고

주전자 노인과 대수는 메이메이의 투완티꽌꽝(团体观光 단체관광)팀 버스를 타고 항저우(杭州 항주)에 도착했다. 메이메이는 관광객들을 이끌고 링인쓰(灵隐寺 영은사)로 갔고 주전자 노인과 대수는 씨후(西湖 서호) 구경을 갔다. 영은사에는 얼마나 한국 관광객들이 많이 오는지 절 안의 표지판에 한국말이 쓰여 있을 정도이다. 메이메이가 안내한 한국 관광객들은 영은사 불전에 받치는 향불의 크기에 놀랐다. 중국의 향불은 모기향 같은 작은 향불에서 각목만 한 향불까지 다양한데 중국 사람들은 큰 향불을 바칠수록 큰 복을 받는다고 믿고 있다. 메이메이의 권유로 각목만 한 향불을 사서 불전에 바치는 관광객들은 고개를 까닥까닥하는 중국 사람들

의 절을 보고 따라 한다. 관광객들이 보기에 경건한 한국의 절 분위기와 달리 영은사의 떠들썩해서 색달랐다.

주전자 노인과 대수가 둘러보는 항주 서호는 둥팅후(洞庭湖 동정호)와 함께 중국의 대표적인 호수이다. 서호에는 바이띠(白堤 백제)와 쑤띠(苏堤 소제)라는 두 개의 제방길이 가로지르고 있었다. 주전자 노인과 대수는 자전거를 빌려 타고 백제를 건너갔다. 마침 서호 너머로 훙시아(红霞 붉은 노을)이 지고 있었다.

"따슈이(大水), 붉은 노을처럼, 워더 런셩 수워성우지(我的 人生 所剩无 几 나의 인생은 얼마 남지 않았다)."

"슈워 션머 너(说 什么 呢 무슨 말씀이에요)?"

"워 이징 라오 러(我 已经 老 了 나는 이미 늙었어). 따슈이 허 메이메이 이 이양 니엔칭(大水 跟 美美 一样 年轻 대수와 메이메이는 젊어). 이치엔 워 허 워더 펑여유 위에띵 꾸워(以前 我 和 我的 朋友 约定 过 옛날 나와 내 친구는 약속한 적이 있었지)."

"션머(什么 뭔데요)?"

"나거(那个 그건)..."

대수는 상해로 돌아오는 기차 안에서 피곤함에 절어 잠든 주전자 노인을 바라보았다. 어쩌면 주전자 노인에게 황산 여행은 생애 마지막 여행이 되지 않을까 하는 생각이 들었다.

"찌우찡, 워 허 슈이후 라오런 여우 션머 위엔펀 너(究竟, 我 和 水壶 老人 有 什么 缘分 呢 도대체, 나와 주전자 노인은 무슨 인연이 있는 걸 까)?"

☆ 간단 회화 : 숙박하기

대수 : Youth hostel 찌아오(叫) 션머(什么)?
　　　유스호스텔은 무엇이라 불러?

메이 : Youth hostel 찌아오(叫) 칭니엔뤼셔(青年旅社)。
　　　유스호스텔은 청년여사라고 불러.

대수 : Hotel 찌아오(叫) 션머(什么)?
　　　호텔은 무엇이라 불러?

메이 : Hotel 찌아오(叫) 판띠엔(饭店), Motel 찌아오(叫) 삔관(宾馆)。
　　　호텔은 반점, 모텔은 빈관이라 불러.

대수 : 판띠엔(饭店) 삐(比) 삔관(宾馆) 꾸이(贵) 마(吗)?
　　　반점은 빈관에 비해 비싸요?

메이 : 판띠엔(饭店) 꾸이(贵), 삔관(宾馆) 피엔이(便宜)。
　　　반점은 비싸고 빈관은 싸요.

(판띠엔(饭店)에서)

대수 : 여우(有) 쿵팡찌엔(空房间) 마(吗)?
　　　빈방 있습니까?

직원 : 딴런팡(单人房) 하이쓰(还是) 슈왕런팡(双人房)?
　　　1인실 아니면 2인실이요?

대수 : 워(我) 야오(要) 슈왕런팡(双人房), 쭈(住) 이티엔(一天) 뚜워샤오치엔(多少钱)?
　　　나는 2인실을 원하는데 하룻밤 자는데 얼마입니까?

직원 : 이바이(一百) 위엔(元)。
　　　100위안입니다.

대수 : 타이 꾸이 러(太 贵 了)。 여우짜이(有再) 피엔이 디얼더(便宜 点儿的) 팡지엔(房间)? 비쌉니다. 좀 싼 방 있습니까?

직원 : 메이여우(没有)。 야진(押金) 쓰(是) 스위엔(十元)。

120

없어요. 보증금이 10위안입니다.

대수 : 하오(好). 칭(请) 게이(给) 워(我) 야오스(钥匙).

좋아요. 열쇠 주세요.

직원 : 찬팅(餐厅) 리우디엔(六点) 카이판(开饭).

식당은 6시에 식사 시작합니다.

대수 : 워먼(我们) 찐티엔(今天) 허(喝) 쭈이(醉) 피지우(啤酒) 마(吗)?

오늘 우리 맥주를 취하도록 마실까?

메이 : 뿌쓰(不是). 워(我) 야오(要) 허(喝) 인리아오(饮料).

아니, 나는 음료수 마실래.

(다음날)

대수 : 워먼(我门) 야오(要) 투이팡(退房).

우리 체크아웃하겠습니다.

▲ 간단 회화해설

- 중국의 호텔은 판띠엔(饭店), 삔관(宾馆), 따지우띠엔(大酒店) 등으로 불리고 유스호스텔은 칭니엔뤼셔(青年旅社)라고 한다. 대부분 호텔에는 가격표가 붙어있어 이용하기 편하다. 여행 비수기라면 가격을 흥정해 깎을 수 있다. ※작은 호텔에 한해서. ※요즘은 트립닷컴 같은 호텔 숙박 앱을 통해 중국의 중저가체인 호텔을 이용할 수 있어 편리하다.

- '빈방 있어요?'는 '여우 쿵팡찌엔 마(有 空房间 吗)?' 정도로 물으면 되고 가격이 비싸면 '타이꾸이 러(太贵 了), 비싸요'라고 말하자. 호텔을 이용하기 위해서는 신분확인을 위해 후쟈오(护照 여권)이 필요하니 준비하자. 중저가 호텔인 경우 야찐(押金 보증금)을 달라고 하는데 퇴실할 때 잊지 말고 돌려받자.

▲ 회화 단어정리

찌아오(叫 jiào) : 부르다.

칭니엔뤼셔(靑年旅社 qīngniánlǔshè) : 유스호스텔

판띠엔(饭店 fàndiàn) : 호텔

삔관(宾馆 bīnguǎn) : 호텔, 모텔. 짜오따이수워(招待所)는 초대소로 저가 정부 숙소이다.

쿵팡찌엔(空房间 kōngfángjiān) : 빈방. 방은 팡(房) 또는 팡찌엔(房间). 에어컨 방는 쿵티야오찌엔(空调间)

딴런팡(单人房 dānrénfáng) : 1인실. 2인실은 슈왕런팡(双人房)

쭈(住 zhù) : 살다, 숙박하다. '나는 3일간 있겠어요'는 '워 야오쭈 싼티엔(我 要住 三天)。', '당신 어디 살아요?'는 '니 쭈 짜이나얼(你 住 在 哪儿)?'

피엔이디얼(便宜点儿 piányídiǎnér) : 깎아주세요.

야찐(押金 yājīn) : 보증금

야오스(钥匙 yàoˑshi) : 열쇠

싱리(行李 xíngli) : 짐. 물품보관소는 싱리팡(行李房), 싱리찌춘추(行李寄存处)

찬팅(餐厅 cāntīng) : 식당

왕빠(网吧 wǎngbā) : PC방

처수워(厕所 cèsuǒ) : 화장실

카이판(开饭 kāifàn) : 식사 시작하다.

투이팡(退房 tuìfáng) : 체크아웃, 퇴실

지에짱(结帐 jiézhàng) : 계산, 계산하다.

허쭈이(喝醉 hēzuì) : 취하도록 마시다.

인리아오(饮料 yǐnliào) : 음료

☆ 간단 문법 : 보어 - 결과, 방향

보어(보충어)는 동사술어 뒤에 놓여서 동사술어를 보완하는 역할을 한다. 큰 틀에서 동사술어와 하나로 보면 이해하기 쉽다. 보어에는 결과, 방향, 가능, 정도, 시간, 동량, 수량 보어 등이 있다. 결과, 방향 보어는 동사술어 뒤에서 보어로써 형용사나 동사가 놓여 동사술어의 결과나 방향을 나타낸다.

---

1. 결과 보어 - 동사술어 뒤에 형용사 또는 동사

1) 주어+동사술어+결과 보어(형용사)
   타(他)+이징(已经)+허(喝)+**쭈이(醉)**+러(了)。
   = 그는 이미 취하도록 마셨다.
   동사술어 허(喝)와 결과 보어로 쓰인 형용사 쭈이(醉)가 합쳐져 '취하도록 마셨다.' 같이 한 단어처럼 된다. 결과를 나타내는 것임으로 대개 끝에 조사 러(了)를 쓴다.

2) 주어+동사술어+결과 보어(동사)+목적어
   타(她)+팅(听)+**둥(懂)**+러(了)+라오쓰더 화(老师的 话)。
   = 그녀는 선생 말을 알아들었다.
   동사술어 팅(听) 뒤에 동사 둥(懂)이 결과 보어를 쓰여 '알아듣는다' 같이 한 단어처럼 된다. 이렇듯 동사술어와 붙은 일음절 결과 보어는 '동사술어+결과 보어' 해서 이음절 동사술어처럼 생각하면 쉽다.

   라오쓰더 화(老师的 话)+타(她)+팅(听)+**둥(懂)**+러(了)。
   = 선생 말을 그녀는 알아들었다.
   목적어가 길 때 주어 앞으로 갈 수 있다.

---

3) 결과 보어의 부정

주어+메이(没)+동사술어+결과 보어(형용사/동사)

타(他)+메이(没)+허(喝)+**쭈이(醉)**。

= 그는 취하도록 마시지 않았다.

메이(没) 또는 메이여우(没有)를 써서 동작완료가 되지 않았음을 나타내고 러(了)가 생략된다. 또 하이(还 아직)와 함께 써서 '아직 ~않다, 하이메이(还没)'로 쓰기도 한다.

워(我)+하이메이(还没)+칸(看)+**완(完)**+쩌번 슈(这本 书)。

= 나는 아직 이 책을 다 보지 못했다.

2. 방향 보어

1) 단순 방향 보어

샹(上 위로~), 샤(下 아래로~), 진(进 안으로~), 추(出 밖으로), 후이(回 돌아와~), 꾸워(过 넘어서~), 치(起 일어나~), 카이(开 멀어지다) 등이 있다.

2) 복합 방향 보어

단순 방향 보어에 취(去 가다)와 라이(来 오다)가 결합하면 복합 방향 보어가 된다.

샹취(上去 올라가다), 샹라이(上来 올라오다), 샤취(下去 내려가다), 샤라이(下来 내려오다), 찐취(进去 들어가다), 찐라이(进来 들어오다), 추취(出去 나가다), 추라이(出来 나오다), 후이취(回去 돌아가다), 후이라이(回来 돌아오다), 꾸워취(过去 지나가다), 꾸워라이(过来 지나오다), 치라이(起来 일어나다), 카이취(开去 나아가다)

쉬에셩(学生)+콰이(快)+찐(进)+**라이(来)**+바(吧)。

= 학생 빨리 들어와.

라오쓰(老师)+이징(已经)+후이(回)+**라이(来)**+러(了)。

= 선생은 이미 돌아왔다.

타(她)+이징(已经)+추(出)+**취(去)**+러(了)。 = 그녀는 이미 나갔다.

워먼더 밍즈(我们的 名字)+더우(都)+샹(上)+**취(去)**+러(了)。

= 우리의 이름은 모두 올라갔다.

3) 주어+동사술어+방향 보어(동사)

워먼(我们)+추(出)+**취(去)**+러(了)。 = 우리 나갔다.

취(去)는 대상으로부터 멀어져가는 것, 라이(来)는 가깝게 오는 것을 뜻한다. 대개 동작이 끝난 상태이므로 끝에 러(了)가 붙는다. 부정은 메이(没)나 메이여우(没有)를 쓴다.

워먼(我们)+메이(没)+추(出)+**취(去)**。 = 우리는 나가지 않았다.

4) 주어+동사술어+방향 보어+사물 목적어

→ 주어+동사술어+방향 보어+사물 목적어+방향 보어(来/去)

니(你)+마이(买)+**후이라이(回来)**+러(了)+이거 씨꽈(一个 西瓜)。

= 당신은 수박 한통을 사서 돌아왔다.

→ 니(你)+마이(买)+**후이(回)**+러(了)+이거 씨과(一个 西瓜)+**라이(来)**。

방향 보어 문장의 사물 목적어가 오면 방향 보어는 사물 목적어의 앞이나 앞뒤에 온다.

일음절 방향 보어면 사물 목적어의 뒤에만 온다.

타(她)+지에(借)+**취(去)**+러(了)+워더 치엔(我的 钱)。

= 그녀가 나의 돈을 빌려갔다.

→ 타(她)+지에(借)+러(了)+워더 치엔(我的 钱)+**취(去)**。

그녀는 나의 돈을 빌리러 갔다.

5) 주어+동사술어+방향 보어+장소 목적어+방향 보어(去/来)
워(我)+쩌우(走)+**찐(进)**+쉬에시아오(学校)+**취(去)**。
= 나는 학교에 걸어 들어갔다.
방향 보어 문장에 장소 목적어가 오면 장소 목적어 뒤에 방향 보어 취(去)나 라이(来)가 온다.

● 문법 문답
어대수 : 결과 보어나 방향 보어에는 공통점이 있는 것 같아요. 둘 다 동
작의 완료를 나타내어 끝에 어기조사 러(了)를 붙이고 목적어는
그 뒤에 위치한다.
주노인 : 그렇지. 동사술어 뒤에 오는 결과나 방향 보어는 한 덩어리로
생각하렴. '주어+(동사술어+결과/방향 보어)+목적어' 어순이면
중국어 핵심 어순인 '주어+술어+목적어'와 비슷하지. 그래서 해
석도 **'주어가 (~다 ~게) 을/를'**로 하면 쉽지.
어대수 : 그러네요. 동사술어와 결과, 방향 보어를 한 덩어리로 하니 어순
이 단순해져요.
주노인 : 맞아. 팅둥(听懂)이나 추취(出去) 같이 동사술어와 함께 쓰는 일
음절 결과나 방향 보어는 '동사+결과/방향 보어' 해서 2음절 동
사술어로 생각하면 더 쉽지.
어대수 : 결과나 방향 보어의 부정은 뿌(不)로 하면 되죠?
주노인 : 그건 안 돼. 왜냐하면, 결과나 방향을 꾸며준다는 것은 '이미 ~
했다'라는 동작완료 상태를 의미하거든. 뿌(不)는 단순히 '아니
다, 않다'이니 안 되고 메이(没)는 완료부정 정도 되니 메이(没)
를 써야 하지.
어대수 : 메이여우(没有)는 요?
주노인 : 메이여우(没有)도 상관없는데 대개 메이(没)를 쓰지.
어대수 : 방향 보어라는 건 뭐죠?

주노인 : 방향 보어는 동사술어 뒤에서 동사술어의 방향을 꾸며주는 말이
라고 생각하면 된단다. 간단히 2음절 단어라고 여겨도 좋지. 예
를 들어 '취(去) 간다.'이면 어디로 갈지 모르잖니. 그래서 방향
보어 취(去)를 붙여 샹취(上去)가 되면 '올라간다.'가 되는 거지.
외울 필요는 없고 한 번만 보아둬.

어대수 : 방향 보어 문장에 목적어가 오면 어떻게 돼요?

주노인 : 방향 보어 문장에서 목적어는 사물 목적어와 장소 목적어로 나
눌 수 있어. 먼저 사물 목적어는 '~방향 보어+사물 목적어'처럼
방향 보어 뒤나 '~방향 보어+사물 목적어+방향 보어(去/来)'처
럼 방향 보어 사이에 놓이지.

어대수 : 장소 목적어는요?

주노인 : '~방향 보어+장소 목적어+방향 보어(去/来)'처럼 방향 보어 뒤
에 장소 목적어가 올 때는 반드시 끝에 취(去)나 라이(来)를 붙
여야 하지.

어대수 : 좀 헷갈리기는 하네요.

주노인 : 몇 번 반복해 어순을 익히다 보면 괜찮아져.

10. 넌 할 수 있어.

새벽에 들리는 텅- 소리

한밤 만둣가게 왕샹은 속이 불편해 꿍꿍처수워(公共厕所 공공화장실)에 앉아 있었다. 중국의 공공화장실은 예전에 먼(门 문)이 없는 경우가 많았으나 이곳에는 다행히 문이 있었다. 하지만 문의 높이가 허리만큼 밖에 되지 않았다. 여기에 변기 칸과 칸 사이의 담도 높이가 절반이어서 일어서면 옆 칸 사람이 다 보였다. 혹시 일을 보는 옆 사람과 눈을 마주쳐도 "니 하오(你好 안녕하세요)?"하고 인사하거나 런스(认识 아는) 척 하지 않는 것이 에티켓이다. 이때 어디선가 들어오는 소리, '텅- 텅-'

"션머 찌아후워(什么家伙 웬 놈이야)? 오밤중에..."

이 시각, 면관 앞에서 밀가루 반죽을 도마에 내리치는 대수. 마치 아침에 운동 삼아 태극권 하는 사람처럼 유려하다. 대수는 전처럼 반죽을 만드는 것에 힘들어하지 않았고 면발도 자유자재로 뽑아냈다. 어두운 면관 안에서 대수의 수타를 바라보고 있던 주전자 노인이 한마디 했다.

"나거 쓰 티엔쌰우띠 셔우따션꿍(那个是天下无敌 手打神功 저것은 천하무적 수타신공)!"

이때, 갑자기 대수가 배를 잡고 공공화장실로 달려간다.

"푸퉁(腹痛 배탈)! 푸퉁"

대수는 후다닥 공공화장실로 들어가 자리를 잡는데 이미 누군가 있음을 짐작했다. 옆 칸으로부터 누군가의 따스한 온기가 느껴졌기 때문이다.

"니 쓰 셰이(你 是 谁 넌 누구냐)?"

왕샹은 공공화장실에 들어온 사람이 대수임을 알았지만, 모른 척하고 대수는 싸푸(下腹 아랫배)에 힘을 줬다.

"짜여우(加油 힘을 내). 뿌지직-"

속이 시원해진 대수. 하지만 대수에게는 웨이셩즈(卫生纸 화장지)가 없다. 대수가 혹시 하고 자신의 발을 쳐다보나 새벽에 양말을 신고 있을 리 없다. 손으로 닦고 물로 씻을까 생각했으나 공공화장실의 세면대는 오래 전에 고장 나 있었다.

"아뿔싸-"

대수는 할 수 없이 옆 칸 사람을 불렀다.

"뚜이부치(对不起 실례해요). 칭 지에 이디얼 웨이셩즈(请 借 我 卫生纸 吧 화장지 좀 빌려줘요)."

순간, 왕샹은 목소리를 변조해서,

"니 쓰 셰이(你 是 谁 당신은 누구시오)?"

"워 쓰 위따슈이(我 是 鱼大水 난 어대수인데요)."

"게이 츠써 웨이셩즈 하이쓰 칭써 웨이셩즈 마(给 赤色 卫生纸 还是 青色 卫生纸 吗 빨간색 휴지 줄까 아니면 파란색 휴지 줄까)?"

"으윽. 칭써 웨이셩즈 게이 워 바(青色 卫生纸 给 我 吧 파란색 휴지를 나에게 주세요)."

"하하하- 칭써 웨셩쯔 메이여우(青色 卫生纸 没有 파란색 휴지 없다)."

후다닥 몸을 일으켜 공공화장실을 나가는 왕샹, 그제야 왕샹임을 안 대수.

"왕샹! 빵쭈 바(帮助 吧 도와줘). 빵쭈 바"

"워 까오수 메이메이 니더 쭈앙쿠앙 바(我 告诉 美美 你的 状况 吧 메이에게 너의 상황을 알려줄게)."

"비에지에(別价 안 돼)."

넌 할 수 있어

"따찌아하오(大家好 여러분 안녕하세요), 충 씨엔짜이 카이쓰 치에따오미엔 허 셔우따미엔 싸이카이 从 现在 开始 切刀面 和 手打面 赛开 지금부터 절도면과 수타면 대결을 시작합니다)."

왕상이 뎅- 징을 치자, 쓰팡(四方 사방)에서 사람들이 면관으로 모여들었다. 주전자 노인과 대수는 비장한 표정으로 각기 밀가루 반죽을 앞에 두고 있다. 주전자 노인은 대수가 남몰래 수타를 연습한 것을 알고 대수의 실력을 알아보고자 이 자리를 마련한 것이다.

"쩌리 쓰 치에따오미엔더 밍런, 나리 쓰 셔우따왕더 얼쯔(这里 是 切刀面 的 名人, 那里 是 手打王的 儿子 여기는 절도면의 명인이고, 저기는 수타왕의 아들입니다). 타 쓰 충 한구워 라이더(他 是 从 韩国 来的 그는 한국에서 왔습니다)."

모여든 사람들이 웅성거리기 시작하고 이내 절도면과 수타면의 대결이 시작된다. 이때 누군가 한마디 한다.

"즈야오 쭈워 하오 셔우따미엔 찌우 쓰 티엔쌰띠이(只要 做 好 手打面 就 是 天下第一 잘 만들기만 하면 수타면이 천하제일인데)."

대수, 땀을 삐질 흘리며 열심히 반죽하고 있고 주전자 노인도 신중하게 반죽을 주무르나 힘에 겨운 눈치다. 아직 황산 여행의 여독이 풀리지 않은 것일까 아니면 많은 나이를 부담스러워하는 것일까. 이윽고 반죽을 끝내고 유심히 칼날을 살피는 주전자 노인. 대수는 이제야 반죽을 도마에 내려쳐 손가락 사이로 면발을 뽑기 시작한다. 대수의 면발은 굵었다가 점점 가늘어진다. 대수는 무아지경에서 면발을 뽑아내는 듯 자유롭다. 마침내 대수가 가는 면발을 바늘귀에 넣자 실처럼 쏙- 들어간다. 대수는 수타의 최정점이라는 룽쉬미엔(龙须面 용수면)에 이른 것이다.

사람들 실처럼 가는 대수의 용수면에 환호성을 지르고 주전자 노인은 모른 척 칼로 샤샤샥 반죽을 잘라 끓는 면수에 넣는다. 대수도 면발을 잘라 끓는 면수에 넣고 휘휘 젓는데 왕상이 나선다.

"리양따오차이 쓰 션머 웨이따오 마(两道菜 是 什么 味道 吗 두 개의 요리는 무슨 맛일까요)?"

주전자 노인과 대수이 절도면과 수타면에 육수를 부어 내놓는다. 사람들 절도면과 수타면을 맛보기 시작하고 저마다 맛에 대한 한마디 한다. 왕상이 사람들 사이를 다니며 절도면과 수타면의 맛 평가를 집계했다. 언제 왔는지 메이메이도 사람들 사이에서 초조히 대결의 결과를 기다리고 있다.

"따슈이(大水). 니 커이 쭈워따오(你 可以 做到 넌 할 수 있어)."

드디어, 왕상이 절도면과 수타면 대결의 결과를 발표한다.

"찐티엔 뚜이지에더 셩쩌 쓰 위따슈이(今天 对决的 胜者 是 鱼大水 오늘 대결의 승자는 어대수입니다)."

대수는 막상 절도면과 수타면 대결에서 수타면이 승리하자 겸연쩍은 표정이다. 단지, 이제까지의 땀과 노력이 결실을 보아 좋을 뿐이었다. 대결에서 패한 주전자 노인은 진심으로 대수의 승리를 축하해 주었다. 메이메이도 사람들 사이에서 마음으로 대수의 승리 축하했다.

수타면, 면관의 신메뉴가 되다

완상(晚上 저녁), 주전자 노인은 자랑스러운 표정으로 벽에 수타면을 정식 차이딴(菜单 메뉴)으로 써 붙였다. 메이메이도 옆에서 손뼉을 쳐주고 대수 조금 우쭐한 표정이다. 주전자 노인이 대수에게 말했다.

"워 이웨이 니 후이 셔우따더 헌 하오(我 以为 你 会 手打 的 很 好 네가 수타를 잘 할 줄 알았어)."

"쩐머빤(怎么办 어떻게요)?"

"니더 셔우따미엔 허 꾸워취더 웨이따오(你的 手打面 和 过去的 味道 一样 너의 수타는 옛날 맛과 같았거든)."

"이치엔 츠 꾸워 셔우따미엔 마(以前 吃 过 手打面 吗 예전에 수타면를 드신 적 있어요)?"

"나 쓰 헌 지우 이치엔더 쓰 러(那 是 很 久 以前的 事 了 그건 아주 옛날 일이야)."

대수가 중국에 와서 처음 본 면관은 '찌아리푸니야 니우러우미엔(加利福尼亞 牛肉面 캘리포니아 우육면)'이었다. 캘리포니아와 우육면이 무슨 상관인지 모르겠지만 로스앤젤레스의 명물 중 하나가 북창동 순두부이니 아무렴 어쩌랴. ※이때만 해도 중국은 미국 (문화)을 무척 좋아했다. 요즘은 중국이 미국을 적으로 여기고 있지만, 아이러니하게 여전히 중국에서 미국을 상징하는 아이폰이 잘 팔리고 스타벅스는 더욱 번창하고 있다. 캘리포니아 우육면 집의 외관은 닭튀김으로 유명한 KFC와 비슷한 붉은 색이었다. 이곳 우육면의 맛도 붉은색처럼 강렬할까. 실상, 우육면의 맛은 덤덤했다. 설렁탕에 국수를 말아놓은 듯하다고 할까. 아무튼, 캘리포니아 우육면은 중국에서 꽤 성공해서 어디를 가나 붉은색 상표를 볼 수 있었다.

중국에는 개혁개방 이후 외국 체인점이 많이 생겼다. 대표적인 것이 마이땅라오(麦当劳 맥도날드), 컨더찌(肯德基 KFC) 같은 콰이찬띠엔(快餐店 패스트푸드점)이다. 당시 중국 경제 수준으로는 비싼 가격인데 젊은 사람들은 이들 외국계 패스트푸드점을 자주 이용했다. 더불어 한국에서 비싼 카페이(咖啡 커피) 값으로 화제가 되는 씽바커(星巴克 스타벅스)도 자주 찾고 있다. 스타벅스는 차(茶 차)를 주로 마시는 중국 사람들의 입맛을 커피로 변화시키고 있다. 중국 생활 수준으로 보아 비싼 커피 값도 값이지만 한국과 같이 스타벅스에서 커피를 마시는 것이 일종의 문화 트렌드라는 생각이 들었다. 중국의 스타벅스는 주로 고급 비즈니스센터나 쇼핑센터에 있어 여유가 있는 사람들이 주로 이용하고 있는 듯 보였다. ※요즘은 중국의 경제 수준이 높아져 대도시 사람이라면 누구나 중국의 스타벅스를 부담 없이 이용할 수 있는 상황이 되었다.

대수는 수타를 하며 나중에 캘리포니아 우육면처럼 체인점을 열면 좋겠다는 생각을 했다. '위따슈이더 셔우따왕(鱼大水的 手打王 어대수의 수타왕)' 멋지지 않은가!

대수 : 니(你) 지디엔(几点) 샹빤(上班)?

　　　당신 몇 시에 출근해요?

메이 : 치디엔(七点) 샹빤(上班)。

　　　7시에 출근해요.

대수 : 씨엔짜이(现在) 지디엔(几点)?

　　　지금 몇 시예요?

메이 : 씨엔짜이(现在) 치디엔 빤(七点 半)。

　　　지금은 7시 30분입니다.

대수 : 니(你) 완 러(晚 了)。

　　　당신 늦었어.

메이 : 찐티엔(今天) 시우티엔(休天)。 니(你) 지디엔(几点) 샹커(上课)?

　　　오늘은 휴일이야. 당신 몇 시에 수업해요?

대수 : 쌰우(下午) 이디엔 우펀(一点 五分) 샹커(上课)。

　　　오후 1시 5분 수업해요.

메이 : 션머 커(什么 课)?

　　　무슨 과목?

대수 : 쫑원(中文)。

　　　중국어

메이 : 니(你) 씨엔짜이(现在) 팅더둥(听得懂) 쫑원(中文) 마(吗)?

　　　너 지금 중국어 알아들을 수 있어.

대수 : 쓰(是), 니(你) 지디엔(几点) 쌰빤(下班)?

　　　네. 당신 몇 시에 퇴근해요?

메이 : 쌰우(下午) 우디엔(五点) 쌰빤(下班)。

　　　오후 5시 퇴근해요.

대수 : 워먼(我们) 취츠(去吃) 완판(晚饭) 바(吧)。

　　　우리 저녁 먹으러 갑시다.

메이 : 하오(好)。 워먼(我们) 지디엔(几点) 찌엔미엔(见面)?

좋아요. 우리 몇 시에 만나죠?

대수 : 차(差) 이커(一刻) 리우디엔(六点)。

6시 15분 전에

메이 : 니(你) 우디엔(五点) 찌우(就) 야오 추라이(要 出来)。

당신 5시에 바로 나가야 해요.

대수 : 메이 스지엔(没 时间)。

시간 없어.

메이 : 워먼(我们) 츠 더 뚜워(吃 得 多) 마(吗)?

우리 많이 먹어요?

대수 : 니(你) 찌우(就) 뿌쯔따오(不知道) 러(了)。 워(我) 쭈워(做) 샤오츠
(少食)。

당신 몰랐어요. 나는 소식해요.

▲ 간단 회화해설

- 시간을 물어볼 때 몇 시에서 '몇'이 바로 '지(几)'이고 '몇 시'는 '지디
엔(几点)'이다. 중국에서는 우리의 시(时)라는 말을 쓰는 대신 '디엔(点)'
이라고 쓰는 것도 흥미롭다. 분(分)은 그대로 '펀(分)'으로 쓴다. 그냥 한
시간이라는 말은 '이거 시아오스(一个 小时)'라고 한다.

- 15분은 '이커(一刻)'이라고 하고 45분은 '싼커(三刻)'라고 한다. 단, 30
분은 '량커(两刻)', 60분은 '쓰커(四刻)'라고 하지 않는다. 또한, 몇 분 전
할 때 '~전'은 '차(差 차)~'라고 하고 대신 한국말처럼 몇 분 전이 아니
라 '전 몇 분'이 되어 '10분 전'은 '차 쓰펀(差 十分)'이라고 한다.

상빤(上班 shàngbān) : 회사 출근하다.

싸빤(下班 xiàbān) : 퇴근하다.

상커(上课 shàngkè) : 수업 시작하다. '수업 끝나다'는 싸커(下课)

지디엔(几点 jǐdiǎn) : 몇 시. 시(时)는 디엔(点)으로 쓴다.

편(分 fēn) : 분

빤(半 bàn) : 30분.

커(刻 kè) : 15분. 45분은 3커(刻)이고 2커(刻)는 쓰지 않는다.

쫑원(中文 Zhōngwén) : 중국어. 한위(汉语)도 중국어

취츠(去吃 qùchī) : 먹으러 간다. 소식은 샤오츠(少食)

싸우(下午 xiàwǔ) : 오후. 오전은 샹우(上午)

완판(晚饭 wǎnfàn) : 저녁 식사. 아침 식사는 자오판(早饭), 점심 식사
    는 우판(午饭)

찌엔미엔(见面 jiànmiàn) : 맞다. 만나다.

차(差 chā) : 전에. 차 이커(差 一刻)는 15분 전

찌우(就 jiù) : 곧. 비로소 는 차이(才)

야오(要 yāo) : ~해야 한다, ~할 예정이다.

시아오스(小时 xiǎoshí) : 시간. 1시간은 '이 시아오스(一(个) 小时)'. 쫑
    터우(钟头)도 '시간'으로 시간 말할 때 거(个)를 꼭 써야 한다. '1시간'
    은 '이거 쫑터우(一个 钟头)'

☆ 간단 문법 : 보어 - 정도, 가능

정도, 가능 보어는 동사술어 뒤에 더(得)+형용사/동사가 와서 동사술어의 '정도'나 '~할 수 있다'의 뜻을 부가해준다. 정도나 가능 보어 역시 동사술어의 일부라고 생각하면 이해가 쉽다.

---

1. 정도 보어

1) 주어+동사술어+더(得)+정도 보어(형용사/동사)
   니(你)+츠(吃)+더(得)+뚜워(多)。 = 당신 많이 먹었다.
   정도 보어로는 대개 좋고(好), 나쁘고(不好), 많고(多), 적고(少) 등의 형용사가 많이 쓰인다. 동사술어 뒤에 더(的)가 있으면 정도보어가 올 것으로 추측할 수 있다.

   정도보어의 부정형은 더(得) 뒤에 뿌(不)를 쓴다.
   주어+동사술어+더(得)+뿌(不)+정도 보어
   니(你)+츠(吃)+더(得)+**뿌(不)+뚜워(多)**。
   = 당신은 많이 먹지 않는다.
   타(她)+떠우(都)+칸(看)+더(得)+**뿌(不)+피아오리앙(漂亮)**。
   = 그녀는 모두 예쁘지 않게 본다.

2) 주어+동사술어+목적어+동사술어+더(得)+정도 보어
   타(她)+슈워(说)+화(话)+슈워(说)+더(得)+**헌 콰이(很 快)**。
   = 그녀 말을 빨리 한다.
   정도 보어 문장에 목적어가 있을 때 목적어 다음에 **한 번 더 동사술어**가 오고 정도 보어가 온다. 해석은 '주어가 ~다 을/를 ~게'로 하면 된다.

목적어를 앞으로 보내면 '주어+목적어+동사술어+더(得)+정도 보어' 순이 되고 두 번째 동사술어는 생략된다.

타(她)+화(话)+슈워(说)+더(得)+**헌 콰이(很 快)。**

= 그녀는 말을 빨리한다.

이는 '주어+(주어+술어)' 구조의 주술술어문과 비슷해져서 화(话)는 주어의 목적어이자 슈워(说)의 주어가 된다.

3) 더(得) 없는 정도 보어(러(了) 문)

주어+동사술어+정도보어+러(了)

워(我)+레이스(累)+**쓰(死)**+러(了)。 = 나는 죽도록 피곤하다.

동사술어와 정도 보어 사이에 더(得) 없이 '레이스(累) 쓰(死), 죽도록 피곤하다'라는 정도 보어 문장이 되었다.

워(我)+레이스(累)+쓰(死)。 = (X)

쓰(死), 뚜워(多) 같은 단어가 러(了)와 함께 할 때 정도 보어가 되고 러(了)가 없으면 틀린다.

2. 가능 보어

1) 주어+동사술어+더(得)+가능 보어(동사/형용사)

니(你)+팅(听)+더(得)+**둥(懂)。** = 당신 알아들을 수 있다.

워먼(我们)+추(出)+더(得)+**취(去)。** = 우리 나갈 수 있다.

가능 보어는 결과 보어나 방향 보어에 **더(得)**를 첨가해 만들 수 있고 '~할 수 있다'의 뜻을 갖는다.

부정형은 더(得) 대신 '뿌(不)'를 쓴다.

니(你)+팅(听)+**뿌(不)**+**둥(懂)。** = 당신 알아들을 수 없다.

2) 주어+동사술어+더(得)+가능 보어+목적어

니(你)+팅(听)+더(得)+**둥(懂)**+르위(日语)。

= 당신 일어를 알아들을 수 있다.

동사술어+더(得)+가능 보어 뒤에 목적어가 있어 '주어+동사[동사 +더(得)+가능보어]+목적어' 어순으로 생각할 수 있다. 해석은 '주 어가 ~다 을/를'이 된다.

또 목적어를 주어 앞으로 도치시킬 수 있다.

르위(日语)+니(你)+팅(听)+더(得)+**둥(懂)**。

= 일어를 당신은 알아들을 수 있다.

3) 가능 보어 없는 가능 보어 문장(리아오(了) 문장)

주어+동사술어+더(得)+리아오(了)

니(你)+취(去)+더(得)+**리아오(了)**。 = 당신은 갈 수 있다.

더(得) 뒤에 가능 보어가 없이, 리아오(了)가 놓여, 가능과 불가능 을 나타내는 가능 보어 문장이 된다.

부정은 더(得) 대신 뿌(不)를 써 '~할 수 없다'의 뜻을 나타낸다.

니(你)+취(去)+**뿌(不)+리아오(了)**。 = 당신은 갈 수 없다.

● 문법 문답

어대수 : 정도 보어는 어떻게 쓰여요?

주노인 : 정도 보어는 동사술어+더(得) 뒤에 형용사나 동사가 정도 보어로 와서 '~정도'를 나타내지. 정도 보어문의 힌트는 **더(得)**야. 더(得) 가 있으면 정도 보어문이라고 추측할 수 있지.

어대수 : 그런데 더(得) 없는 정도 보어문은 힌트는 뭐에요?

주노인 : 더(得) 없는 정도 보어문의 힌트는 문장 끝의 러(了)야. '동사술

어+정도 보어+러(了)'의 어순이 되니 잘 보아둬.

어대수 : 가능 보어는 어떻게 쓰이죠?

주노인 : 가능 보어는 결과 보어나 방향 보어 앞에 더(得)를 써서 만들 수 있지. 그래서 가능 보어의 힌트가 더(得)야.

어대수 : 가능 보어 없는 가능 보어문도 있다는데요?

주노인 : 그래, 가능 보어 없는 가능 보어문은 가능 보어 대신 리아오(了)를 써서 가능 보어문이 되지. 러(了) 아니고 리아오(了)인 것에 주의해.

어대수 : 정도, 가능 보어의 부정이 좀 헷갈리는데요?

주노인 : 정도 보어의 부정형은 더(得) 뒤에 뿌(不)를 써서 '동사술어+더(得)+뿌(不)+정도 보어'가 되지. '많이 먹다, 츠 더뚜워(吃 得多)'의 부정은 '츠 더뿌뚜워(吃 得不多)'야. 더(得) 뒤에 뿌(不), '**더뒤뿌**'로 외워둬.

어대수 : 가능 보어의 부정은요?

주노인 : 가능 보어의 부정형은 동사술어 뒤에 뿌(不)를 써서 '동사술어+뿌(不)+가능 보어'이지. '팅 더둥(听 得懂)'의 부정은 '팅 뿌둥(听 不懂)'이야. 더(得) 대신 뿌(不), **더대뿌**로 외우면 돼.

어대수 : 정도 보어 문장의 목적어 도치는 동사술어 앞으로 가니까. '주어+술어1(주어2)+술어2'의 주술술어문 같네요.

주노인 : 그렇지. 정도 보어 문장 중 목적어가 있을 땐 '주어+동사술어1+목적어+동사술어2+더(得)+정도 보어' 순으로 되는데 목적어가 동사술어1 앞으로 가면 '주어+목적어+동사술어1+더(得)+정도 보어' 순으로 되지. 이건 '주어+술어1(주어2)+술어2'의 주술술어문처럼 목적어가 주어의 술어도 되고 동사술어의 주어도 되는 것과 비슷하지.

어대수 : 그래서 정도 보어 문장 중 목적어 전치 해석은 '**주어가 을/를 ~다 ~게**'로 되네요.

주노인 : 제법인걸. 가능 보어 문장 중 목적어 도치는 정도 보어와 달리

주어 앞에 가서 정말 도치문이 되는 것 같아. '목적어+주어+동
사술어+더(得)+가능 보어' 순으로 말이다.

어대수 : 가능 보어 문장 중 목적어 도치 해석은요?

주노인 : 가능 보어 문장 중 목적어 도치 해석은 **'을/를 주어가 ~할 수
있다'**로 되는 거지.

어대수 : 정도 보어 중에 더(得) 없는 게 있고 가능 보어 중에는 가능보어
없는 게 있네요.

주노인 : 그래, 좀 혼돈되지. 정도 보어 중에서 더(得) 없는 것은 '동사술
어+정도 보어+러(了)'로 '배고파 죽겠다, 어(饿) 쓰(死) 러(了)'이
지. 러(le)는 잊지 말고 꼭 써야 해. **러(了)**가 힌트지.

어대수 : 가능 보어 중에는 가능 보어 없는 것은요?

주노인 : 가능 보어 중에서 가능 보어 없는 것은 '동사술어+더(得)+리아오
(了)'로 가능 보어 대신 리아오(了)가 쓰이지. '먹을 수 있다, 츠
(吃) 더(得) 리야오(了)'로 되지. **리아오(了)**가 힌트야.

11. 니가 참 좋아 짝짝짝-

홍 홍 홍-

홍(红 홍)은 붉은색이라는 뜻도 있지만, 사업이 번창한다는 의미도 있어 중국 사람들이 쭈이(最 제일) 시환(喜欢 좋아하는) 써(色 색)가 되었다. 수 타면이 면관의 정식 메뉴가 된 후, 어느새 여우밍(有名 유명)해져 나날이 손님이 늘어났다. 대수가 신나서 말했다.

"홍(红) 홍 홍- 금방 푸쩌(富者 부자)되겠어요."

"이럴 때일수록 셔우따미엔(手打面 수타면)에 찡청(精诚 정성)을 다해야 한다."

"쓰(是 네)。"

텅- 텅- 대수가 도마에 반죽을 세게 치자 손가락 사이로 면발이 뽑혀 나왔다. 면관 앞에는 벌써 많은 사람이 줄을 서고 있다. 주전자 노인은 기다리는 사람들에게,

"뚜이부치(对不起 미안해요)。 야오 떵 이거 시아오스(要 等 一个 小时 1 시간은 기다려야 해요)。 망더 런 밍티엔 짜이라이 바(忙的 人 明天 再来 吧 바쁜 사람은 내일 다시 오세요)。"

옆집 만뒷가게 왕샹은 면관 앞에 줄선 사람들에게,

"따오 쩌삐엔 라이(到 这边 来 이리 오세요)。 빠오즈 허 만터우예 하오 츠(包子 和 馒头也 好吃 만두와 찐빵도 맛있어요)。"

"흥. 워 야오 츠 셔우따미엔(我 要 吃 手打面 난 수타면 먹을 거야)."

"빠오즈예 용셔우 쭈워(包子也 用手 做 만두도 손으로 만들어요)."

"빠오즈 뿌따(饺子 不打 만두는 때리지 않잖아)."

"잉?"

대수는 면관 앞에서 자유자재로 면발을 뽑자 지나가는 많은 사람이 이를 구경하고 있다. 대수가 왕샹에게,

"왕샹, 비에 슈워 러(別 说 了 그만하시지). 슈워 셔우따 쓰 따쓰(说 手打 是 大势 수타가 대세라고)."

"흥. 우리 집은 대대로 빠오즈(包子 만두)를 만들어 왔다고."

왕샹네 만두는 왕샹의 할아버지 때부터 대를 이어 하는 가업이었다. 최근 중국에 외국의 다양한 먹거리가 들어오고 있지만, 전통 중국 만두의 인기는 식을 것 같지 않다. 중국 사람들은 간식이 아닌 가벼운 식사 대용으로 만두를 찾고 있으니 말이다. 만두는 고기만두, 야채 만두, 군만두 등 종류가 다양하고 값도 싸서 1위안(元)이면 3~4개의 만두를 먹을 수 있는데 그 크기도 우리의 왕만두 정도 된다. 지금은 대수의 수타가 인기를 끌고 있으나 여전히 왕샹 네 만둣가게도 분주히 돌아가고 있다. 아침부터 저녁까지 왕샹과 왕샹의 가족 등 서너 명이 부지런히 만두를 빚고 찌고 팔고 있으니 말이다. 만둣가게가 겉보기에는 아무것도 아닌 것 같아도 왕샹 네 만둣가게는 분업이 잘 되어 자기가 맡은 부분만 열심히 하는 것도 인상적이다. 분업도 사회주의 영향인가.

대수가 왕샹 네 만둣가게를 보니 예전에 보았던 〈씬룽먼커짠(新龙门客 站 신용문객잔)〉이라는 영화가 생각났다. 영화 속 객잔에서 파는 만두에 사람 고기를 넣는 장면이 나왔었다. 어릴 적 들은 소문에 장사가 잘 되는 만둣가게의 만두에는 사람 고기를 속으로 쓴다는 얘기가 있었다. 물론 사실이 아니다. 중국에는 지역마다 유명 만두가 있는데 천진은 거우부리빠오즈(狗不理包子 구불리포자), 산동은 슈이지야오(水饺 물만두), 상해는 샤오룽빠오즈(小龙包子 소룡만두), 사천이나 운남은 꾸워티에(锅贴 군만두)가 알려져 있다. 만두와 진빵 단어 정리하면 빠오즈(包子)는 둥근 만두, 지아

144

오즈(饺子)는 반달 모양 만두, 만터우(馒头)는 찐빵이다.

영화 〈꿍푸〉를 보러가다

저녁, 주전자 노인은 가게를 정리한 후 대수에게 그간 수고했다며 링용치엔(零用钱 용돈)을 주었다. 모처럼 치엔(钱 돈)이 생긴 대수는 다음날 메이메이의 회사로 전화를 걸었다.

"웨이(为 여보세요), 쓰 꽌꽝꿍쓰 마(是 观光公司 吗 관광회사죠)?"

"뚜이(对 맞아요). 니 짜오 나 이웨이(你 找 哪 一位 당신은 어느 분 찾으세요)?"

"여우 메이메이(有 美美 메이메이 있어요)?"

이때 대수의 수화기에서 "셰이(谁 누구야)?"하는 메이메이의 목소리가 잠시 들린다. 그런데,

"메이여우 메이메이(没有 美美 메이메이 없어요). 메이메이 이징 추취러(美美 已经 出去 了 메이는 이미 나갔어요)."

"슈워 션머(说 什么 무슨 소리)? 워 이징 팅따오 메이메이더 후아 러(我 已经 听到 美美的 话 了 나는 이미 메이의 말 들었어요)."

"흠흠- 뿌쓰(不是 아닌데요)."

"니 쓰 왕샹 마(你 是 王上 吗 너 왕샹이지)? 허판(盒饭 도시락) 배달했으면 콰이 후이라이(快 回来 빨리 돌아가)."

"… 어떻게 알았지."

잠시 후, 메이메이가 지에 띠엔후아(接电话 전화를 받는다).

"여우 션머쓰(有 什么 事 무슨 일이야)?"

"니 껀 워 이치 취칸 띠엔잉 마(我 跟 你 一起 去看 电影 吗 너 나랑 함께 영화 보러 갈래)?"

"쓰아(是呀 글쎄). 지디엔(几点 몇 시)?"

"리우디엔(六点 6시)."

"나얼(哪儿 어디서)?"

"짜이 띠엔잉위엔 먼치엔(在 电影院 门前 영화관 앞에서)."

"야오 칸 션머 띠엔잉(要 看 什么 电影 무슨 영화 볼 건데)?"

"꿍푸(工夫 꿍푸)。"

"하오(好 좋아)。 워예 시환 쩌우씽츠(我也 喜欢 周星驰 나도 주성치 좋아해)。"

대수는 중국에서 꿍푸 띠엔잉(工夫 电影)을 보는 것을 즐겼다. 더구나 메이메이와 함께 본다니 더욱 신났다. 한국에서 개봉된 주성치의 영화 〈쿵푸 허슬〉은 중국에서 〈꿍푸〉라는 제목으로 상영되었다. 주성치는 〈꿍푸〉에서 중국 전통무술인 꿍푸에 불교와 도교의 사상까지 더해 악인을 무찌르지만 결국 용서하는 모습을 보여주었다. 이는 선과 악이 분명하고 악인은 철저히 응징되는 서양 영화의 화법과 많이 다른 것이었다. 주성치의 전작인 〈샤오린주치우(少林足球 소림축구)〉에서도 꿍푸를 축구에 접목하는 기발한 상상력을 발휘했었다. 참- 중국에서는 축구를 주치우(足球 족구)라 부르고 있는 것도 재미있다. 중국 일각에서는 축구의 종주국이 영국이 아니라 고대 중국이라는 주장까지 하고 있다.

니가 참 좋아, 짝짝짝-

영화를 보고 지우빠(酒吧 Bar)에 들린 대수와 메이메이. 대수는 메이메이에게 분위기를 잡아 보는데,

"깐뻬이(干杯 건배)。"

"역시 칭따오 피지우 하오허(青岛 啤酒 好喝 청도 맥주가 맛이 좋아)。"

대수, 탁자 아래에서 후아(花 꽃)를 꺼내 메이메이에게 준다. 메이메이, 꽃을 받고 좋긴 하지만 무슨 일인가 한다.

"여우 션머 하오쓰얼 마(有 什么 好事儿 吗 너 무슨 좋은 일 있어)?"

"그게..."

"션머(什么 뭐야)?"

"니 쩐 하오(你 真 好 니가 참 좋아)。"

"쩐더(真的 정말)?"

"메이메이, 니 시후안 워 마(你 喜欢 我 吗 나 좋아해)?"

메이 수줍게 고개를 끄덕거리고 멀리서 이를 훔쳐보며 괴로워하는 왕샹. 왕샹이 혼잣말을 한다.

"따슈이 쭝여우이티엔 후이후이 한구워더(大水 总有一天 会回 韩国的 吗 대수는 언젠가 한국으로 돌아갈 거야)."

메이메이는 대수의 어깨에 머리를 기대고 대수는 가슴이 두근거린다.

"따슈이(大水), 씨에씨에니(谢谢你 고마워). 빵주 워예예(帮助 我爷爷 내 할아버지를 도와주어서)."

"뿌쓰 워 빵주 예예(不是 我 帮助 爷爷 내가 할아버지를 도운 것이 아니고), 니 허 예예 게이 러 워 빵주(你 和 爷爷 给 了 我 帮助 너와 할아버지가 나에게 도움을 주었어)."

"쩌 찌아오 후쭈 마(这 叫 互助 吗 이것을 상조라고 하나)?"

"하오더(好的 좋아). 이핑(一瓶 한 병) 더"

이때 왕샹이 대수와 메이메이에게 나타나고 대수에게 기대있던 메이메이가 깜짝 놀란다. 대수가 왕샹에게,

"니예 이치 허 바(你也 一起 喝 吧 너도 함께 마시자)."

"뿌허(不喝 안 마셔). 워예 시후안 메이메이(我也 喜欢 美美 나도 메이메이를 좋아해)."

대수와 메이메이, 황당한 표정으로 서로를 바라본 뒤 왕샹을 본다.

"잉?"

메이메이가 왕샹에게,

"왕샹(王上), 뚜이부치(对不起 미안해)."

메이메이는 말썽만 피우던 대수가 수타를 하고 중국어 공부를 하며 변해가는 모습에 점점 좋아지기 시작했다. 왕샹은 오래전부터 자기를 좋아하는 것을 알고 있었지만, 왠지 왕샹에게는 마음이 가지 않아 미안했다.

메이 : 워(我) 쭈워티엔(昨天) 마이 러(买 了) 이타오 췬즈(一套 裙子)。
　　　 나 어제 치마 한 벌 샀어.

대수 : 쓰(是) 션머(什么) 이엔써(颜色)?
　　　 무슨 색이에요?

메이 : 쓰(是) 홍써(红色)。 니(你) 너(呢)?
　　　 붉은색이야. 너는?

대수 : 워(我) 여우 러(有 了) 이띵(一顶) 후앙써(黄色) 마오즈(帽子)。
　　　 나는 황색 모자 한 개가 생겼어.

메이 : 셰이(谁) 쑹게이(送给) 니더(你的)?
　　　 누가 당신에게 선물한 거예요?

대수 : 치엔(前) 이거 시아오스(一个 小时), 라오쓰(老师) 쑹게이(送给) 워
　　　 더(我的) 한 시간 전에, 선생님이 나에게 선물한 거예요.

메이 : 워에(我也) 워더 셩르(我的 生日) 샹 야오(想 要) 나거(那个) 마오
　　　 즈(帽子)。 나도 내 생일에 그 모자 갖고 싶어.

대수 : 쓰(是) 홍써(红色)?
　　　 붉은색?

메이 : 워(我) 시환(喜欢) 바이써(白色)。
　　　 나는 흰색을 좋아해.

대수 : 니(你) 여우(有) 씨쓰(喜事)。 워(我) 쩐(真) 씨엔무(羡慕) 니(你)。
　　　 당신은 좋은 일이 있어요. 나는 정말 당신이 부러워요.

메이 : 뿌커치(不客气)。
　　　 천만에요.

대수 : 찐티엔(今天) 니(你) 헌 피아오리앙(很 漂亮)。 란천샨(蓝衬衫) 쩐
　　　 하오칸(真 好看)。
　　　 오늘 당신은 아름다워요. 청색 남방이 매우 보기 좋아요.

메이 : 니예(你也) 헤이쿠즈(黑裤子) 페이(配) 바이시에즈(白鞋子) 하오칸

(好看)。당신도 검정 바지에 검정 구두가 어울려요.

대수 : 니(你) 칸라이(看来), 워(我) 터베에(特別) 마(吗)?

당신 보기에, 나 특이하죠?

▲ 간단 회화해설

- 중국 사람들이 좋아하는 써(色 색)이 훙(紅 붉은색)인 것은 잘 알려진 사실이다. 또한, 각 색은 고대의 주역(周易)에 따라 독특한 의미가 있다. 〈삼국지〉에서 한나라 말기 도적들이 각지에서 노란색 깃발을 들고 일어나 황건적(黃巾賊)이라 불린 것도 주역에 따라 다음 왕조의 색이 후앙써(黃色 황색)이었기 때문이다. 중국 사람들이 훙써(紅色 붉은색) 다음으로 좋아하는 색이 아마 찐써(金色 금색)가 아닐까. 금색은 그야말로 돈과 부귀를 상징하는 색으로 고급 식당에 가면 홍색과 금색으로 장식된 것을 쉽게 볼 수 있다.

- 질문으로 '무슨 색이냐'는 '쓰 션머 이엔써(是 什么 颜色)?' 정도로 물을 수 있고, '어떤 색을 좋아하냐'는 '니 시환 션머 이엔써(你 喜欢 什么 颜色)?' 정도로 물을 수 있다. 대답으로 '이것은 붉은색이다'는 '쩌 쓰 훙써(这 是 红色)', '나는 황색을 좋아한다'는 '워 시환 후앙써(我 喜欢 黃色)' 정도로 할 수 있다.

▲ 회화 단어정리

쭈워티엔(昨天 zuótiān) : 어제

찐티엔(今天 jīntiān) : 오늘

밍티엔(明天 míngtiān) : 내일

마이(买 mǎi) : 사다, 구입하다.

췬즈(裙子 qúnzi) : 치마 이타오 취즈(一套 裙子)는 치마 한 벌

쿠즈(裤子 kùzi) : 바지

천샨(衬衫 chènshān) : 남방셔츠

마오즈(帽子 màozi) : 모자. 이띵 마오즈(一顶 帽子)는 모자 한 개, 구두
  는 시에쯔(鞋子)

이엔써(颜色 yánsè) : 색

홍써(红色 hóngsè) : 적색. 황색은 후앙써(黄色), 청색은 란(蓝)

바이써(白色 báisè) : 백색, 녹색은 뤼써(绿色), 검정색은 헤이(黑色)

쏭게이(送给 sònggěi) : 주다, 선물하다.

워더(我的 wǒde) : 내 것. 당신 것은 니더(你的), 그의 것은 타더(他的),
  그녀 것은 타더(她的)

셩르(生日 shēngrì) : 생일

씨쓰(喜事 xǐshì) : 좋은 일, 기쁜 일

뿌커치(不客气 búkè·qi) : 천만에요. 뿌씨에(不谢)도 천만에

페이(配) : 결혼하다, 돋보이게 하다.

칸라이(看来) : 보기에, 보니까, 보아하니

☆ 간단 문법 : 보어 - 동량, 수량

동량 보어는 횟수 등을 말하고 동사술어 뒤에 위치하며, 수량 보어는 수량을 나타내는데 동사술어, 형용사술어 뒤에 쓰인다. 이들의 공통점은 동사술어를 비롯한 술어 뒤에 위치한다는 것이다.

1. 동량 보어

1) 주어+동사술어+동량 보어
타(她)+취 꾸워(去 过)+싼츠(三次)。
= 그녀는 세 번 가본 적이 있다.
동량 보어는 횟수를 세는 단위로 동사술어 뒤에 위치한다. 싼츠(三次)가 동량 보어, 꾸워(过)는 시태 조사로 '~한 적'의 뜻.

2) 주어+동사술어+동량 보어+목적어
니(你)+시에(写)+러(了)+싼삐엔(三遍)+르위(日语)。
= 나는 일어를 세 번 썼다.
동량 보어는 한국어 어순과 달리 목적어 앞에 온다. 한국어처럼 '일어 세 번'가 아니라 '세 번 일어' 순으로 된다.

3) 주어+동사술어+동량 보어+장소 목적어
→ 주어+동사술어+장소 목적어+동량 보어
타(她)+취 꾸워(去 过)+싼츠(三次)+한구워(韩国)。
= 그녀는 한국에 세 번 가본 적이 있다.
→ 타(她)+취 꾸워(去 过)+한구워(韩国)+싼츠(三次)。
장소 목적어일 때 동량 보어는 장소 목적어 앞, 뒤에 올 수 있다.

인칭 목적어일 때 동량 보어는 인칭 목적어 뒤로 간다.

워먼(我们)+찌엔(见)+러(了)+라오쓰(老师)+**우츠(五次)**。

= 우리는 선생님을 다섯 번 만났다.

2. 수량 보어

1) 주어+동사술어+수량 보어

워(我)+여우쩡(又长)+러(了)+**이수이(一岁)**。 = 나는 또 1살 먹었다.
수량 보어는 시간/동량 보어처럼 동사술어 뒤에 위치한다. 중국어 기본 어순인 '주어가 ~다. ~게(몇 시간/번/살)'로 생각하면 이해가 쉽다.

2) 주어+부사(비교)+형용사술어+수량보어

워(我)+비(比)+니(你)+따(大)+**싼수이(三岁)**。
= 나는 당신보다 세 살 많다.
비교문에서도 수량 보어는 형용사술어 뒤에 온다.

● 문법 문답

주노인 : 자~ 복습 해볼까. 중국어 기본 어순은 '**주어+술어**'이고 핵심 어순은 '**주술보/목(주어+술어+보/목적어)**'이지. 중국어 술어는 **동형명(동사술어, 형용사술어, 명사술어)**인데 동사술어만 목적어 갖는다.

어대수 : 보어는 동사술어 뒤에 쓰여 동사술어의 일부처럼 쓰이잖아요.

주노인 : 맞아. 동량 보어나 수량 보어도 마찬가지지. '**주동+동량 보어/수량 보어**' 어순으로 쓰인단다. 단, 수량 보어는 형용사술어에도 쓰고

어대수 : 목적어 문장은 '주어가 ~한다(~이다) 뭐를'로 직역하면 되죠?

주노인 : 그래, 중국어에서 목적어는 언제나 동사술어 뒤에 오지. 직역은

'주어가 ~한다(~이다) 뭐를'이지만 의역은 '주어가 뭐를 ~하다(~이다)'로 해야지.

어대수 : 동량 보어는 어디에 위치하는 거죠?

주노인 : 횟수를 말하는 동량 보어는 보통 명사 앞에 놓여, **'주어+동사술어+동량 보어+목적어'**가 되는 거야. 직역은 '몇 번 뭐를'이 되지만 의역은 '뭐를 몇 번'이 되어 우리가 보기에 자연스럽지.

어대수 : 장소 목적어, 인칭 목적어일 때 어순이 조금 다르다던데요?

주노인 : 그래. 장소 목적어일 때 **'주어+동사술어+동량 보어+장소 목적어'** 또는 동량 보어가 장소 목적어 뒤로 가서 **'주어+동사술어+장소 목적어+동량 보어'**로 할 수 있지.

어대수 : 인칭 목적어일 때는요?

주노인 : 인칭 목적어일 때 동량 보어는 인칭 목적어 뒤로 가서 **'주어+동사술어+인칭 목적어+동량 보어'** 순이 되지. 앞은 아니야.

어대수 : 끝으로 수량 보어에 대해 알려주세요?

주노인 : 수량 보어도 **'주어+동사술어+수량 보어'**처럼 동사술어 뒤에 쓴다는 원칙 잊지 마라.

어대수 : 수량 보어에 이수이(一岁 1세), 이베이(一倍 1배) 같은 구체적 수량도 있지만 이디얼(一点儿 좀)이나 헌뚜워(很多 많이) 같은 말도 있잖아요.

주노인 : 이런 수량 보어들도 대개 동사술어 뒤에 위치한다고 생각하면 맞아. 또 동량, 수량, 시간 보어 등은 대개 문장의 끝에 위치한다고 생각하면 쉽지.

12. 자전거 여행

첨밀밀

찌아르(假日 휴일), 주전자 노인과 대수, 메이메이는 상해 인근 윈허(运河 운하)의 도시 쑤쩌우(苏州 소주)로 놀러 갔다. 소주 역에서 베이쓰타(北寺塔 북사탑) 가는 길에 메이메이가 말했다.

"옛날 똥팡찌엔원뤼(东方见闻绿 동방견문록)을 쓴 마르코 폴로가 소주를 여행하며 '동방의 베니스'라고 예찬했었어."

주전자 노인이 메이메이의 말을 받아,

"충티엔 짜이티엔탕, 총띠 짜이쑤쩌우 껀 항저우(从天 在天堂, 从地 在苏州 跟杭州 하늘에는 천당, 땅에는 소주와 항주)라는 말도 유명하지."

대수가,

"나삐엔 여우 베이쓰타(那边 有 北寺塔 저기 북사탑이 있어요)。"

"북사탑은 전형적인 리우지아오(六角 육각) 모양의 탑으로 벽돌로 쌓은 이 특징이지. 챵쨩(长江 장강) 아래에서는 제일 높은 탑이니 잘 보아두렴."

대수 일행은 북사탑을 구경한 후 자전거를 빌려 소주를 구경하기로 했다. 주전자 노인은 혼자 자전거를 타고 대수와 메이메이가 2인용 자전거를 타기로 했다. 수양버들이 자라는 소주의 운하 길은 자전거 타기에 좋은 곳이었다. 대수와 메이메이는 주전자 노인을 앞질러 신나게 달려갔다.

대수는 절로 흥이 나서 영화 〈티엔미미(甜密密 첨밀밀)〉의 주제가를 부르기 시작했다. 메이도 따라 불렀다.

'티엔미미 니 씨아오 더 티엔미미(甜蜜蜜 你 笑 得 甛蜜蜜)
달콤해 당신은 달콤하게 미소 지어
하오샹 화얼 카이짜이 춘펑 리 카이짜이 춘펑 리(好像 花儿 开在 春风 里
开在 春风 里)
마치 봄바람 속에 꽃 핀 것처럼 봄바람 속에 피어있는 것처럼
짜이 나리 짜이 나리 찌엔 꾸워 니(在 哪里 在 哪里 见 过 你)?
어디에서 어디에서 널 본적이 있지?
니더 씨아오룽 쩌양 슈씨, 워 이스 샹부치(你的 笑容 这样 熟悉, 我 一时
想不起)
너의 미소가 이렇게 낯익은데, 잠시 생각나지 않았지만
아. 짜이 멍리 멍리 멍리 찌엔 꾸워 니(啊. 在 梦裡 梦裡 梦裡 见 过
你).
아... 꿈속에서 꿈속에서 꿈속에서 널 본적이 있어.
쓰 니 쓰 니 멍찌엔더 찌우 쓰 니(是 你 是 你 梦见的 就 是 你).
너야 너야 꿈에서 본 게 바로 너야.

〈첨밀밀〉의 주제가는 타이완 출신 떵리쥔(邓丽君 등려군)이 불렀는데 중국에서도 인기가 있어 중국의 이미자라고 불릴 정도. 대수는 언젠가 택시를 탔는데 택시 기사가 자신이 좋아하는 등려군의 노래를 듣고 있어 괜히 반가웠던 적이 있었다. 예전 중국에 진출한 가수 장나라도 등려군의 〈첨밀밀〉을 불러 중국 사람들에게 감동을 준 적이 있었다. 영화 〈첨밀밀〉의 첫 장면은 대륙 출신 리민(黎明 여명)과 장만위(张曼玉 장만옥)이 홍콩에 도착해 기차에서 내리는 장면으로 시작된다. 중국에서 기차를 타보면 이와 비슷한 장면을 실제로 볼 수 있다. 대도시 기차역에서는 〈첨밀밀〉처럼 시골에서 돈벌이를 위해 짐 보따리를 들고 도시로 올라온 사람들이 쉽

게 목격된다.

니가 사랑을 믿느냐

운하 가에 앉아 잠시 쉬는 대수와 메이메이. 주전자 노인은 피곤한지 풀밭에 누워 잠이 들어있다. 운하와 논, 밭 마을이 어우러진 소주는 지금도 살기 좋은 곳인 듯했다.

"메이메이, 워 이치엔 찌엔 꾸워 니(我 以前 见 过 你 전에 너를 본 적이 있어)?"

"쩐더(真的 정말)?"

"수이란 뿌쓰 니, 딴 차부뚜워(虽然 不是 你 , 但 差不多 너는 아니지만, 비슷했어)."

"짜이나리(在哪里 어디서)?"

"짜이 워빠바더 꾸쨔오피엔 리(在 我爸爸的 旧照片 里 내 아버지의 옛 사진에서)."

"잉까이 쓰 어우란 바(应该 是 偶然 吧 우연이겠지)."

대수의 말을 들은 주전자 노인, 움찔한다.

잠시 후, 인리아오슈이(饮料水 음료수)를 메이메이에게 건네주는 대수. 메이메이가 대수에게 말한다.

"따슈이, 〈첨밀밀〉의 주인공들처럼, 르허우 워먼 하이 넝 짜이쌍찌엔 마(日后 我们 还 能 再相见 吗 훗날 우리가 다시 만날 수 있을까)?"

"쓰아(是呀 글쎄)."

"니 쌍신 니더 아이 마(你 相信 你的 爱 吗 너는 너의 사랑을 믿니)?"

"믿지. 워더 아이 찌우 쓰 니더 아이(我的 爱 就 是 你的 爱 나의 사랑이 곧 너의 사랑인데)."

"니더 씨아오룽 씨엔짜이 쩌양 추에스(你的 笑容 现在 这样 确实 지금 너의 미소가 이렇게 또렷한데), 슈워뿌띵 이치엔 워 뿌쌍신 니(说不定 以后 我 不相信 你 나중에 나는 너를 믿지 못할지 몰라)."

〈첨밀밀〉의 여명과 장만옥은 몇 번의 만남과 헤어짐 끝에 다시 만나게 된다. 이렇듯 한 번 어긋난 사랑은 다시 만나는 데 오랜 시간이 있어야 하는지 모른다. 대수도 메이메이와 헤어지게 된다면 언제 다시 만나게 될지 알 수 없을 것 같았다. 한국에 돌아가 〈첨밀밀〉을 들으며 중국에 있는 메이메이를 그리워할지 모른다.

소호강호를 부르며

주전자 노인과 대수, 메이메이는 두추안(渡船 나룻배)를 빌려 운하를 구경하기로 했다. 주전자 노인은 예전 나룻배를 저어보았다며 노를 잡았다. 나룻배를 타고 운하에서 보는 풍경이 멋졌다. 소주 운하의 슈이(水 물)은 탁했지만, 이 물길에서 수많은 사람이 뚱시(东西 물건)를 운반하며 살아왔을 것이다. 운하 저편으로 지는 씨양(夕阳 석양) 때문에 대지가 붉게 물들여졌다. 주전자 노인이 영화 〈짜오후치앙하오(沼湖强豪 소호강호)〉의 주제가인 〈창하이 이셩 씨아오(沧海 一声 笑 창해일성소)〉를 부르기 시작했다.

'창하이 이셩 씨아오(沧海 一声 笑).
푸른 파도에 한바탕 웃는다.
창티엔 씨아오 펀펀 쓰샹 타오(沧天 笑 纷纷 世上 滔).
푸른 하늘을 보고 웃으며 어지러운 세상사 모두 잊는다.
셰이푸 셰이셩추 티엔 쯔 시아오(谁负 谁剩出 天 知 晓).
이긴 자는 누구이며 진자는 누구인지 새벽하늘은 알까.
타오랑 타오찐 훙천 수쓰 쯔 쭈워샤오(涛浪 涛尽 红尘 俗事 知 多少).
파도와 풍랑이 다하고 인생은 늙어가니 세상사 알려고 않네.
칭펑 씨아오 찡러 찌 리아오(清风 笑 竟惹 寂 寥)
맑은 바람에 속세의 찌든 먼지를 모두 털어 버리니
하오칭 하이짠(뻬이찌엔) 이찐 완짜오(豪情 还暂(贝兼) 一襟 晚照).
사나이 마음을 속이지만 지는 노을에 묻어버린다.
타이양 셩치, 타이양 루워(太阳 升起 , 太阳 落).

태양은 뜨고, 태양은 지네.

니엔칭런 슈워 아이, 라오런 창꺼 런셩(年轻人 说 爱, 老人 唱歌 人生)。

젊은이는 사랑을 말하고, 노인은 인생을 노래하네.

난뉘더 아이 뚜완, 뿌용위엔(男女的 爱 短, 爱 不永远)。

남녀의 사랑은 짧고, 영원하지 않네.

두추안 뿌찐, 저우 슈이따오 하이위엔(渡船 不进 , 走 水道 还远)。

나룻배는 앞으로 나가지 않고, 갈 물길은 아직 머네.

어느새 대수와 메이메이는 서로 기대어 잠들어 있고 주전자 노인이 등불을 밝힌 채 나룻배를 저어갔다. 멀리 멀리... 무심한 주전자 노인의 표정에는 〈소호강호〉의 주제가처럼 '젊은이는 사랑을 말하고, 노인은 인생을 노래하네. 남녀의 사랑은 짧고, 영원하지 않네.'라고 말하는 것 같았다. 주전자 노인은 메이메이와 대수를 깨우지 않고 부두로 돌아가려고 노를 젓는 데 점점 힘에 부친다. '나룻배는 앞으로 나가지 않고, 갈 물길은 아직 머네...'

☆ 간단 회화 : 방향과 교통수단

(예전 한국의 학교에서 가르치던 교련과목이 없어진 지 오래인데 현대의
중국에는 아직 교련과목처럼 학생들에게 행군을 가르치고 있었다.)

대수 : 왕 치엔(往 前) 저우(走), 썅 허우(向 后) 좐저우(转走)。
　　　　앞으로 가, 뒤로 돌아가.
메이 : 썅 저우 저우(向 左 走), 썅 여우 저우(向 右 走)。
　　　　좌로 가, 우로 가.
대수 : 칸 샹미엔(看 上面), 칸 쌰미엔(看 下面)。 취(去) 지아오쓰 리(教室
　　　　里)。위로 봐, 아래로 봐. 교실 안으로 가.
메이 : 저우추 지아오쓰(走出 教室)。 짜이 따먼팡삐엔(在 大门旁边)。
　　　　교실 밖으로 나와. 대문 옆에 서.

(교통수단 이용하기)
대수 : 니(你) 넝(能) 취(去) 나얼(哪儿)?
　　　　당신 어디 갈 수 있어요?
메이 : 워(我) 넝(能) 취(去) 차오쓰(超市)。
　　　　나는 시장에 갈 수 있어요.
대수 : 쭤 션머 취(坐 什么 去)?
　　　　무엇 타고 가요?
메이 : 워(我) 샹 쭤워(想 坐) 꿍꿍치처(公共汽车) 취(去)。
　　　　나는 버스를 타고 갈 거예요.
대수 : 워에(我也) 샹 쭤워(想 坐) 띠티에(地铁) 취(去)。
　　　　나도 지하철을 타고 갈 거예요.
메이 : 메이여우(没有) 치엔(钱)。 니(你) 잉까이(应该) 쭤워쯔싱처(坐 自行
　　　　车)。 돈이 없으니, 당신은 응당 자전거를 타야 해.
대수 : 야오스(要是) 니(你) 지에(借) 워(我) 치엔(钱), 워(我) 넝쭤워(能坐)

추쭈치처(出租汽车) 취(去)。

당신이 나에게 돈을 빌려준다면, 나는 택시를 타고 갈 수 있어.

메이 : 니(你) 뿌따띠(不打的)。 씨엔짜이(现在) 까오펑스찌엔(高峰时间)。

당신은 택시를 잡지 못할 거야. 지금은 러시아워야.

대수 : 띠티에(地铁) 너(呢)?

지하철은?

▲ 간단 회화해설

- 방향을 나타내는 상하좌우는 '상(上), 쌰(下), 쭈워(左) 여우(右)'로 쓴다. 상하인 상(上)과 쌰(下)는 '(버스에) 타다와 내리다', '(직장) 출근하다와 퇴근하다'라는 동사술어로도 쓰인다. 그래서 시골 버스가 정류장 임박할 무렵 안내양이 "쌰뿌쌰(下不下 내려 안내려)-" 하는 소리를 들을 수 있다.

- 왼쪽, 오른쪽 할 때 ~쪽으로 은 '왕(往) 또는 썅(向)'을 붙여 왕 쭈워(往左 왼쪽으로), 썅 쭈워(向右 오른쪽으로) 라고 한다.

- 교통수단을 말할 때 '타고 가다'는 '쭈워취(坐去)'이지만, 질문으로 무엇을 '뭐 타고 가요?'하면 '쭈워취 션머(坐去 什么)'가 아니라 '쭈워 션머 취(坐 什么 去)'가 된다. 넝(能)은 '~할 수'의 능원 동사(조동사)로 '넝 쭈워(能 坐)'는 '~탈 수'이고 '넝 취(能 去)'는 '~갈 수'가 된다. 넝(能)과 같은 능원 동사는 항상 동사술어 앞에 위치한다.

▲ 회화 단어정리

치엔(前 qián) : 앞

허우(后 hòu) : 뒤

치엔삐엔(前边 qiánbiān) : 앞쪽

허우비엔(后边 hòubian) : 뒤쪽

쭈워(左 zuǒ) : 왼쪽. 오른쪽은 여우(右)

샹(上 shàng) : 위. 아래는 쌰(下), 안은 리(里), 밖은 와이(外)

넝(能 néng) : ~할 수 있다. 능원 동사(조동사). 후이(会)도 '~할 수 있다'

지아오쓰(教室 jiàoshì) : 교실

쭈워취(坐去 zuòqù) : 타고 간다.

꿍꿍치처(公共汽车 gōnggòngqìchē) : 시내버스. '차에 타다'는 샹처(上车), '차에서 내리다'는 샤처(下车). 주유소는 찌아여우쨘(加由站)

띠티에(地铁 dìtiě) : 지하철

잉까이(应该 yīnggāi) : 응당 ~해야 한다. 능원 동사(조동사). 야오(要), 데이(得)도 ~해야 한다.

쯔싱처(自行车 zìxíngchē) : 자전거

추쭈치처(出租汽车 chūzūqìchē) : 택시. 띠쓰(的士)도 택시. 자가용은 쓰지아처(私家车). 자가용 영업차는 헤이처(黑车)

따더(打的 dǎdī) : 택시 타다.

씨엔짜이(现在 xiànzài) : 현재, 지금

까오펑스찌엔(高峰时间 gāofēngshíjiān) : 러시아워. 교통체증. 고속도로는 까오쑤꿍루(高速公路)

후워처(火车 huǒchē) : 기차

☆ 간단 문법 : 능원 동사

능원 동사는 영어의 조동사로 동사술어 앞에 위치해 동사술어를 꾸며 준다. 일부 형용사술어 앞에 오는 경우가 있으니 참고. 주요 능원 동사는 '후이(会)와 넝(能) ~할 수 있다', '샹(想)과 야오(要) ~할 예정이다', '야오 (要)와 잉까이(应该)·데이(得) ~해야 한다', '커이(可以) ~해도 된다', '후 이(会)와 잉까이(应该) ~일 것이다'

---

1. 후이(会) , 넝(能) : ~할 수 있다.
   주어+능원 동사+동사술어+목적어
   니(你)+**후이(会)/넝(能)**+슈워(说)+르위(日语)。
   = 당신 일어를 말할 수 있다.
   니(你)+**후이(会)**+지앙(讲)+잉위(英语)+마(吗)?
   = 당신은 영어를 말할 수 있습니까?
   후이(会)는 '배워서 할 수 있는', 넝(能)은 '어느 조건하에서 할 수 있는'의 뜻이다. 능력을 말할 때 후이(会)와 넝(能)을 모두 쓸 수 있다.

   부정형은 능원 동사 앞에 뿌(不)를 써서 '할 수 없다'가 된다.
   니(你)+뿌(不)+**후이(会)/넝(能)**+슈워(说)+르위(日语)。
   = 당신 일어를 말할 수 없다.

2. 샹(想), 야오(要) : ~할 예정이다.
   타(她)+**샹(想)/야오(要)**+취(去)+한구워(韩国)。
   = 그녀는 한국에 갈 예정이다.
   니(你)+찐티엔(今天)+**야오(要)**+쭈워(坐)+치처(气车)+마(吗)?
   = 당신은 내일 버스에 탈 겁니까?
   샹(想)은 영어의 Would로 '~할 기대하는', 야오(要)는 will로 의지를

163

나타내 '(꼭) ~할 예정'의 뜻이다.

부정형은 모두 뿌샹(不想)으로 한다.
타(她)+**뿌샹(不想)**+취(去)+한구워(韩国)。
= 그녀는 한국에 가지 않을 예정이다.

샹(想) 앞에 부사 헌(很)이 와서 야오(要)같이 의지가 담긴 '매우 ~
할 예정'의 뜻이 되고, 당연히 의지를 포함된 야오(yao)에는 헌(很)
이 올 수 없다.
타(她)+헌(很)+**샹(想)**+취(去)+한구워(韩国)。
= 그녀는 매우 한국에 가고 싶어 한다.
※능원 동사 야오(要)를 동사술어로 쓰면 '~주세요.'의 뜻이 된다.
　야오 이거 슈(要 一个 书 책 한권 주세요(책 한권 요구하다))。

3. 야오(要), 잉까이(应该), 데이(得) : ~해야 한다.
　니(你)+**야오(要)**+츠(吃)+자오판(早饭)。 = 당신 아침 먹어야 한다.
　타(他)+**잉까이(应该)**+쉬에시(学习)+한위(韩语)。
　= 그는 마땅히 한국어를 공부해야 한다.
　워(我)+따오 메이궈(到 美国)+**데이(得)**+추파(出发)。
　= 나는 미국으로 출발해야 한다.
　야오(要)는 영어의 Would로 '(약하게) ~해야 한다', 잉까이(应该)는
　Should로 '(강하게) 마땅히 ~해야 한다', 데이(得 능원 동사일 때
　더(de) 아닌 데이(dei)로 읽음)는 Must로 '반듯이 ~해야 한다'의 뜻
　이 된다.

　부정형은 뿌잉까이(不应该)로 '~해선 안 된다'와 뿌융(不用)으로 '~
　할 필요없다'이다.
　니(你)+**뿌잉까이(不应该)**+츠(吃)+자오판(早饭)。

= 당신 아침 먹어선 안 된다.

니(你)+**뿌융(不用)**+츠(吃)+자오판(早饭)。

= 당신 아침 먹을 필요 없다.

※금지를 말할 때 뿌야오(不要)를 쓰기도 하는데 야오(要)에 의지가
있어서다.

니(你)+**뿌야오(不要)**+츠(吃)+자오판(早饭)。

= 당신 아침 먹지 마라.

4. 커이(可以) : ~해도 된다.

니(你)+**커이(可以)**+칸(看)+슈(书)。 = 당신 책을 읽어도 된다.

워(我)+**커이(可以)**+찐(进)+니찌아 리(你家 里)+마(吗)?

= 내가 당신 집 안으로 들어가도 됩니까?

커이(可以)는 영어의 May로 '··해도'의 허가를 뜻한다.

부정형은 뿌커이(不可以)와 뿌넝(不能) 중에 뿌넝(不能)을 많이 쓴다.

니(你)+**뿌넝(不能)**+칸(看)+슈(书)。 = 당신 책을 읽으면 안 된다.

5. 후이(会), 잉까이(应该) : ~일 것이다.

타(他)+**후이(会)**+쓰(是)+라오쓰(老师)。 = 그는 선생일 것이다.

쩌번 슈(这本 书)+**잉까이(应该)**+쓰(是)+츠띠엔(词典)+마(吗)?

= 이 책은 사전일까요?

니(你)+**잉까이(应该)**+짜이(在)+쉬에시야오 리(学校 里)。

= 당신은 학교 안에 있을 것이다.

후이(会)와 잉까이(应该)는 영어의 Maybe로 '~일 것'의 추측을 나
타낸다.

부정형은 뿌후이(不会)로 '~일 리 없다'가 된다.

타(他)+**뿌후이(不会)**+스(是)+라오쓰(老师)。 = 그는 선생일 리 없다.

※능원 동사는 형용사술어 앞에 오는 경우도 있다.

워(我)+**야오(要)**+피아오리앙(漂亮)。 = 나는 예뻐야 한다.

● 문법 문답

어대수 : 능원 동사(조동사)는 영어의 조동사를 배운 적이 있어서인지 크게 어려운 게 없네요.

주노인 : 그렇지. 능원 동사는 동사술어 앞에 위치해서 **'주능동보/목(주어+능원 동사+동사술어+보어/목적어)'**이 되는 거지. 또 일부 형용사술어 앞에 능원동사가 쓰이는 경우가 있으니 당황하지 말고.

어대수 : 능원 동사는 주로 동사술어하고 만 친하다 이거네요.

주노인 : 그래. 여러 능원 동사를 쓰더라도 부정형에서 주로 쓰는 능원 동사가 있단 것만 알아둬.

어대수 : 샹(想)과 야오(要)의 부정은 '뿌샹(不想)', 야오(要)와 잉까이(应该)·데이(得)의 부정은 뿌용(不用), 커이(可以)의 부정은 뿌넝(不能), 후이(会)와 잉까이(应该)의 부정은 뿌후이(不会)를 쓰면 되는 거죠.

주노인 : 맞다. 그러나 절대적인 것은 아니야. 모르겠으면 **'뿌(不)+능원 동사'**하면 된단다.

어대수 : 능원 동사 의문문은 '주어+능원 동사+동사술어+보어/목적어'에 마(吗)만 붙이면 되죠?

주노인 : 맞아. 능원 동사 의문문은 문장 끝에 어기조사 마(吗)?만 붙이면 되니 거저먹기고. 능원 동사의 하호뿌하오(好不好) 형으로 물을 수도 있는데 그렇게 하지 마. 번거로우니까.

어대수 : 굳이, '타(她)+샹뿌샹(想不想)+취(去)+한구워(韩国)+마(吗)?'나 '니(你)+커부커이(可不可以)+칸(看)+슈(书)?'라고 길게 말하는 사람은 없겠네요.

주노인 : 단, 그리 할 수 있다는 것만 알아둬.

어대수 : 후이(会)는 '~할 수 있다'인데 '~일 것이다'라는 뜻으로도 쓰이
네요.

주노인 : 잘 봤어. 하지만 '~일 것이다'보다 '~할 수 있다'가 더 많이 쓰
이겠지. 부차적으로 '~일 것이다'라는 뜻이 있다고 보아둬.

13. 대수 시험에 들다.

불량학생들

대수는 중국어 학습을 위해 뿌시반(补习班 학원)에 등록하고 본격적으로 공부를 시작했다. 그동안 중국문화와 생활습관에 익숙해졌고 주전자 노인, 메이메이와의 대화 속에 생활회화를 배웠다면 이제는 제대로 된 중국어를 배울 시간이다. 사람에 따라 다르겠지만 학원에 가서 공부한다는 것은 맞지 않고 학원에 가서 독학으로 공부한 중국어를 체크해 본다는 것이 옳을 것이다. 학원 강의를 들으며 자신의 중국어 실력 점검하고 모자란 점을 보완하는 것이다. 학원에는 다른 나라 사람들보다 한국 학생들이 많았다. 신문기사에 따르면 중국 리우쉬에셩(留学生 유학생) 중 한국인이 1위라고 한다. 대수는 초급반에 들어가 수업을 기다리고 있었다. 이때 누군가 대수에게 말을 걸었다.

"어이, 대수. 니 쫑위 라이 뿌시빤 러(你 终于 来 补习班 了 너 드디어 학원에 왔군)."

"나잘난! 니 하이쓰 추지빤 마(你 还是 初级班 吗 너 아직 초급반이야)? 니 라이 쫑구워 이찡 이니엔 러(你 来 中国 已经 一年 了 너 중국에 온 지 1년 됐어)."

"메이꽌시(没关系 괜찮아). 꽌위 예완더 셩후워 워 쉬에 더 헌빵(关于 夜晚的 生活 我 学 得 很棒 밤 생활에 대해 나는 잘 배웠거든)."

169

"잉?"

나잘난과 펑여우먼(朋友们 친구들)은 중국 생활에 적응하지 못하고 있었다. 우선 유학 온 무띠(目的 목적)가 불분명했고 중국에서 자기관리를 하지 못하고 있었다. 단지, 한국에서 보내주는 풍족한 돈으로 놀기 바빴다. 안에서 새는 바가지 밖에서도 샌다고 한국에서 불량학생이던 나잘란은 중국에서도 불량학생이었다. 영어나 일어와 달리 많은 사람이 중국어 기초는 고사하고 한자조차 공부하지 않고 무작정 중국 유학을 떠나는 경우가 있다. 한자나 중국어 기초를 모르면 결코 중국어가 쉬운 언어가 아닌데 용감하게 도전하는 것을 보면 칭찬해야 할지 말려야 할지. TV 버라이어티 프로그램 제목처럼 〈무모한 도전〉이 되는 것은 아닌지. 중국은 한국과 문화가 비슷한 것 같으면서 은근히 미국식의 개인주의가 팽배한 나라이다. 중국 사람은 계산에 밝고 친해지기 전에는 의심이 많아 섣불리 다가갔다가는 상처받기에 십상이다. 또 병음이나 성조 병에 걸리면 오랜 시간 공부해도 중국어가 힘들게만 느껴진다. 알아야 할 병음이 한두 개라야 말이지. 성조도 정확히 해야 하고. 오죽하면 중국인들도 다 알지 못하고 죽을 만큼 많은 글자가 있다고 하지 않는가.

나잘난이 어디론가 전화를 했다.

"여우 왕샹 마(有 王上 吗 왕샹 있어요)?"

"워 쓰 왕샹(我 是 王上 나 왕샹이야). 니 찐티엔 야오완얼 마(你 今天 要玩儿 吗 너 오늘 놀려고)?"

"웨이션머(为什么 왜)? 여우 션머 뿌만더(有 什么 不满的 뭐가 불만이야). 워 뿌쓰 이징 게이 꿍쯔 러(我 不是 已经 给 工资 了 내가 이미 월급 줬잖아)."

나잘난이 전화를 끊었다. 대수가 나잘난에게,

"왕샹 청 쓰 니더 찌아팅찌아오쓰 마(王上 曾 是 你的 家庭教师 吗 왕샹이 너의 가정교사였어)?"

"사실, 삐치 쉬에 쭝원 워 껑 시환 왕샹더 빠오즈(比起 学 中文 我 更 喜欢 王上的 包子 난 중국어 배우는 것보다 왕샹의 만두가 더 좋아)."

"으이구!"

왕샹이 나잘란의 과외교사였다니 상해는 넓고도 좁았다. 중국에 유학하는 학생 중에는 중국 대학생에게 과외를 부탁하는 사람이 많은데 찾는 사람이 많아 날로 가격이 오르고 있다고 한다. 과외비를 더 주더라도 좋은 과외 선생을 만나면 중국어 학습에 도움이 되지만, 시간만 보내기 바쁜 불량과외선생을 만나면 시간만 버리니 신중한 선택이 필요하다. 나잘란은 마음잡은 대수를 꾀기 시작했다.

"니 껀 워먼 이치 취 스탕 마(你 跟我们 一起 去 食堂 吗 너 우리와 같이 식당 갈래)? 워먼 야오 츠 쓰촨차이(我们 要 吃 四川菜 우리 사천요리 먹을 거야)."

"워 여우 위에 짜이씨엔(我 有 约 在先 나 선약 있어)."

"하이야오 취 예쭝후이(还要 去 夜总会 나이트클럽도 갈 거야)."

메이메이의 생일을 지나치다

대수는 메이메이와 만나러 남경동로로 갔다. 차관(茶馆 찻집)에서 메이메이를 기다리는데 메이메이는 위에띵더 스찌엔(约定的 时间 약속시간)이 지나도 오지 않았다.

"메이메이가 중요한 날이라고 했는데. 여우 션머 쓰 마(有 什么 事 吗 무슨 일 있나)?"

대수가 메이메이의 회사로 따 띠엔화(打 电话 了 전화를 걸었다). 한국에서도 가끔 '전화 때려'하는 소리를 들을 수 있는데 중국에서는 '전화 걸다'가 진짜 '전화 때려'이어서 흥미로웠다.

"쓰 꽌꽝꿍쓰 마(是 观光公司 吗 관광회사죠)? 메이메이 여우 마(美美 有 吗 메이 있어요)?"

"메이여우(没有 없어요). 메이메이 추취 러(美美 出去 了 메이메이 나갔어요)."

"잉?"

대수, 메이메이의 셔우찌(手机 스마트폰)로 전화를 걸어보는데 통화가

171

되지 않았다.

"뭐야? 바람맞은 거야."

이때, 나잘난이 한 말이 떠올랐다.

"나잘란인 근처 예쭝후이(夜总会 나이트클럽)에 있다고 했는데. 가볼까."

대수가 찻집을 나간 후 메이메이 비슷한 여자가 찻집으로 들어간다.

대수는 면관으로 돌아갈까 하다가 결국 나잘난의 유혹에 이끌려 나이트
클럽으로 향했다. 여러 나라 사람들이 모여든 나이트클럽에서도 단연 한
국 사람들이 두각을 나타내고 있었다. 예부터 우리 민족을 꺼우(歌舞 가
무)를 즐기는 민주(民族 민족)라더니. 중국의 나이트클럽이나 가라오케인
카라OK(卡拉OK)에는 불량학생이나 불량한국인을 심심치 않게 볼 수 있
는데 한국보다 가격이 싸다는 이유로 만취해 추태를 부리곤 했다. 중국
사람들은 겉으로는 괜찮다고 하지만 뒤에서는 욕하는 것을 알기나 하는
지.

나잘난과 신나게 노는 대수.

"잘난아, 니 찐티엔 융 니 빠바더 신용카 마(你 今天 用 你 爸爸的 信
用卡 吗 너 오늘 네 아버지 신용카드 쓰는 거야)?"

"응. 아빠 스마트폰에 알람 울려도 중국어 몰라서 괜찮아."

"불량하기는. 그래도 돈 쓰면 뭐라 하실 텐데."

"괜찮아. 쭝구워 비 한구워 피엔이 헌 뒤(中国 比 韩国 便宜 很 多 중
국이 한국보다 훨씬 싸잖아). 알면서?"

"오늘 술값이면 보통 중국 사람의 한 달 꿍쯔(工资 월급)인데."

"대수야 언제부터 달라진 거야. 이치엔 뿌쓰 나양 마(以前 不是 那样嘛
전에는 안 그랬잖아)."

이때 누군가 나잘난의 뒤통수를 내려친다. 나잘난 뒤돌아보니 나잘난의
아버지 나대로다.

"잘났어. 정말! 쉬에시(学习 공부) 하라고 중국에 보냈더니 이런 데서
놀기만 해. 어쩐지 카드요금이 많이 나온다 했다."

"아빠, 그게 아니고. 인웨이 마이 러 헌 뚜워슈(因为 买 了 很 多书 책을 많이 사기 때문에) 그래요."

"이 자슥이, 후앙이엔(谎言 거짓말)까지."

나대로가 나잘난을 두들겨 패자, 다른 학생들은 나잘란의 아버지를 피해 하나둘 사라진다.

"이놈들, 취 나얼(去 哪儿 어디가)? 니먼 찌아오 셔머밍즈(你们 叫 什么 名字 니들 이름이 뭐야)? 니들 때문에 착실한 학생들이 욕먹는 거야."

대수도 조용히 나이트클럽을 빠져나와 면관으로 돌아갔다. 면관 앞에서는 메이메이가 말없이 대수를 기다리고 있었다. 메이메이는 대수를 보고,

"찐티엔 워더 셩르(今天 我的 生日 오늘 내 생일이야)."

"알아"

"그런데 어디 갔던 거야."

사랑은 가깝고도 멀다

다음 날 아침 대수는 메이메이의 생일선물로 사 온 스마트폰 고리를 만지작거렸다. 대수가 스마트폰 고리를 출근하려는 메이메이에게 주려 하자 메이메이는 바쁘다며 나가버렸다. 메이메이는 어제 대수와 만나기로 한 날 갑자기 거래처에 일이 생겨 늦었다고 했다. 일을 마치고 급히 약속장소인 찻집에 갔더니 대수가 없었다고. 그도 그럴 것이 그 시간에는 한참 나잘란하고 나이트클럽에서 신나게 놀고 있을 때였다.

메이메이가 출근하고 대수는 주전자 노인을 도와 수타 준비를 했다. 면관 앞에서 벌이는 절도면과 수타면 시범이 꽤 알려져 점심시간 전부터 사람들이 올 정도였다. 대수는 오늘따라 힘 조절이 안 되어 수타 중에 자꾸 면발을 끊어졌다. 주전자 노인이 대수에게,

"니 여우 셔머 쓰 마(你 有 什么 事 吗 무슨 일 있니)?"

"메이여우(没有 없어요). 쭈워티엔 헌 완 차이 후이라이(昨天 很 晚 才 回来 어제 늦게 돌아와서), 여우 디엔 레이(有 点 累 조금 피곤해요)."

"니 쩡짜이 뉘리 쉬에시 중원(你 正在 努力 学习 中文 너 열심히 중국

어 공부는 하고 있지)?"

"쓰(是 네)."

돌아선 대수의 손에는 메이메이에게 주려던 스마트폰 고리가 쥐어져 있었다.

☆ 간단 회화 : 영화관, 경기장, 노래방 가기

대수 : 띠엔잉위엔(电影院) 쩐머저우(怎么走)?

　　　영화관 어떻게 가요?

메이 : 따오(到) 홍뤼떵(红绿灯) 왕 쭈워 과이(往 左 拐)。

　　　신호등까지 가서 좌회전하세요.

대수 : 주치우 찡찌창(足球 竞技场) 짜이나알(在哪儿)?

　　　축구경기장은 어디 있어요?

메이 : 짜이쭝구워인항(在中国银行) 팡비엔(旁边), 쭈워 치처 취(坐 汽车 去) 헌 팡비엔(很 方便)。

　　　중국은행 옆에 있고, 버스를 타고 가면 편리해요.

대수 : 따오 카라OK(到 卡拉OK) 쩐머저우(怎么走)?

　　　노래방까지 어떻게 가요?

메이 : 카라OK(卡拉OK) 타이 위엔(太 远), 타이 꾸이 러(太 贵 了)。

　　　노래방은 매우 멀고 비싸요.

대수 : 메이꽌시(没关系)。 워(我) 여우(有) 치엔(钱)。

　　　상관없습니다. 나 돈 있어요.

메이 : 니(你) 시환 칸(喜欢 看) 우시아띠엔잉(武侠电影), 하이쓰(还是) 한구워띠엔잉(韩国电影)?

　　　당신 무협 영화 보는 것 좋아요, 아니면 한국영화?

대수 : 씨엔짜이(现在) 우시아띠엔잉(武侠电影) 헌 하오(很 好)。 니너(你 呢)? 지금은 무협 영화를 좋아해요. 당신은?

메이 : 워(我) 시환 칸(喜欢 看) 주치우찡찌((足球竞技)。

　　　나는 축구경기를 좋아해요.

대수 : 워(我) 뿌시환(不喜欢) 주치우(促球)。 니(你) 허(和) 워(我) 이치(一起) 취(去) 바(吧)。

　　　나는 축구를 좋아하지 않아요. 당신 나와 함께 갑시다.

메이 : 나알(哪儿)?

175

어디?

대수 : 워먼(我们) 샹(想) 취창(去唱) 창거(唱歌) 바(吧)。
　　　우리 노래 부르러 가요.

메이 : 허오(好)。 니(你) 시환(喜欢) 션머창거(什么唱歌)?
　　　좋아요. 당신 무슨 노래 좋아요?

대수 : 워(我) 시환 꾸워(喜欢 过) 티엔미미(甜密密)。
　　　나는 첨밀밀을 좋아한 적 있어요.

메이 : 떵리쥔(邓丽君) 창 러(唱 了) 티엔미미(甜密密)。 워에(我也) 시환
　　　(喜欢)。 등려군이 첨밀밀을 불렀어요. 나도 좋아해요.

▲ 간단 회화해설

- 장소 찾아가기를 위한 질문은 '~에 어떻게 가요?' 정도 하면 되는데 '(장소) 쩐머저우(怎么走)'쯤으로 말하면 된다. '~어디 있어요?'는 '짜이 나얼(在 哪儿)?'쯤으로 하면 된다. '어떻게 가요?'의 대답은 '~가요'나 '~타고 가요' 정도로 예상할 수 있다. '~가요'는 '따오(到)~'라고 하고 '~타고 가요'는 '쭈워(坐)~ 취(坐) ○○ 취(去)'로 ○○에 버스나 택시 등을 넣어 말하면 된다.

- 중국 영화관에 가서 외국 영화를 볼 때는 중국말로 더빙된 것인지, 원어로 나오고 중국어 자막이 있는 것인지 확인해야 한다. 별생각 없이 외국 영화 보면 톰 크루즈가 중국말로 얘기하는 것을 들을 수도 있다. 중국에서 한인이 많이 사는 곳에는 간혹 노래방이 있으나 대부분은 카라OK(卡拉OK) 뿐이다. 가라오케는 중국에서 고급 술집(?)이므로 바가지 쓰지 않도록 주의.

▲ 회화 단어정리

띠엔잉위엔(电影院 diànyǐngyuàn) : 영화관. 영화는 띠엔잉(电影)

따오(到 dào) : 도착하다, ~에, ~까지.

홍뤼떵(红绿灯 hónglǜdēng) : 신호등

왕(往 wǎng) : 가다, 향하다, ~쪽으로

쭈워과이(左拐 zuǒguǎi) : 왼쪽으로 돌아가다, 좌회전하다.

주치우 찡찌창(足球竞技场 zúqiú jìngjìchǎng) : 축구경기장. 축구는 주
치우(足球)

인항(银行 yínháng) : 은행

팡삐엔(旁边 pángbiān) : 부근, 옆

팡삐엔(方便 fāngbiàn) : 편리하다.

카라OK(卡拉OK) : 가라오케. 노래방은 리엔꺼팡(练歌房)

메이꽌시(没关系 méiguānxi) : 상관없다, 괜찮다.

우시아띠엔잉(武侠电影 wǔxiádiànyǐng) : 무협영화. 한류는 한리우(韩流)

창(唱 chàng) : 노래, 노래하다.

창거(唱歌 chànggē) : 노래, 노래를 부르다.

꾸워(过 guo) : 동사 뒤에 붙어 과거나 과거완료를 나타냄, '~한 적'

티엔미미(甜密密 tiánmìmì) : 떵리쥔(邓丽君 등려군)의 노래 제목이자
여명과 장만옥 주연의 영화 제목

☆ 간단 문법 : 시제와 시태(동태) 조사

시제는 과거와 현재, 미래 등을 말하고 시태는 동작 중인지, 동작완료되었는지 등을 말한다. 시제는 부사어나 조사 러(了), 능원동사(조동사) 등으로 표현할 수 있고 시태는 러(了), 쩌(着), 꾸워(过) 같은 시태 조사로 표현할 수 있다. ※시태 조사가 동작의 전후를 말하므로 시제도 표현!

---

1. 시제 - 과거와 현재, 미래형

1) 과거
니(你)+**쭈워티엔(昨天)**+후이(回)+쉬에시야오(学校)+**러(了)**。
= 당신은 어제 학교로 돌아왔다.
문장 끝에 과거나 동작완료를 나타내는 러(了)가 있으면 과거이고 부사어 쭈워티엔(昨天 어제)이나 이징(已经 이미)에서 시제에 대한 힌트를 얻을 수 있다.

2) 현재
워(我)+**씨엔짜이(现在)**+츠(吃)+판(饭)。 = 나는 지금 밥을 먹는다.
씨엔짜이(现在 오늘)나 찐티엔 자오상(今天 早上 오늘 아침) 같은 부사어를 쓰기도 하나 보통 특별한 언급 없으면 현재로 본다.

3) 미래
따찌아(大家)+**밍니엔(明年)**+루쉬에(入学)。
= 여러분은 내년에 입학한다.
타(她)+**샹(想)**+취(去)+한구워(韩国)。
= 그녀는 한국에 갈 예정이다.
치처(汽车)+**콰이(快)**+카이(开)+**러(了)**。
= 버스는 곧 출발하려 한다.

부사어 밍니엔(明年 내년)이나 능원동사(조동사) 샹(想), 콰이(快)~러(了), 이허우(以后 이후) 등이 있으면 미래를 의미한다. 단순히 러(了)가 있다고 과거나 과거완료로 보지 말 것. 미래 상징 부사어나 능원동사가 있으면 러(了) 있어도 미래.

2. 시태 – 시태(동태) 조사

1) 쩌(着), 쪙(正), 짜이(在), 쪙짜이(正在) : ~ 중이다.
주어+동사술어+시태 조사+목적어
타(她)+슈워(说)+**쩌(着)**+화(话)+너(呢)。
= 그녀가 이야기를 말하는 중이다.
타(她)+**짜이(在)**+칸(看)+띠엔스(电视)。
= 그녀는 TV를 보는 중이다.
쪙(正), 짜이(在), 쪙짜이(正在)는 동사술어 앞에 써서 동작이 진행 중임을 말한다. 쩌(着)는 동사술어 뒤에 위치.

쩌(着)의 부정은 동사술어 앞에 메이(没)를 쓰고 쪙(正), 짜이(在), 쪙짜이(正在)의 부정은 쪙(正), 짜이(在), 쪙짜이(正在) 빼고 동사술어 앞에 메이(没)를 쓴다.
타(她)+메이슈워(没说)+**쩌(着)**+화(话)+너(呢)。
= 그녀가 이야기를 말하지 않고 있다.
타(她)+메이칸(没看)+띠엔스(电视)。
= 그녀는 TV를 보지 않고 있다.

2) 러(了) : ~했다.
타(她)+쭈워티엔(昨天)+슈워(说)+**러(了)**+이삐엔 화(一遍 话)。
= 그녀는 어제 한편의 이야기를 했다.
타(他)+칸(看)+띠엔스(电视)+칸(看)+**러(了)**+이거 샤오스(一个 小时)。

= 그는 1시간 동안 TV를 보았다.
→ 타(他)+칸(看)+러(了)+이거 샤오스(一个 小时)+띠엔스(电视)。
　= 그는 1시간 동안 TV를 보았다.
러(了)로 과거나 동작완료를 의미하고 부사어 쭈워티엔(昨天 어제)
이나 이징(已经 이미)에도 힌트가 있다.

부정형은 동사술어 앞에 메이(没)를 쓰고 러(了) 삭제.
타(她)+쭈워티엔(昨天)+메이슈워(没说)+이삐엔 화(一遍 话)。
= 그녀는 어제 한편의 이야기를 안 했다.

3) 러(了) : ~하고 있다.
　타(他)+칸(看)+**러(了)**+이거 샤오스(一个 小时)+**러(了)**。
　= 그는 1시간째 보고 있다.
　'주어+동사술어+러(了)+시간 보어+러(了)'로 과거진행이 된다.

　타(他)+칸(看)+띠엔스(电视)+이거 샤오스(一个 小时)+**러(了)**。
　= 그가 TV를 본 지 1시간이 되었다.
　목적어가 동사술어 뒤에 오면, '주어+동사술어+목적어+시간 보어+
　러(了)'가 된다.

4) 꾸워(过) : ~한 적이 있다.
　워(我)+취(去)+**꾸워(过)**+왕빠(网吧)。 = 나는 PC방에 간 적이 있다.
　동사술어 뒤에 꾸워(过)를 써서 과거완료를 나타낸다.

　부정은 동사술어 앞에 메이(没)를 쓴다.
　워(我)+메이취(没去)+**꾸워(过)**+왕빠(网吧)。
　= 나 PC방에 간 적이 없다.

● 문법 문답

어대수 : 과거와 현재, 미래형 문장은 각 시제를 뜻하는 부사어나 러(了),
능원 동사(조동사) 등에서 힌트를 얻을 수 있겠어요.

주노인 : 맞아. 과거형에서는 쭈워티엔(昨天 어제), 밍니엔(明年 내년) 같은
시간, 날짜 관련 단어나 이징(已经 이미) 같은 부사어, 과거나 동
작완료를 뜻하는 러(了)가 있으면 과거지.

어대수 : 현재형에서는 씨엔짜이(现在)나 찐티엔(今天 오늘) 같은 단어가
도움이 되나 특별한 언급이 없으면 현재고요.

주노인 : 맞아. 미래형은 밍티엔(明天 내일)이나 밍니엔(明年 내년) 같은
단어나 '~할 예정이다'의 능원 동사 샹(想)이나 야오(要) 등이
있고 '빨리 ~할 예정이다.'의 뜻인 '콰이(快) ~러(了)' 문장도 미
래형이지.

어대수 : 근데, 시태(동태) 조사가 뭐에요?

주노인 : 간단히 동사술어 앞, 뒤에 붙어 동작 중인지, 동작완료 되었는지
등을 나타내는 조사라고 생각하면 되지. 시태 조사가 동작의 전
후를 나타내는 것이므로 이것으로도 시제를 표현할 수 있어.

어대수 : '~하는 중이다'는 '쩡(正), 짜이(在), 쩡짜이(正在), 쩌(着)'가 있는
데 쩡(正), 짜이(在), 쩡짜이(正在) 등은 동사술어 앞에, 쩌(着)는
동사술어 뒤에 위치한다죠.

주노인 : 그래. 단, 부정형만 주의해라. 메이(没)만 쓰면 되는데 쩡(正), 짜
이(在), 쩡짜이(正在)일 때 '메이(没)+쩡(正)/짜이(在)/쩡짜이(正
在)+동사술어'이 아니라 메이(没)+동사술어', 쩌(着)일 때 '메이
(没)+동사술어+쩌(着)'로 하면 되지.

어대수 : '~했다'는 과거인데 동사술어 뒤에 '러(了)'를 붙이면 되죠. 러
(了) 뒤에 목적어가 오고요.

주노인 : 그런데 시간 보어 뒤에 다시 러(了)가 붙으면 '~했다'가 아니라
'~하고 있다.'가 되지. 이렇게 말이다. '주어+동사술어+러(了)+
시간 보어+러(了)'

어대수 : '~한 적이 있다, 꾸워(过)'는 동사술어 뒤에 붙이면 되니 쉽네요.

주노인 : 맞아. 중국어 시제는 부사어, 능원 동사, 러(了) 등으로 나타내고 시태는 러(了), 쩌(着), 꾸워(过) 같은 시태 조사로 표현한다. 알겠지? 오늘 강의 끝-

14. 사실을 말해줘, 나에게 말해줘.

주전자 노인 쓰러지다

점심시간이 시간이 지나고 좀 한가할 무렵 대수는 탁자를 닦고 있었고 주전자 노인은 육수통을 씻고 있었다. 근래 부쩍 말이 적어지고 수척해진 주전자 노인은 육수통을 들다가 그만 쓰러지고 만다. 깜짝 놀라 주전자 노인을 일으키는 대수. 주전자 노인은 정신을 잃은 상태이다.

"여우 런 마(有 人 吗 누구 있어요)?"

"여우 션머 쓰 마(有 什么 事 吗 무슨 일 있어요)?"

옆집 왕상이 달려와, 대수를 도와 주전자 노인을 일으킨다.

"마상(马上 빨리), 취 이위엔 바(去 医院 吧 병원으로 가). 메이메이에 겐 내가 연락할게."

대수, 택시를 불러 주전자 노인을 병원으로 모신다.

"뿌야오쓰(不要死 죽지 마세요)."

뒤늦게 병원으로 달려온 메이메이는 병실에 누워있는 주전자 노인을 보고 눈물을 짓는다. 대수가 메이메이에게,

"이셩 슈워 메이꽌시(医生 说 没关系 의사가 괜찮다고 말했어)."

"씨에씨에(谢谢 고마워)."

메이메이는 의사와 만나, 한동안 심각한 표정으로 이야기를 했다. 의사

의 표정으로 보아 주전자 노인의 병세는 매우 심각한 것 같았다. 이때 왕
샹이 면관을 닫고 병실로 왔다. 왕샹은 눈을 감고 있는 주전자 노인의 손
을 잡고 슬퍼했다. 주전자 노인은 왕샹을 어릴 적부터 친쑨즈(亲孙子 친
손자)처럼 잘 대해주었다. 대수는 미처 정리하지 못하고 온 면관이 마음에
걸렸다.

"미엔관(面馆 면관은)?"

"쩡리 더 헌하오(整理 得 很好 잘 정리했어)."

"씨에씨에(谢谢 고마워요)."

메이메이는 왕샹을 불러 뭔가 이야기를 하고 대수에게는 주전자 노인
곁에 있어 달라며 끼어들지 못하게 한다.

"션머(什么 뭐야). 까오쑤 워 쓰스, 까오수 워(告诉 我 事实, 告诉 我
사실을 말해줘, 나에게 말해줘)."

왕샹과 이야기를 마친 메이메이는 대수에게 야오팡(药房 약국)에 가서
야오(药 약)을 가져다 달라고 했다. 대수는 약국에 가는 길에 후스(护士
간호사)를 만나 주전자 노인의 병세에 관해 물었으나 간호사는 "뿌슈워(不
说 말 못 해)" 하며 가버렸다. 대수는 주전자 노인이 고치기 어려운 병에
걸렸을까 봐 걱정되었다.

사실은?

며칠 후, 주전자 노인은 병원에서 면관으로 돌아오고 일상은 전과 다름
없이 흘러가는 듯했다. 간혹 왕샹이 면관에 찾아와 주전자 노인의 절도면
만드는 것을 돕기는 했으나 누구도 주전자 노인의 병세에 대해 말해주는
사람은 없었다. 단지, 라오삥(老病 노환)이라고 할 뿐이었다. 메이메이에게
는 확연한 변화가 있었다. 전에 하지 않던 화쭈앙(化妆 화장)을 하고 옷차
림도 화려해졌다. 늦게 돌아오는 일도 많아졌다. 대수가 왕샹에게,

"메이메이 여우 션머 쓰 마(美美 有 什么 事 吗 메이메이에게 무슨 일
있어)?"

"비에원 워(别问 我 묻지 마). 워예 헌 난꾸워(我也 很 难过 나도 괴로

워)."

"션머(什么 뭔데)?"

"쓰샹 나 여우 미엔페이더(世上 哪 有 免费的 세상에 공짜가 어디 있어)."

"하오(好 좋아). 워 게이 니 한구워더 띠엔잉 DVD(我 给 你 韩国电影 DVD 내가 너에게 한국영화 DVD 줄게)."

왕샹은 한국영화를 매우 좋아했다. 중국에 부는 한리우(韩流 한류)의 모습을 보는 듯했는데 왕샹이 좋아하는 한국영화는 〈워더 예만뉘여우(我的 野蛮女友 엽기적인 그녀)〉였다. '엽기적인'이라는 말이 '야만(野蛮)'으로 번역된 것이 재미있다. 왕샹은 대수에게 〈엽기적인 그녀〉의 주인공인 취안쯔시엔(全智贤 전지현)과 처타이시엔(车太贤 차태현)의 이름을 한글로 써 달라고까지 했었다. 한류라는 말이 나오기 전부터 중국의 거리에서 흔히 〈뚱르리엔꺼(冬日恋歌 겨울연가)〉 같은 드라마 주제가를 들을 수 있었고 안짜이쉬(安在旭 안재욱)의 광고도 볼 수 있었다. 왕샹은 한국영화나 드라마를 좋아하는 수준을 넘어 DVD를 수집하는 마니아였다. ※예전 이야기다. 요즘은 외국 문화보다 중국 자국 문화를 더 선호한다고 알려져 있다.

그제야 왕샹이 대수의 귀에 대고 뭔가 소곤거린다.

"션머(什么 뭐)"

맞선 방해 작전

왕샹의 말로는 메이메이가 남자와 맞선을 보고 있다고 했다. 대수는 자신이 메이메이에게 좋아한다고 고백까지 했는데 맞선을 보는 메이메이를 이해할 수 없었다. 물론 왕샹도 메이메이의 사랑을 대수에게 빼앗긴 것도 모자라 다른 남자에게 메이메이를 보내줄 수는 없었다. 대수와 왕샹은 메이메이의 맞선을 방해하기로 했다.

대수와 왕샹이 몰래 메이메이의 뒤를 쫓아가니 메이메이가 호텔의 카페 이띠엔(咖啡店)으로 들어갔다. 왕샹이 조사한 바로는 메이메이와 마주 앉아 있는 남자가 IT업계에서 일하는 런차이(人才 인재)라고 한다. 그는 메

이메이가 무척 마음에 들었는지 즐거운 표정이다. 남자는 메이메이에게,

"워 짜이 왕루워꿍쓰 샹빤(我 在 网络公司 上班 나는 인터넷 회사에 다니고 있어요)."

"워 짜이 꽌꽝꿍쓰 꿍쭈워(我 在 观光公司 工作 나는 관광회사에서 일해요)."

중국에서는 인터넷 회사 같은 IT업계나 외국계 회사에 다니는 사람을 최고의 신랑감으로 여기고 있다. 일반회사보다 월급 많고 복지 수준도 높기 때문이다. 이들은 고급 아파트에 외제 차를 몰고 다닐 정도여서 사람들의 부러움의 대상이 되고 있다. 흥미로운 것은 이들 인재에게는 한족에게 시행되는 1자녀 조항이 적용되지 않고 여러 명의 자녀를 둘 수 있다는 것이다. 남자가 메이메이에게 말했다.

"니찌아 여우 지커우런 마(你家 有 几口人 吗 당신 집은 몇 식구이에요)?"

"부모님은 돌아가셨고, 즈여우 예예 허 워(只有 爷爷 和 我 할아버지와 나뿐이에요)."

"뚜이부치(对不起 미안해요)."

이때 대수가 나타났고 메이메이는 이샤 츠징(一下 吃惊 깜짝 놀란다). 대수는 메이메이에게 다짜고짜로,

"라오꿍(老公 여보), 니 짜이 쩌리 깐 션머(你 在 这里 干 什么 여기서 뭐해)? 쩌거 뉘런 쓰 워더 웨이훈푸(这个 女人 是 我的 未婚夫 이 여자는 내 약혼자야)."

상대 남자는 황당한 표정이다. 메이메이가 남자에게,

"뿌쓰(不是 아니에요). 워 뿌쯔따오 쩌거 런 쓰 셰이(我 不知道 这个 人 是 谁 나, 이 사람 몰라요)."

대수가 메이메이의 손을 잡고 나가려 한다. 이때 왕샹이 나타나 남자에게,

"워예 시환 메이메이(我也 喜欢 美美 나도 메이메이를 좋아하고 있어)."

"잉? 치치앙(骑墙 양다리)?"

186

대수와 왕샹이 메이메이를 사이에 두고 실랑이하자, 상대 남자는 메이메이에게 한 마디하고 일어선다.

"니 충 량거런쭝찌엔 시엔 이거 런 바(你 从 两个人中间 选 一个 人吧 당신 두 사람 중의 한 사람만 선택해요)。"

대수와 메이메이, 왕샹은 술 취한 듯 서로 어깨동무를 하고 골목길을 걸어간다. 대수는 칭따오 피지우(青岛 啤酒 청도 맥주) 캔을 마시며,

"메이메이, 전에 내가 니더 셩르(你的 生日 네 생일) 지나친 것 때문에 그래?"

"뿌쓰(不是 아니야)。"

메이메이는 무엇이 즐거운지 따쌰오(大笑 크게 웃고) 대수와 왕샹도 덩달아 따라 크게 웃는다. 메이메이, 대수와 왕샹에게,

"따슈이(大水), 왕샹(王上)。 니먼 쓰 샤쯔(你们 是 傻子 니들은 멍청이야)。"

"웨이션머(为什么 왜)?"

"뿌쯔따오예 메이꽌시(不知道也 没关系 몰라도 돼)。"

메이메이 혼자 토라져 앞서가고 대수가 왕샹에게,

"예예 셩삥 러(爷爷 生病 了 할아버지 병나고), 메이메이 삐엔 치꾸아이 러(美 变 奇怪 了 메이메이가 이상해졌어)。"

"워 슈워(我 说 내 말이)。"

대수 : 쭈워티엔(昨天) 싸쉬에 러(下雪 了).
　　　 어제 눈이 내렸어.
메이 : 찐티엔(今天) 티엔치(天气) 쩐머양(怎么样)?
　　　 오늘 날씨는 어때?
대수 : 타이하오(太好). 찐티엔(今天) 칭티엔(晴天).
　　　 매우 좋아. 오늘은 맑아요.
메이 : 취니엔(去年) 싸위 러(下雨 了).
　　　 작년에는 비가 왔었어.
대수 : 쩐더(真的)?
　　　 정말?
메이 : 하이꽈펑 러(还刮风 了).
　　　 바람까지 불었어.
대수 : 워(我) 시환(喜欢) 씨아티엔(夏天) 삐(比) 뚱티엔(冬天).
　　　 나는 겨울보다 여름을 좋아해요.
메이 : 뚱티엔(冬天) 헌 렁(很 冷), 씨아티엔(夏天) 헌 러(很 热).
　　　 겨울 춥고, 여름은 더워요.
대수 : 니(你) 시환(喜欢) 나거 찌지에(哪个 季节)?
　　　 당신은 어느 계절을 좋아해요?
메이 : 워(我) 쭈이 시환(最 喜欢) 치우티엔(秋天) 삐(比) 춘티엔(春天).
　　　 나는 봄보다 가을을 제일 좋아해요.
대수 : 춘티엔(春天) 누안후워(暖和), 치우티엔(秋天) 리앙콰이(凉快).
　　　 봄은 따스하고, 가을은 서늘해요.
메이 : 찐티엔(今天) 메이여우(没有) 쭈워티엔(昨天) 렁(冷).
　　　 오늘은 어제보다 춥지 않아요.
대수 : 예리(夜里) 삐(比) 바이티엔(白天) 렁(冷).
　　　 밤중은 낮보다 추워.

메이 : 씨엔짜이(现在) 야오 추(要 出) 타이양 러(太阳 了)。
　　　지금 태양이 나오려고 해요.

▲ 간단 회화해설

- 봄·여름·가을·겨울은 춘(春), 씨아(夏), 치우(秋), 둥(冬). 간단히 '날씨 어때요?'하고 물을 땐 '티엔치 쩐머양(天气 怎么样)?' 하면 된다. 쩐머 (怎么)는 '어때' 정도의 의문 대사(의문사)이고 대답은 간단히 '좋아요, 하오(好)'나 '나빠요, 뿌하오(不好)'로 할 수 있다. 구체적으로는 '맑다, 칭 티엔(晴天)', '흐리다(구름 많다), 뚜워윈(多云)' 정도로 할 수 있다.

- 비교문으로 쓰이는 삐(比)는 매우 간단해서 'B보다 A가 좋다'는 '시환 (喜欢) A 삐(比) B' 하면 된다.

▲ 회화 단어정리

싸쉬에(下雪 xiàxuě) : 눈 내리다. 조사 러(了)가 붙어 '싸쉬에 러(下雪 了), 눈 내렸다.'
싸위(下雨 xiàyǔ) : 비 내리다.
윈(云 yún) : 구름
뚜워윈(多云 duōyún) : 구름이 많다, 흐리다.
티엔치(天气 tiānqì) : 날씨
칭티엔(晴天 qíngtiān) : 맑은 날. 흐린 날은 인티엔(阴天)
취니엔(去年 qùnián) : 작년. 어제는 쭈워티엔(昨天). 쭈워니엔(昨年)은 없다.

꽈펑(刮风 guāfēng): 바람이 불다. 하이꽈펑(还刮风)은 바람까지 분다.

춘티엔(春天 chūntiān) : 봄. 여름은 씨아티엔(夏天), 가을은 치우티엔(秋 天), 겨울은 똥티엔(冬天)

러(热 rè) : 덥다.

렁(冷 lěng) : 춥다, 서늘하다.

찌지에(季节 jìjié) : 계절

누안후워(暖和 nuǎnhuo) : 따스하다. '서늘하다'는 리앙콰이(凉快)

A 메이여우(没有 méiyǒu) B 렁(冷 lěng) : A는 B보다 춥지 않다.

예리(夜里 yèli) : 밤중

바이티엔(白天 báitian) : 한낮. '해가 나오다'는 추 타이양(出 太阳)

야오(要)~ A 러(了) : A가 ~하려 한다.

☆ 간단 문법 : 부사어

부사어(상황어)는 술어 앞에 위치해 술어를 꾸며주는 역할을 한다. 부사어로는 부사 외 전치사구, 형용사, 부사+형용사 등이 있다. 보통 술어 앞에 놓이면 부사어, 술어 뒤에 놓이면 보어(보충어)라고 생각하면 쉽다.

---

1. 대표적인 부사

떠우(都 모두), 이꿍(一共 모두), 이치(一起 함께), 이콰이얼(一快儿 함께), 이치(一齐 일제히), 쯔(只 ~만), 차이(才 겨우), 찌우(就 ~만, 곧), 터비에(特別 특히), 페이창(非常 매우), 창창(常常 자주), 왕왕(往往 종종), 여우(又 또, 과거), 짜이(再 다시, 미래), 예(也 ~도), 하이(还 아직), 예쉬(也许 아마), 씽쿠이(幸亏 다행히), 쭈이(最 가장), 치스(其实 사실)

1) 주어+(부사어)+동사술어

워먼(我们)+**떠우(都)**+취(去)+러(了)。 = 우리 모두 갔다.
부사 떠우(都)가 동사술어 취(去)를 꾸며준다. 부사 떠우(都)와 찌우(就)는 중국어 문장에서 약방의 감초처럼 흔히 쓰인다.

니먼(你们)+**예(也)**+츠(吃)+이거(一个)+바(吧)。
= 당신들도 하나 먹어(배고프니까)
부사 예(也)는 주어 니먼(你们)을 꾸며준다.

2) 주어+(부사어)+형용사술어

워(我)+**헌(很)**+까오싱(高兴)。 = 나는 기쁘다.
형용사술어문에서 부사 헌(很)은 특별한 뜻이 없고 때로는 생략되기도 한다. 그러나 터비에(特別 특히), 페이창(非常 매우) 같은 부사는 생략할 수 없다.

3) (부사어)+문장

　　예쒸(也许)+니 뿌츠 바(你 不吃 吧)。

　　= 아마 당신 먹지 않을 거 같다.

　　부사어는 문장 앞에 오기도 한다.

2. 시간 부사

　　마샹(马上 곧), 깡(刚 막), 찌우(就 벌써, 곧), 차이(才 비로소), 콰이
　　(快 곧), 이징(已经 이미), 씨엔찌이(现在 지금), 이허우(以后 앞으로)

　　니(你)+**마샹(马上)**+야오(要)+추파(出发)。

　　= 당신은 바로 출발해야 한다.

　　타(他)+**깡(刚)**+후이라이(回来)。 = 그는 막 돌아왔다.

　　워먼(我们)+**이징(已经)**+허(喝)+러(了)+싼핑 피지우(三瓶 啤酒)。

　　= 우리는 이미 맥주 3병을 마셨다.

　　이허우(以后)+워먼(我们)+창(常)+슈워(说)+바(吧)。

　　= 앞으로 우리 자주 말하자.

　　시간 부사에 따라 문장이 과거인지 현재, 미래인지 알 수 있다.

3. 전치사구

　　주어+[부사어(전치사구)]+동사술어+목적어

　　니(你)+**짜이 찌아(在 家)**+칸(看)+슈(书)。

　　= 당신은 집에서 책을 본다.

　　짜이 찌아(在 家)가 전치사구로 '집에서'라고 해석된다. 기타 전치사
　　구로는 충(从 ~에서), 따오(到 까지), 리(离 ~부터, 에서), 리(里 안
　　에서), 게이(给 ~에게) 등이 있다.

　　전치사구는 때로는 문장 앞으로 가기도 한다.

　　충 셔우얼(从 首尔)+따오 베이징(到 北京)。 = 서울에서 베이징까지

192

리 찬팅(离 餐厅)+추취(出去)。 = 식당에서 나가라.

짜이 팡 리(在 房 里)。 = 방 안에서

게이 워(给 我)+야오(要)+피야오(票)。 = 나에게 표를 줘라.

4. 형용사가 부사어가 될 때

주어+[부사어(형용사+地)]+동사술어~

타(他)+콰이(快)+파오(跑)。 = 그는 빨리 달린다.

니(你)+완(晚)+츠(吃)+판(饭)。 = 너는 늦게 식사한다.

워(我)+까오싱 띠(高兴 地)+슈워(说)。 = 나는 기쁘게 말했다.

니(你)+피아오피아오리앙리앙 띠(漂漂亮亮 地)+칸(看)。

= 당신은 아주 아름답게 본다.

주어와 동사술어 사이에 형용사가 와서 부사어가 된다. 일음절 형용
사는 띠(地)를 붙이지 않고 이음절 형용사나 형용사 중첩일 경우 띠
(地)를 붙이나 생략되는 수도 있다.

5. 부사+부사어

주어+부사+[부사어(형용사)]+동사술어+목적어

워(我)+페이창(非常)+런쩐띠(认真地)+쉬에시(学习)+르위(日语)。

= 나는 매우 열심히 일어를 공부한다.

부사가 부사어를 꾸며줄 수 있다.

• 문법 문답

어대수 : 부사어는 동사술어나 형용사술어 앞에 쓰여 상황을 설명해주는
양념 같은 역할을 하네요.

주노인 : 부사어에는 부사, 전치사구, 형용사, 부사+형용사 등이 있지. 대
표적인 몇 가지 부사만 알아도 중국어 문장 읽기나 말하기가 무
척 편해지지. 또한, 주어와 술어 사이에 모르는 단어나 구가 오

더라도 그 위치는 부사어 자리라는 것을 기억해.

어대수 : 어순 위치로 문장 성분을 파악하라는 거군요. 술어 앞에 있으면 부사어, 술어 뒤에 있으면 보어 하는 식으로요.

주노인 : 그래. 이징(已经 이미) 같은 시간 부사는 문장이 과거임을 알려 주기도 하지.

어대수 : 아하. 찐티엔(今天 오늘), 밍티엔(明天 내일), 진니엔(今年 올해), 쭈워티엔(昨天 작년) 같은 시간 단어가 부사어 자리에 오면 문 장이 과거, 현재, 미래인지 하는 시제를 알려주는 거죠.

주노인 : 그래. 짜이(在 ~에서) 같은 전치사구도 주어와 술어 사이에 쓰 여 부사어가 되지. 잘 생각하면 시간 부사와 짜이(在 ~에서) 같 은 장소 부사어는 6하 질문 중 '**언제, 어디서**'라는 것을 알 수 있지.

어대수 : 시간 부사어와 장소 부사어 문장의 해석은 '**주어가 [어느 때에 ~에서] ~다(~이다) ~게/뭐를**'이 되는 거죠.

주노인 : 맞아. 형용사가 부사어가 될 때는 일음절 형용사 외 이음절 형 용사나 형용사 중첩일 때 **띠(地)**를 붙여. 달리 생각하면 '주어와 동사술어' 사이에 '형용사+띠(地)'면 부사어라고 할 수 있겠지.

어대수 : 아하! 주어와 동사술어 사이에 띠(地)만 보고도 부사어라고 알 수 있네요.

주노인 : 그게 바로 어순감각 중국어지.

15. 메이메이를 위해 싸우다.

대수, 임시 가이드가 되다

대수는 주전자 노인을 모시고 병원으로 검진받으러 간 메이메이의 부탁으로 단체관광객의 일일 관광가이드를 맡았다. 대수는 관광버스를 타고 상해의 명물인 동방명주 빌딩, 포동 지구, 황포강, 와이탄(外灘), 시내 중심가인 남경동루 등을 둘러보았다. 대수가 관광객들에게,

"따찌아 하오(大家 好 여러분 안녕하세요). 상하이 쓰 쭝구워 띠이따 청스(上海 是 中国 第一大 城市 상해는 중국 제일의 도시입니다). 칸 푸둥, 하오샹 라이따오 러 메이구워(看 浦东, 好像 来到 了 美国 푸동을 보니 미국에 온 것 같죠)."

"뚜이(对 맞아요)."

"충치엔 푸뚱 쓰 쭝구워 쭈이따더 핀민지에(从前 浦东 是 中国 最大的 贫民街 옛 푸동은 중국 최대의 빈민가였어요)."

"쌍티엔삐하이(桑田碧海 상전벽해)."

상해 포동의 고층 빌딩군을 보면 여기가 사회주의 중국이 맞나 하는 생각이 절로 든다. 대수도 상해에 처음 왔을 때 설마 이곳이 중국인가 싶었다. 싱가포르나 쿠알라룸푸르라면 몰라도 고층 빌딩에 고급 외제 차가 흔한 이곳이 못사는 나라로 여겨지던 중국의 모습은 아니었다. 대수는 중국에 있으면 있을수록 중국의 저력에 놀라게 되었다. 첨단 빌딩과 빈민가가

공존하는 중국은 빈부의 격차로 문제가 되고 있으나 분명한 것은 첨단 빌딩이 많이 생길수록 사람들의 일자리도 늘어난다는 것이다. 대수는 관광을 온 한국 사람들에게 중국의 현재 모습을 설명하고 싶었다.

"지금의 중국을 알 수 있는 싼거 쓰쯔청위(三个 四字成语 사자성어 세 개)가 있어요."

"션머(什么 뭔데요)?"

"먼저, 허핑쥐에치(和平崛起 화평굴기)로 '평화롭게 우뚝 일어선다.'라는 뜻이에요."

"다음은?"

"허핑파잔(和平发展 화평발전)으로 '평화롭게 발전하자.'라는 뜻이에요. 하지만 이는 중국 사람들이 대외적으로 말하고 싶은 것이고."

"네?"

"중국 내부적으로는 타오꽝양후이((韜光眄晦 도광양회)로 '빛을 숨기고 때를 기다린다.'라는 뜻이에요. 쩐머양(怎么样 어때요)? 푸동을 보니 중국이 발톱을 숨긴 호랑이 같지요. 따한민구워예 짜여우(大韩民国也 加油 대한민국도 파이팅) 입니다."

관광객들은 중국 공항에서 시내로 들어오면서 보는 퇴락한 풍경을 보고 중국을 일찍 판단해버리는 경향이 있다. 허름한 집을 보고는 못산다고 하고 디자인이 떨어지는 아파트를 보고는 "그럼 그렇지" 하고 안도한다. 심지어 일본에 가서도 일본 특유의 작은 집들을 보고 "저렇게 좁은 집에서 어떻게 살아. 우리가 더 낫네" 하고 단정해버린다. 하지만 중국은 미래를 향한 백 년 계획을 세우고 차근차근 준비해 가는 추진력이 있고 일본은 이미 선진국에 진입한 지 오래여서 작은 집에 전부가 아니다. 대수가 느끼기로 중국은 한다면 하는 나라이고 하더라도 큰 소리 내지 않고 조용히 준비해 완성하고 마는 나라이다. ※요즘은 호랑이 발톱을 숨기는커녕 대 놓고 큰 소리를 내는 나라가 되었다. 그만큼 중국이 경제적으로 발전해 자신감이 넘친다는 뜻인데 한편으로는 중국 전통적인 미덕인 겸양을 잃어버린 처사라고 할 수 있다.

싹쓰리, 항주 명주 이불과 보이차

관광객을 태운 관광버스가 관광기념품 샹띠엔(商店 상점) 앞에 섰다. 대수가 안내방송을 했다.

"쩌리더 뚱시 뿌후아이, 딴 칭 즈씨 샹이샹 짜이마이(这里的 东西 不坏, 但 请 仔细 想一想 再买 여기 물건은 나쁘진 않지만 잘 생각해서 사세요)."

"여느 관광가이드와는 다른데..."

"그리고 여우 디얼꾸이(有 点贵 좀 비싸요)."

먼저 관광객들은 항쩌우 밍처우 뻬이즈(杭州 明抽 被子 항주 명주 이불) 가게로 갔다. 한 사람이 친지들이 부탁한 주문서를 들고 이불 몇 개를 샀다. 그런데 중국에서 명주 이불 살 때 주의할 점이 있다. 하나는 명주 이불을 사는 것은 좋으나 땀이 흡수되지 않을 만큼 촘촘하다는 점, 다른 하나는 한국은 중국과 달리 온돌 난방으로 방이 따뜻해 두꺼운 이불이 필요하지 않다는 점이다. 이런 대수의 당부에도 불구하고 관광객들은 너나없이 명주 이불을 사는데 정신이 없었다. 관광객들은 순식간에 명주 이불 가게를 초토화해버렸다. 대수는 예전에 한국 관광객들이 중국 한약방을 싹스리했다는 신문기사가 떠올랐다. 당시 관광객들은 당장 필요하지도 않은 중국 한약을 닥치는 대로 사재기했었다. 명주 이불 가게에서 본 광경이 몇 년 전 한국 관광객들의 한약 쇼핑행태와 크게 다르지 않은 것 같아 씁쓸했다.

관광객들은 이번엔 보이차 가게로 우르르 몰려갔고 서로 먼저 사려고 소리를 질렀다.

"여우 푸얼챠 마(有 普洱茶 吗 보이차 있어요)?"

"쓰(是 네)."

"하이여우 룽징챠 마(还有 龙井茶 吗 용정차도 있어요)?"

둥근 치즈 덩어리 같은 보이차는 비싸기로 유명한 차이고 가짜가 많은 것으로도 알려져 있다. 그래서 중국에서 사 온 보이차의 빤(半 반) 이상이 가짜라고 한다. 중국에서도 생산량보다 보이차가 많이 팔린다는 것 자체가 모순이라고. 그럼, 이곳 차 가게 안에 있는 보이차의 절반도 찌아더(假的 가짜)? 어느 사람은 상관없다는 듯 이렇게 말했다.

"어차피 리우(礼物 선물)할 건데 뭐. 보이차 맛을 알고 마시는 사람 있나."

또 어떤 이는 이런 말로 받았다.

"인웨이 헌 꾸이, 수워이 메이꽌시(因为 很贵, 所以 没关系 비싼 거니까, 괜찮아)。"

그 많던 보이차도 쇼핑폭격을 받아 선반이 텅 비고 말았다. 보통 중국인이라면 비싼 가격 때문에 아무도 사지 않을 보이차를 십여 개씩 아무렇지 않게 살 수 있다는 것에 놀라울 따름이다. 또 수십 년 된 보이차는 진품을 구하기가 매우 어려운데 간단히 주인의 말만 믿고 산다는 것도 이해가 되지 않았다. 어차피 선물로 생색낼 것이고 비싼 것이니 괜찮다는 말에는 할 말이 없었다. 어떤 관광객이 말했다.

"일 인당 쓴 돈이 얼마야?"

"몇 사람 합치면 소형차 한 대 살걸."

대수는 중국에서 한국인을 상대로 항주 명주 이불이나 보이차 장사를 하면 손쉽게 떼돈을 벌 수 있을 것 같았다. 블루오션이 따로 없었다.

중국에서 들이대는 한국 사람들

대수는 따한민구워 린스정쩡푸팅써(大韩民国 临时政府厅舍 대한민국 임시정부청사)에서 메이메이를 만나 관광객들을 인계하기로 했다. 대한민국 임시정부청사에 온 관광객들은 소란스러웠다. 그도 그럴 것이 관광객들은 오전에 관광지 구경을 다 하고 점심을 배불리 먹었으며 항주 명주 이불과 보이차 등 쇼핑까지 했으니 구경보다는 쉬고 싶은 생각일 것이다. 어수선한 분위기 속에 메이메이가 왔다.

"예예 쩐머양(爷爷 怎么样 할아버지는 어때)?"

"뿌추워 러(不错 了 괜찮아)。 이제 가 봐도 돼."

관광객들은 대한민국 임시정부청사를 구경하기보다 삼삼오오 모여 저녁

때 놀 계획만 상의하고 있었다. 메이메이가 몇 번 주의를 시켰지만, 점심 때부터 술을 마신 사람들은 큰 소리로 떠들었다.

"여기는 여러분의 조상이 주구워(祖国 조국)를 위해 싸운 곳입니다. 칭 바오츠 쑤찡(请 保持 肃静 정숙해 주세요)."

"샤오지에(少姐 아가씨)가 뭔데 조용히 하여라 말라야."

관광객들과 메이메이의 다툼이 벌어지고 메이메이가 궁지에 몰렸다. 이 때 대수가 나타나 이들을 말렸다. 그러자 성난 관광객은 대수에게도 대들 었다.

"당신도 한국인이잖아, 중국에서 이런 대접 받아야겠어?"

"아저씨들도 잘한 거 없잖아요. 대한민국 임시정부청사에서 무례했어 요."

"저 중국 아가씨는 한국 사람도 아니면서, 설치고 있어."

어이없어하는 메이메이가 한마디 했다.

"니 슈워 후아 샤오씬 디엔얼(你 说 话 小心 点儿 당신 말씀 조심하세 요). 이치엔 짜이 샹하이 한구워런 허 중구워런 이치 짠떠우 꾸워 르번(以 前 在 上海 韩国人 和 中国人 一起 战斗 过 日本 옛날 상해에서 한국인과 중국인이 함께 일본에 대해 싸웠다고요)."

"정말? 그럼, 짠여우(战友 전우)네."

대수가 나섰다.

"니먼 샹메이 따오치엔 바(你们 向梅 道歉 吧 당신 메이에게 사과하세 요)."

소란을 피운 관광객들은 마지못해 메이메이에게 사과했다. 대수는 관광 객들이 관광을 마치고 호텔에 들어가는 것까지 보고 면관으로 돌아왔다. 늦은 밤 메이메이가 돌아와 대수에게 한마디 하고 들어갔다.

"씨에씨에(謝謝 고마워). 딴쓰 씨엔짜이 뿌야오 짠추라이(但是 现在 不 要 站出来 하지만 이제는 나서지 마)."

메이 : 니(你) 취 꾸워(去 过) 쭝구워(中国) 마(吗)?

　　　당신은 중국에 간 적이 있어요?

대수 : 워(我) 취 꾸워(去 过) 쭝구워(中国)。

　　　나는 중국에 간 적 있어요.

메이 : 나시에 띠팡(哪些 地方)?

　　　어느 지방이에요?

대수 : 샹하이(上海) 띠팡(地方)。

　　　상해 지역이에요.

메이 : 니(你) 쓰(是) 충 나리(从 哪里) 라이더(来的)?

　　　당신은 어디에서 온 거예요?

대수 : 워(我) 쓰(是) 충 한구워(从 韩国) 라이더(来的)。

　　　나는 한국에서 온 거예요.

메이 : 씨엔짜이(现在) 니찌아(你家) 짜이나알(在哪儿)?

　　　지금 당신 집은 어디 있어요?

대수 : 워찌아(我家) 짜이(在) 마땅루(马当路)。

　　　내 집은 마땅로에 있어요.

메이 : 니(你) 츠 꾸워(吃 过) 샤오룽빠오(小龙包) 마(吗)?

　　　당신은 소룡 만두를 먹어본 적 있어요?

대수 : 워(我) 메이여우(没有) 츠 꾸워(吃 过) 샤오룽빠오(小龙包)。

　　　나는 소룡 만두를 먹어 본 적이 없어요.

메이 : 샤오룽빠오(小龙包) 헌 하오츠(很 好吃)。

　　　소룡 만두는 맛있어요.

　　　션머스허우(什么时候) 라이(来) 샹하이더(上海的)?

　　　언제 상해에 온 거예요?

대수 : 찐니엔(今年) 라이(来) 샹하이더(上海的)。

　　　올해 상해에 온 거예요.

메이 : 워예(我也) 쓰(是) 샹쭈워(想坐) 페이지(飞机) 따오한구워(到韩国) 취더(去的)。나도 비행기 타고 한국으로 갈 거예요.
대수 : 뿌딴(不但) 쭈워 꾸워(坐 过) 페이찌(飞机) 얼치에(而且) 쭈워 꾸워(坐 过) 까오쑤티에루(高速铁路)。
비행기를 타 보았을 뿐 아니라 고속철도도 타 보았어요.

▲ 간단 회화해설

- '~여행한 적 있어요?'라는 질문은 '니 취 꾸워 쫑구워 마(你 去 过 中国 吗)?' 정도로 할 수 있다. '~한 적이, 꾸워(过)'이고 '동사술어+꾸워(过)'로 쓰면 된다. 대답 역시 '중국에 간 적이 있어요, 워 취 꾸워 쫑구워(我 去 过 中国)。'라고 하면 된다.

- 여행지를 물을 때 '~에서'는 보통 '충 나리(从 哪里)'로 쓸 수 있고 '짜이(在)'는 '~에서, ~에 있다' 정도의 뜻이다. 또 동사나 명사 뒤에 더(的)가 붙으면 '~한 것' 정도의 뜻이 된다. '온 것'은 '라이더(来的)', '상해에 '는 '상하이더(上海的)'가 된다.

▲ 회화 단어정리

취꾸워(去过 qùguò) : ~간 적, 과거완료. '먹은 적'은 츠 꾸워(吃过), 본 적은 칸 꾸워(看 过). '갔다'로 과거면 취 러(去 了), '갈 예정이다'로 미래면 샹취(想去). 꾸워(过)는 '~한 적'
쫑구워(中国 Zhōngguó) : 중국. 중국어는 쫑원(中文) 또는 한위(汉语)
상하이(上海 Shànghǎi) : 상해

나씨에(哪些 nǎxiē) : 어느. 씨에(些)는 지방을 나타낼 때 쓴다.
띠팡(地方 dìfāng) : 지방
충(从 cóng) : ~에서
나리(哪里 nǎli) : 어디에. 직역은 '~안에서'. 리(里)는 ~안
라이더(来的 láide) : 온 것.
취더(去的 qùde) : 간 것.
마땅루(马当路 mǎdānglù) : 상해의 길 이름
루(路 lù) : 도로
샤오룽빠오(小龙包 xiǎolóngbāo) : 소룡 만두. 상해 명물
빠오즈(包子) : 만두. 지아오즈(饺子)도 만두, 만터우(馒头)는 찐빵
페이찌(飞机 fēijī) : 비행기
까오쑤티에루(高速铁路 gāosùtiělù) : 고속철도
뿌딴(不但) A 얼치에(而且) B : A 뿐만 아니라 B도 하다.

☆ 간단 문법 : 개사

개사는 전치사인데 명사 앞에 놓여 명사의 쓰임을 돕는다. 개사는 명사와 결합해 개사구(전치사구)가 되어 주어와 동사술어 사이에 위치하면 부사어가 된다. 짜이(在 ~에서)나 따오(到 ~까지) 같은 개사는 동사술어 뒤에 오기도 한다.

---

1. 대표적인 개사(전치사)
   충[从 ~에서(장소), ~부터(시간), ~로], 짜이(在 ~에서), 왕(往 ~으로), 리(里 ~안에), 리(离 ~으로 부터), 껀(跟 와), 게이(给 ~에게), 웨이(为 ~위해), 웨이러(为了 ~위해), 티(替 ~대신), 썅(向 ~에게), 뚜이(对 ~에게), 꽌위(关于 ~관해), 추러(除了 ~외에), 따오(到 ~까지, ~으로)

   1) 주어+[전치사구(부사어)]+동사술어
      타(她)+**충 파구워(从 法国)**+후이라이(回来)+러(了)。
      = 그녀는 프랑스에서 돌아왔다.
      워(我)+**충 쉬에시야오(从 学校)**+따오 찌아(到 家)+취(去)。
      = 나는 학교에서 집까지 갔다.
      워(我)+**껀 니(跟 你)**+이칭(一起)+후이라이(回来)。
      = 나는 당신과 함께 돌아왔다.
      타(他)+**티 워(替 我)**+츠(吃)+딴까오(蛋糕)。
      = 그는 나 대신 케이크를 먹었다.
      워먼(我们)+**뚜이 라오쓰(对 老师)**+슈워(说)。
      = 우리는 선생님에게 말했다.
      왕 쭈워(往 左)+저우(走), **왕 여우(往 右)**+저우(走)。
      = 왼쪽으로 가, 오른쪽으로 가
      개사구(전치사구)가 주어와 동사술어 사이에 위치하면 부사어.

---

2) 주어+[전치사구(부사어)]+동사술어+목적어

워(我)+**짜이 주워즈상(在 桌子上)**+팡(放)+러(了)+이번 슈(一本 书)。
= 나는 탁자 위에 책 1권을 놓았다.

타(他)+이징(已经)+**게이 라오쓰(给 老师)**+따(打)+띠엔화(电话)+러
(了)。 = 그가 이미 선생님에게 전화했다.

전치사구는 부사어가 되면 '~때/~에서/~에게'로 해석된다.

3) (전치사구)+문장

꽌위 나거 원티(关于 那个 问题), 니(你)+슈워(说)+러(了)+헌 뚜워
(很 多)。 = 그 문제에 관해, 당신이 많이 말했다.

웨이 라오쓰(为 老师)+워먼(我们)+쉬에시(学习)+러(了)。
= 선생님을 위해 공부했다.

추러 르뻔위(除了 日本语), 워(我)+넝 지앙(能 讲)+뚜워 와이구워위
(多 外国语)。
= 일본어를 제외하고, 나는 많은 외국어를 말할 수 있다.

따오 찌창(到 机场)+쩐머취(怎么去)+마(吗)?
= 공항까지 어떻게 갑니까?

왕 한구워(往 韩国)+쩐머따(怎么打)+너(呢)?
= 한국으로 어떻게 전화 거나요?

전치사구는 '개사(전치사)+명사(또는 명사성 단어)'로 주어와 동사
술어 사이에 위치해 부사어로 쓰인다. 간혹 문장 앞에서 부사어로
쓰이기도 한다.

2. 짜이(在)와 따오(到)

1) 주어+동사술어+짜이(在)+목적어

워먼(我们)+쭈워(坐)+**짜이(在)**+치엔(前)。
= 우리는 앞에 앉아 있다.

204

→ 주어+술어[동사술어+짜이]]+목적어

워먼(我们)+[쭈워(坐)+짜이(在)]+치엔(前)。

→ 주어+부사어[짜이 목적어]+동사술어

워먼(我们)+[짜이(在)+치엔(前)]+쭈워(坐)。

니(你)+추셩(出生)+짜이(在)+샹하이(上海)。

= 당신은 상해에서 태어났다.

짜이(在)는 '~에 있다'의 존재, '~에서'의 나고 죽고 나타나고 없어질 때 동사술어 뒤에 위치. 개사 짜이(在)를 동사술어로 보아 '쭈워(坐)+짜이(在), 앉아 있다' 하면 '주어+동사술어+목적어' 어순이 간단해진다. '짜이 치엔(在 前)'를 주어와 동사술어 사이 부사어 자리로 옮겨도 뜻은 같다.

2) 주어+동사술어+따오(到)+목적어(장소, 시점)

워더 슈(我的 书)+쏭(送)+따오(到)+니찌아(你家)+취(去)+러(了)。

= 나의 책을 당신 집까지 보냈다.

→ 주어+[동사술어+따오]+목적어

워더 슈(我的 书)+[쏭(送)+따오(到)]+니찌아(你家)+취(去)+러(了)。

→ 주어+부사어[따오 목적어]+동사술어

워더 슈(我的 书)+[따오(到)+니찌아(你家)]+쏭(送)+취(去)+러(了)。

인위에(音乐)+팅(听)+따오(到)+완샹(晚上)+차이(才)+팅즈(停止)。

= 음악은 저녁까지 들리다가 비로소 그쳤다.

장소 다음에 장소로부터 멀어지고 가까워짐에 따라 방향 보어 취(去)나 라이(来)를 붙일 수 있다. 개사 따오(到)를 동사술어로 보아 '쏭(送)+따오(到), 보내서 도착했다' 하면 '주어+동사술어+목적어' 어순이 간단해진다. '따오(到)+니찌아(你家)'를 주어와 동사술어 사이 부사어 자리로 옮겨도 뜻은 같다.

• 문법 문답

어대수 : 개사(전치사)는 명사 앞에 놓여 명사의 쓰임으로 돕는 거죠.

주노인 : 그래. '개사+명사'를 개사구(전치사구)라고 하지. 개사구가 주어와 동사술어 사이 부사어 자리로 가면 **'주어가 [~때/~에서/~에게] ~다(~이다) ~게/뭐를'**로 해석할 수 있지.

어대수 : 이게 6하 질문의 **'언제 / 어디서'**인 셈이네요.

주노인 : 맞아. 다시 한번 정리하면 중국어 핵심 어순은 **'주술보/목'**인데 개사구가 부사어로써 더해지면 **'주어+[부사어(개사구)]+술어+보어/목적어'**가 되는 거지.

어대수 : 역시, 중국어는 위치가 중요하군요.

주노인 : 개사구(전치사구)가 문장의 앞에 올 때가 있는데 자연스럽게 해석하면 된단다. 가령, '월요일부터 나는 ~한다.'는 '충씽치이(从星期一), 워(我)~'가 되는 거지. 이 역시 부사어로 볼 수 있지.

어대수 : 짜이(在)와 따오(到)는 동사술어 뒤에 위치할 수 있다고 하던데요?

주노인 : 짜이(在)는 존재와 출생, 죽음, 출현과 같은 동사 뒤, 따오(到)는 장소와 시점에서 동사 뒤에 올 수도 있지. 짜이(在)와 따오(到)를 동사술어로 보아 '동사술어+짜이(在)/따오(到)'를 한 동사술어로 보아도 쉽지.

어대수 : 아하. 그러네.

주노인 : '짜이(在)+목적어', '따오(到)+목적어'를 주어와 동사술어 사이 부사어 자리로 옮겨도 뜻은 같단다.

어대수 : 신박하네요.

16. 향수병

메이메이, 왜 그래

대수는 면관에서 수타를 하고 주전자 노인은 절도면을 만들었다. 손님이 많아 종종 왕샹까지 와서 일을 도와주고 갔다. 그 대신 면관의 메뉴에 빠오즈(包子 만두)와 만터우(饅头 찐빵)을 붙여놓고 손님이 주문하면 자기네 가게에서 만두와 찐빵을 가져와 팔았다. 그리고는 한마디,

"워 쓰 쭝구워런(我 是 中国人 나는 중국인이거든)."

그렇다. 왕샹을 비롯한 중국 사람들은 돈을 중시하고 돈을 버는데 열심이다. 오죽하면 돈에 눈이 먼 사람을 '투즈더 훙써이엔(兔子的 红色眼 토끼의 빨간 눈)' 같다고 할까. 왕샹의 눈도 빨간가. 그렇다고 모든 중국 사람들이 돈 버는 일에만 열중하고 돈을 쓰지 않는 것은 아니다. 중국 사람들이 부담 없이 돈을 쓰는 것이 바로 먹거리에 대한 것이다. 우선 현대의 중국 사람들은 집에서 밥을 해 먹는 것보다 밖에서 사 먹는 것이 더 맛있고 싸다는 생각을 하고 있다. 여기에 남편과 아내가 맞벌이하는 경우가 많아 더욱 음식 사 먹는 것에 거부감이 없다. ※1949년 사회주의 중화인민공화국 수립 후 여성의 사회진출을 돕기 위해 집에서 식사를 준비하는 대신 밖에서 사 먹는 쪽으로 사회 분위기를 만들었다는 설이 있다. 그러니까 중국 사람들의 외식 성향은 그 전에는 없었다. 또 중국 사람들은 하나같이 미식가여서 맛난 음식을 찾아가 먹기를 주저하지 않는다. 이 때문에 중국에 많은 음식점이

있지만, 사람이 손님이 적은 곳은 찾아보기 힘들다. 다 맛집인가?

대수가 왕샹에게 말했다.

"왕샹, 메이메이 쩐머양(美美 怎么样 메이 어때)?"

"하오씨앙 여우 런 짜이찌엔미엔(好像 有 人 在见面 누군가 만나는 같은데)。"

"여우(又 또)?"

"쩌츠 쓰 셰이(这次 是 谁 이번엔 누구야)?"

"이쓰(医师 의사)。"

메이메이는 따지우띠엔(大酒店 호텔) 커피점에서 의사 남자를 만나고 있었다. 그런데 멀리서 이들을 바라보는 대수와 왕샹. 의사 남자는 공부만 열심히 했는지 꽃미남은 아니었다. 아직 중국에서 개인병원이 활성화되지 않아 의사라고 해서 월급을 많이 받는 것은 아니지만 사람들의 선호하는 직업임에는 틀림이 없다. 의사 남자가 메이메이에게 말했다.

"니 헌 피아오리양(你 很 漂亮 당신은 아름다운데), 웨이션머 시앙 콰이디엔 지에훈 바(为什么 想 快点 结婚 呢 왜 빨리 결혼하려는 거죠)?"

"인웨이 워더 예예(因为 我的 爷爷 내 할아버지 때문이에요)。타 삥 더 헌리하이(他 病 得 很厉害 그가 매우 아프거든요)。"

"만약 내가 당신과 결혼하면 할아버지가 한집에서 함께 살아야 하나요?"

"나는 할아버지와 살고 싶어요."

"당신은 좋지만..."

이때 대수와 왕샹이 나타난다. 대수가 메이메이에게,

"니 짜이 쩌리 깐 션머(你 在 这里 干 什么 당신 여기서 뭐 해)?"

"잉?"

대수, 의사 남자에게,

"쩌 찌우 쓰 껀 워 띵훈더 런(这 就 是 跟 我 定婚的 人 이 여자는 내 약혼자야)"

"하오더(好的 잘됐네)."

"잉?"

"난 할아버지 못 모셔요. 니 껀 메이메이 지에훈 바(你 跟 美美 结婚 吧 당신이 메이와 결혼해요). 인웨이 워 헌 망(因为 我 很 忙 난 바빠서)."

대수, 왕샹과 동지가 되다

그 후, 메이메이는 대수에게 차갑게 대했다. 반면에 대수는 왕샹과 고락을 같이한 퉁쯔(同志 동지)가 되었다. 대수는 면관에 스찌엔(时间 시간)이 날 때 왕샹 네 가서 만두 만드는 것을 도와주었다.

"따슈이(大水), 니 쯔따오 빠오즈더 여우라이 마(你 知道 包子的 由来 吗 너 만두의 유래 알아)?"

"워 뿌쯔따오 러(我 不知道 了 모르는데)."

"쭈거리앙 짜이 윈난더 스허우 쭈이씨엔 쭈워 러 빠오즈(诸葛亮 在 云南 的 时候 最先 做 了 包子 제갈량이 운남에 있을 때 최초로 만두를 만들었어)."

"웨이션머(为什么 왜)?"

"융 빠오즈 따티 런터우 찌쓰(用 包子 代替 人头 祭祀 사람 머리 대신 만두로 제사를 위해)."

"아하, 그래서 빠오쯔 창더 씨 런터우(包子 长得 像 人头 만두가 사람 머리를 닮았구나)."

대수가 만두를 만들고 왕샹이 찐빵을 만들었다. 왕샹은 찐빵에 팥이나 채소 속을 넣거나 심지어 러우(肉 고기) 속을 넣기도 했다. 찐빵에 당연히 팥이나 채소 속이 들어가지만 고기까지 속으로 쓴다? 왕샹은 먹을 수 있는 것이라면 찐빵에 넣지 못하는 것이 없다고 했다. 하긴 찐빵에 고기를 넣든 치즈를 넣든 무슨 상관이랴. 다 먹는 것인데. 그런데 찐빵에 고기속 넣으면 찐빵이야, 만두야?

이때 안에서 왕샹의 부친이 외치는 소리가 들려왔다.

"왕샹(王上), 꽌먼 바(关门 吧 문 닫아). 츠판(吃饭 밥 먹자)."

왕샹은 수고했다며 대수에게 만두와 찐빵을 싸주었다. 대수는 왕샹 네 가게를 나오며,

"워예 여우 푸무 짜이(我也 有 父母 在 나도 부모님이 있는데)."

대수는 오늘따라 부모님과 함께 있는 왕샹이 부러웠다. 면관에 메이메이는 어디에 갔는지 보이지 않고 주전자 노인은 편찮은 듯 일찍 자리에 들어있었다.

중국에서 몇 달을 지내면 말은 잘 못 해도 중국 사람들이 하는 말이 서서히 들리기 시작한다. 사람 사는 것은 다 비슷해서 일상생활에서 하는 중국 사람들의 말은 대략 무슨 말인지 짐작할 수 있어서다. 어느덧 대수는 중국말이 들리고 조금씩 중국말을 하게 되었다. 간단한 일상대화까지 그리 어렵지 않게 할 수 있을 무렵 문득 쓰씨앙삥(思乡病 향수병)이 찾아왔다. 향수병이 찾아왔다는 것은 역설적으로 중국 생활이 안정되었다는 의미이자 다른 측면에서는 중국어 공부의 정체가 왔다는 뜻이기도 했다. 다른 외국어와 같이 중국어를 공부하다 보면 계단식으로 급히 상승했다가 수평으로 정체하는 시기가 있다. 이런 정체기를 슬기롭게 보내지 못하면 영원히 외국어를 마스터하는 단계에 이르지 못한다. 그렇다고 실망할 것은 없다. 중국어 학자가 되지 않는 이상, 일상회화 정도만 해도 여행할 때나 간단한 비즈니스에 큰 도움이 되기 때문이다. 어차피 중요한 비즈니스에는 그들의 문화와 관습까지 이해하는 원어민 통역을 두는 것이 보통이기 때문이다.

향수병

대수가 중국에 온 지도 어느새 1년이 다 되어갔다. 한국에 있는 친구들도 보고 싶고 부모님도 그리웠다. 그동안 연락하지 말라는 아버지의 말씀에 집에 전화 한번 하지 못했다. 대수는 전에 사둔 띠엔화카(电话卡 전화카드)를 만지작거리며 꿍융띠엔화(公用电话 공중전화) 앞으로 갔다. 따르릉─ 따르릉─

"여보세요."

"아빠, 대수예요."

수화기 속 목소리는 대수의 아버지 어물전이었으나 그리 반기는 것 같진 않았다. 대수는 아버지와 어머니가 잘 계시는지, 중식당은 잘 되는지 궁금한 것이 많았다. 하지만 대수의 아버지는 냉랭할 뿐이었다.

"무슨 일이냐?"

"그냥, 한국이 그리웠어요."

"중국에서 뭘 깨달았니?"

"그게... 아직 모르겠어요."

"중국어 공부는 하는 거니?"

"네. 하지만, 어려워요."

"멀었다, 멀었어"

딸각- 전화가 끊어졌다. 대수는 한동안 공중전화를 멍하니 쳐다보고 있었다. 갑자기 그동안 익숙해졌던 중국 펑징(风景 풍경)이 낯설게만 보였다. 지금은 하나둘 칸더둥(看得懂 읽을 수 있는) 재미가 있었던 중국 칸반(看板 간판)도 보기 싫었다. 대수는 외로움에 양팔을 높이 들고 크게 외쳤다.

"워 야오 후이취(我 要 回去 나 돌아갈래). 워 야오 후이취 한구워(我 要 回去 韩国 나 한국으로 돌아갈래)."

외국에서 향수병을 가라앉히기 위해 가장 좋은 방법의 하나는 한국 음식을 먹는 것이다. 대수는 모처럼 왕샹을 불러 한국음식점에 갔다. 보통은 한국음식점의 음식값이 비싸 자주 가지 못하지만, 일부 불량학생이나 불량 상사 주재원은 매끼를 한국음식점에서 먹는 일도 있다. 그 나라에 살면서 그 나라 음식에 적응하지 못하는 것은 현지 생활에 적응이 되지 않는다는 이야기일 수 있다. 그 나라 말을 배우듯 그 나라 음식에 익숙해지면 좋을 것이다. 대수는 한구워더 파오차이탕(韩国的 泡菜汤 김치찌개)를 시켰고 왕샹은 쩡쭈파이(蒸猪排 돼지갈비찜)를 주문했다. ※중국에 김치에 대응하는 중단어가 없어 파오차이(泡菜) 또는 한구워더 파오차이(韩国的 泡菜)라 부른다. 엄밀히 발효 음식 김치와 겉절이인 파오차이(泡菜)는 다르다. 어느 조사를 보니 중국 사람들이 좋아하는 한국 음식으로는 1위가 김치, 2위가 돌솥비빔밥, 3위가 불고기라고 한다. 세 가지 모두 중국 요리 조리법과는 전혀 다른 한국 음식이다. 중국 요리은 웍(镬 광둥발음=웍)이라 부르는 둥근 프라이팬에 센 불로 볶거나 튀기는 것이 대표적인 조리법이다. 중국에 김치같이 젓갈을 넣어 숙성시켜 먹는 것은 드문 것 같고 여러 채소를 넣어 비벼 먹는 비빔밥 같은 음식도 보기 힘들다. 또 양념이 된 불고기나 삼겹살을 구워 먹는 관습도 보기 어렵다. 중국에서 고기를 구워 먹는 방법은 북경 오리구이처럼 통구이이거나 양꼬치 같은 꼬치구이가 일반적이다.

잠시 뒤, 김치찌개와 돼지 갈비찜이 나왔다. 왕샹은 대수가 향수병인지 모른 채 오랜만에 색다른 음식을 맛보는데 정신이 팔려있었다.

"따슈이(大水), 하오츠(好吃 맛 좋아). 헌 하오츠(很 好吃)。"

"뚜워 츠 디엔 바(多 吃 点 吧 많이 먹어)。"

"우먼 찐티엔 야오 취 카라OK 吗?(我们 今天 要 去 卡拉OK 吗 우리 오늘 가라오케 가는 거야)?"

"잉?"

☆ 간단 회화 : 전화, 인터넷 하기

(전화하기)

대수 : 웨이(喂)。 쓰(是) 꽌꽝꿍쓰(观光公司) 마(吗)?

　　　여보세요. 관광회사입니까?

직원 : 쓰(是)。 니(你) 자오(找) 셰이(谁)?

　　　네. 누구를 찾으십니까?

대수 : 니(你) 쓰(是) 나웨이(哪位)? 메이메이(美美) 짜이(在) 마(吗)?

　　　당신은 누구세요? 메이메이 있습니까?

직원 : 워(我) 쓰(是) 리(李)。 타(她) 뿌(不) 짜이(在) 쩌(这)。

　　　나는 리입니다. 그녀는 여기 없습니다.

대수 : 워(我) 짜이따(再打) 띠엔화(电话)。

　　　나는 다시 전화하겠습니다.

직원 : 칭(请) 리우쌰(留下) 띠엔화하오마(电话号码)。

　　　전화번호 남겨주세요.

　　　떵(等) 타 라이(她 来), 워(我) 까오수(告诉) 타(她)。

　　　그녀가 돌아오길 기다려, 나는 그녀에게 전하겠습니다.

대수 : 타(她) 쯔따오(知道) 워더(我的) 띠엔화하오마(电话号码)。

　　　그녀가 나의 전화번호를 알고 있습니다.

　　　칭(请) 타(她) 후이(回) 띠엔화(电话)。

　　　그녀에게 전화해 달라고 해주세요.

(피시방에서)

메이 : 워(我) 취꾸워(去过) 왕빠(网吧) 이츠(一次)。

　　　나는 PC방에 한번 간 적이 있어.

대수 : 니(你) 창창(常常) 샹왕(上网) 마(吗)?

　　　당신은 자주 인터넷에 접속해요?

메이 : 워(我) 뿌창창(不常常) 샹왕(上网)。

나는 자주 접속하지 않아요.

대수 : 워(我) 야오파(要发) 니(你) 띠엔즈여우찌엔(电子邮件) 허(和) 이쨩 짜오피엔(一张 照片)。

나는 당신에게 전자우편과 사진 한 장을 보내고 싶어요.

메이 : 워(我) 샹왕(上网) 칸(看) 니더(你的)。

내가 접속해서 당신 것을 볼게요.

대수 : 워이에(我也) 떵(等) 니더(你的) 띠엔쯔여우찌엔(电子邮件)。

나도 당신의 전자우편을 기다리겠어요.

▲ 간단 회화해설

- 전화 통화 시 가장 많이 듣고 쓰는 단어는 '여보세요' 하는 '웨이(喂)' 와 '네' 하는 '쓰(是), 뚜이(对)'이다. '관광회사입니까?'는 '쓰 꽌꽝꿍쓰 마(是 观光公司 吗)?' 쓰(是)로 물었을 때는 대답도 '네, 쓰(是)' 또는 '아 니오, 뿌쓰(不是)'로 하면 된다. '~남겨주세요'는 '칭 리우싸(请 留下)~'하 면 되고 '그녀에게 전화해 달라고 해주세요'는 '칭 타 후이 띠엔화(请 她 回 电话)。'라고 하면 된다.

- 중국의 PC방은 왕빠(网吧)라고 하고 가격은 동네마다 다르나 대개 쓴 시간만큼 요금을 낸다. 인터넷은 인터왕(因特网)이라고 하고 '인터넷에 접속하다'는 '샹왕(上网)'이다. 중국의 인터넷 접속속도는 매우 느린 편이 고 왕빠에서 전자오락(게임)인 띠엔즈여우씨(电子游戏)을 하는 사람이 많 다. ※요즘 중국 가정, 학교 등에 컴퓨터가 많이 보급되어 있고 모바일도 보편 화하여 점점 왕빠(网吧)를 보기 힘들다.

웨이(喂 wèi) : 여보세요

나웨이(哪位 nǎwèi) : 누구?

짜이따(再打 zàidǎ) : 다시 전화 걸다. '전화 걸다'는 따 띠엔화(打 电话),
'전화 받다'는 찌에 띠엔화(接 电话), '통화 중'은 짠시엔(占线)

띠엔화(电话 diànhuà) : 전화. 스마트폰은 셔우찌(手机)

꿍용띠엔화(共用电话 gòngyòngdiànhuà) : 공중전화

리우씨(留下 liúxià) : 말하여 남겨 두다, 말해 두다.

띠엔화하오마(电话号码 diànhuàhàomǎ) : 전화번호

띠엔화카(电话卡 diànhuàkǎ) : 전화카드

떵(等 děng) : 기다리다. '알려주다'는 까오수(告诉), '알다'는 쯔따오(知
道)

후이띠엔화(回电话 huídiànhuà) : 전화 걸도록 하다.

왕빠(网吧 wǎngbā) : PC방. 컴퓨터는 띠엔나오(电脑)

인터왕(因特网 yīntèwǎng) : 인터넷

창창(常常 chángcháng) : 자주, 늘, 항상

짜오피엔(照片 zhàopiàn) : 사진. '사진 한 장'은 이짱 짜오피엔(一张 照
片). 장 수를 앞에 쓴다.

샹왕(上网 shàngwǎng) : 접속하다. '(전자우편을) 보내다'는 파(发), '받
다'는 셔우(收)

띠엔즈여우찌엔(电子邮件 diànzǐyóujiàn) : 전자우편, 이메일

띠엔즈여우씨(电子游戏 diànzǐyóuxì) : 전자오락, 컴퓨터게임

왕샹리아오티엔(网上聊天 wǎngshàngliáotiān) : 온라인채팅

왕샹꺼우마이(网上购买 wǎngshànggòumǎi) : 온라인쇼핑

☆ 간단 문법 : 수사와 양사

수사는 사물의 수량이나 순서를 나타내는 품사다. 1, 2, 3 등 숫자를 세는 것을 기수, 제1, 제2, 제3 등 순서를 세는 것은 서수라 한다. 양사는 세거나 잴 수 있는 분량이나 수량 따위를 나타내는 단어를 말한다.

---

1. 수사

1) 수사+양사+명사
싼(三)+거(个)+하이즈(孩子)。 = 아이 세 명
싼(三)+하이즈(孩子)。 = (X)
이(一)+번(本)+슈(书)。 = 1권의 책
1, 2, 3 같은 수사는 명사와 직접 쓸 수 없고 사이에 거(个) 같은 양사를 반듯이 써야 한다. 양사 거(个)는 명, 개 등으로 다양하게 쓰인다.

2) 기수에서 서수로
기수 : 얼바이(二百)+거(个)+런(人)。 = 2백 명
→ 서수 : 띠(第)+얼바이(二百)+거(个)+런(人)。 = 2백 번째 사람
싼티엔(三天 3일) → 띠산티엔(第三天 3일째)
며칠이라고 말할 때 일(日) 대신 티엔(天)을 쓰고, 날짜를 말할 땐 하오(号)를 쓴다.

얼(二) 대신 량(两)을 쓰기도 하나 간단한 말로 한정된다.
얼바이콰이치엔(二百钱 2백위안) → 량바이콰이치엔(两百块钱)

3) 빤(半 반)과 어림수
워(我)+츠(吃)+**빤거(半个)**+씨꽈(西瓜)。

216

= 나는 수박 절반을 먹었다.

싼거 빤(三个 半)+샤오스(小时)。 = 3시간 30분

타(她)+여우(有)+**량싼거**(两三个)+하이즈(孩子)。

= 그녀는 아이 두세 명이 있다.

수사인 빤(半 절반)은 수량 보어처럼 목적어(명사) 앞에, 빤(半) 앞 수사가 있을 때는 연결해 쓴다. 단순히 수사만 연결되면 '~명쯤'의 어림수가 된다. 수사 량(两)은 수사 앞에 놓일 때 어림수가 된다.

4) 기타 수사

뚜워(多 쯤, 정도), 주워여우(左右 쯤), 치엔허우(前后 쯤), 찌(几 몇) +수사

싼(三)+**뚜워**(多)+번(本)+슈(书)。 = 책 세 권쯤

스미(十米)+**주워여우**(左右)。 = 10m 정도

얼위에싼하오(二月三号)+**치엔허우**(前后) = 2월 3일쯤(2월3일 전후)

뚜워(多), 주워여우(左右), 치엔허우(前后)는 수사 앞, 뒤에 놓일 때 어림수가 된다. 찌(几)는 양사 앞에 놓일 때 '몇~'의 뜻.

2. 양사

1) 명량사

수사 +양사(단위) = 명량사

싼(三)+거(个)。 = 3개(명량사)

명량사는 1, 2, 3 같은 수사와 양사가 함께 쓰이는 것을 말하고 수량 단위가 된다.

① 개체 양사

거(个 ~개, ~명 등), 웨이(位 분(사람)), 티아오(条 ~개(수건

등 긴 것)), 즈(支 ~자루(연필 등)), 짱(张 ~장(종이, 사진)),
번(本 ~권(책))

량거(两个)。 = 두 개.
두 개를 말할 때는 얼거(二个)가 아니고 량거(两个)라고 한다.
이짱(一张)+짜오피엔(照片)。 = 사진 1장
싼번(三本)+슈(书)。 = 책 세 권
이티야오(一条)+마오찐(毛巾)。 = 수건 한 개

② 집합 양사
슈앙(双 ~쌍, ~켤레(신발)), 뚜이(对 ~쌍(사람)), 타오(套 ~세
트), 췬(群 ~떼, 무리)

이슈앙(一双)+시에(鞋)。 = 신발 한 켤레
나타오(那套)+여우피야오(邮票)。 = 그 우표 한 세트

③ '좀' 양사 - 부정 양사
씨에(些 적은 수를 의미), 이디얼(一点儿 좀), 쩌씨에(这些 이
분), 나씨에(那些 저 분)
타(他)+야오 츠(要 吃)+**이디얼(一点儿)**+판(饭)。
= 그는 밥 좀 먹어야 한다.

④ 도량형 단위
커(克 g). 꿍리(公里 km), 꿍찐(公斤 kg). 미(米 m)

워(我)+야오(要)+**이찐(一近)**+미(米)。 = 쌀 1근만 주세요.
※야오(要)는 능원 동사(조동사)로 쓰이기도 하고 동사술어로
　쓰이면 '원한다, 주세요'의 뜻.

218

2) 동량사

　① 수사+양사(횟수) = 동량사, 동작 횟수를 나타내는 단위

　　이(一)+츠(次)。 = 1차례(1회)

　② 주어+동사술어+러(了)+동량사

　　타(他)+취(去)+러(了)+**량츠(两次)**。 = 그는 두 번 갔다.

　③ 주어+동사술어+동량사+목적어

　　워(我)+두(读)+**이삐엔(一遍)**+슈(书)。

　　= 나는 책을 한번 읽었다.

　　장소가 아닌 목적어가 올 땐 '동량사+목적어'가 된다.

　④ 주어+동사술어+동량사+목적어(장소)

　　타(他)+취 꾸워(去 过)+**량츠(两次)**+한구워(韩国)。

　　= 그는 한국에 두 번 간 적이 있다.

　　장소가 목적어로 올 때 동량사는 장소 목적어의 앞, 뒤에 다
　　올 수 있다.

　　주어+동사술어+목적어(장소)+동량사

　　타(他)+취 꾸워(去 过)+한구워(韩国)+**얼츠(二次)**。

　　= 그는 한국에 세 번 간 적이 있다.

　⑤ 대표 동량사

　　이쌰(一下 좀), 후이(回 ~차례(동작)), 삐엔(遍 ~차례(책)), 탕
　　(趟 한번(왕복)), 쩐(阵 한 차례(갑자기)), 뚠(顿 차례(꾸중))

　　워(我)+마(骂)+러(了)+니(你)+**이뚠(一顿)**。

　　= 나는 당신을 한차례 질책했다.

니(你)+슈워(说)+**이쌰(一下)**。 = 당신이 좀 말해.

- 문법 문답
어대수 : 수사나 양사의 공통점은 '동량사(수사+양사)+명사'로 되고 동량
　　　　사에서 장소가 목적어로 될 때만 '동량사+목적어(장소)'나 '목적
　　　　어(장소)+동량사'로 될 수 있네요.
주노인 : 그래. 수사부터 살펴보면 1, 2, 3 같은 수사는 명사에 그냥 올
　　　　수 없고 반듯이 거(个) 같은 양사가 와야 해. 이 런(一人)하면
　　　　안 되고 이거 런(一个 人) 해야 '한 명'이지.
어대수 : 두 개나 두 사람은 얼거(二个)가 아니고 량거(两个)죠.
주노인 : 맞아, 1, 2, 3 하는 서수를 ~번째 하는 기수로 바꾸기도 쉽지.
　　　　서수 앞에 띠(第)만 붙이면 되잖아. 다른 것들은 한 번 읽어 봐.

220

17. 미안하다. 오해해서

메이메이의 진심!

멀리서 왕샹의 목소리가 들린다.

"따슈이(大水), 취 쓰창 바(去 市场 吧 시장 가자)."

"메이여우 따슈이(没有 大水 대수 없다). 타 취 부시빤 러(他 去 补习班 了 학원 갔어)."

주전자 노인은 이렇게 외치고 메이메이와 뚜이화(对话 대화)를 계속했다. 주전자 노인과 메이메이는 무슨 중요한 이야기를 하는지 왕샹이 들어오는 줄도 모른다.

"메이메이, 뿌야오 짜이 씨앙친 러(不要 再 相亲 了 더는 맞선 보지 마라). 워 쯔따오 니 메이여우 씬(我 知道 你 没有 心 너의 마음이 없는 거 안다)."

"쯔따오 러(知道 了 아셨어요)."

"니 시환 러 따슈이(你 喜欢 了 大水 너는 대수를 좋아하잖니). 니 비에 찌에이 워(你 别 介意 我 나는 신경 쓰지 마라)."

"흠 흠-"헛기침을 하는 왕샹. 그제야 왕샹이 허우미엔(后面 후면)에 있음을 안 주전자 노인과 메이메이. 갑자기 두 사람 "짜여우(加油 파이팅)"을 외친다. 왕샹 황당한 표정으로,

"션머(什么 뭐야)?"

"뭐긴, 짜여우(加油 파이팅) 하자는 거지."

주전자 노인이 왕샹에게,

"대수가 학원 가서 그러는데, 니 짜이 쓰창 마이디엔 미엔펀 바(你 在 市场 买点 面粉 吧 네가 시장에서 밀가루 좀 사주렴)."

왕샹은 자전거를 타고 가며 이들의 대화를 떠올렸다.

"메이메이 쓰 웨이러 허 예예 이치 셩후워 차이 위따오 난런더(美美 是 为了 和 爷爷 一起 生活 才 遇到 男人的 메이메이는 할아버지와 함께 살기 위해 남자를 만난 거야). 메이메이 하이 시환 따슈이(美美 还 喜欢 大水 메이메이는 아직 대수 좋아해)."

왕샹은 이를 대수에게 알려주어야 하나하고 고민스러워졌다. 대수가 한국으로 돌아가면 소꿉친구인 메이메이와 자신이 잘될 수도 있기 때문이다.

대수는 주전자 노인, 메이메이와 생활하며 익힌 중국어 회화 실력을 바탕으로 부족한 것을 중점으로 보완하니 중국어 실력이 부쩍 늘어갔다. 아울러 중국어 회화보다 부족하기 쉬운 중국어 작문 연습에도 관심을 기울여 간단한 메모부터 중국어로 씨에(写 쓰고) 있었다. 대수는 학원을 마치고 학원 근처의 왕빠(网吧 PC방)에 들렸다. PC방의 띠엔나오(电脑 컴퓨터)에는 한국 학생들이 많이 이용해서인지 한국어 언어 팩이 깔려있었다. ※컴퓨터에 한국어 언어 팩이 깔려있더라도 자판에 한글 자음과 모음 표시가 없으므로 미리 외워, 사용하든가 감으로 사용해야 한다.

왕빠에 가면

왕빠(网吧)는 중국 PC방으로 한국보다 시설은 뒤떨어지지만 인터왕(因特网 인터넷), 띠엔쯔여우찌엔(电子邮件 전자우편), 띠엔쯔여우씨(电子游戏 인터넷게임), 왕샹리아오티엔(网上聊天 온라인채팅), 왕샹꺼우마이(网上购买 온라인쇼핑) 등 못 하는 것이 없었다. ※요즘 중국의 PC방 시설은 많이 좋아져 한국 못지않다. 대수는 PC방에서 인터넷으로 자신이 다니던 따쉐에 씨아오(大学校 대학교) 홈페이지를 보았다.

"션머스허우 카이쉬에(什么时候 开学 언제 개강이지)?"

대수는 개강 날짜를 메모했다. 개강 신청까지 시간이 얼마 남지 않았다. 대수는 주머니에서 쭈찐퉁짱(貯金通帳 저금통장)을 꺼내보았다. 매일 조금씩 쭈찐(貯金 저축)한 기록이 보였다.

"조금 더 모으면, 인까이 넝 마이 따오취 한구워더 찌피아오(应该 能 买 到去 韩国的 机票 한국행 비행기 표를 살 수 있을 거야)."

이때 왕샹이 대수의 등짝을 쳤다.

"완 왕루워여우씨 쩐머양(玩 网络游戏 怎么样 인터넷게임 할까)?"

"하오더(好的 좋지)."

왕샹이 대수가 다니던 대학교의 홈페이지를 본 것일까. 설령 왕샹이 홈페이지를 봤더라도 왕샹은 한위(韩语 한글)를 모르니 상관없다.

대수는 왕샹과 〈씽 짠쩡(星 战争 별 전쟁)〉이란 게임을 했다. 처음에는 중국어 메뉴 때문에 어려웠지만 이내 한국에서의 실력을 발휘할 수 있었다. 왕샹 역시 자주 하지 못해서 그렇지 꽤 잘했다. 하긴 중국에서 게임의 포인트를 만들어 되파는 작업실까지 있다고 하지 않는가. 중국 게임 작업실의 수입이 꽤 짭짤한 것으로 알려져, 앞으로 왕샹이 게임 작업실을 운영할지도 모를 일이다.

중국에서 인터넷이 보편화하면서 왕샹리아오티엔(网上聊天 온라인채팅)이 유행하고 있는데 초기 한국과 달리 중국의 온라인채팅은 문자 채팅을 건너뛰고 캠 카메라를 이용한 화씨앙(画像 화상) 채팅이 주종을 이루고 있다. 화면을 통해 상대방을 보고 채팅을 하다 보니 인터넷 신조어도 만들어졌는데 예를 들면 못생긴 남자를 칭와(青蛙 푸른 개구리), 못생긴 여자를 쿵룽(恐龙 공룡)이라고 한다. 중국에 인터넷이 보급된 지 얼마 되지 않았는데 벌써 중국의 헤이커(黑客 해커)가 뛰어난 실력으로 악명을 떨치고 있다. 또 중국의 레노버라는 회사가 미국의 IT 대기업인 IBM의 노트북 부문을 인수해 화제가 되기도 했다. 한때 한국이 인터넷 가입자 수 세계 1위를 하던 때도 있었으나 이내 중국이 1위가 되었고 미국의 구글이나 야후가 같은 IT 대기업도 중국의 거대 시장 때문에 어쩔 수 없이 접속정

보를 중국 정부에 건넨 것으로 알려져 있다. ※요즘 중국 당국의 인터넷 통제로 페이스북, 유튜브 같은 서구의 유명 웹사이트 접속이 불가하다.

미안하다, 오해해서

대수는 면관에서 수타를 열심히 해 커먼(客们 손님들)이 늘었다. 주전자 노인은 그에 따라 대수에게 링용치엔(零用钱 용돈)을 더 주었다. 대수는 학원 친구들과 술을 마시러 가지 않고 가진 돈은 모두 저축했다. 메이메이와는 맞선 방해 사건으로 인해 사이가 썩 좋지는 않았다. 그저 인사나 하고 서로 껄끄럽지 않은 상태였다. 이를 안 왕샹이 핑계를 대며,

"니 게이 메이메이 나 허판 라이(你 给 美美 拿 盒饭 来 네가 메이에게 도시락을 갖다 줘)."

"웨이션머(为什么 왜)?"

"워 씬 찌아오 러 쭝원커(我 新 教 了 中文课 나 새로 중국어 과외에 맡았어).."

대수는 내치기지는 않지만 친한 친구가 된 왕샹의 부탁을 듣지 않을 수 없었다. 대수는 자전거를 타고 메이메이의 꿍쓰(公司 회사)로 갔다. 메이메이는 대수가 허판(盒饭 도시락)을 가져오자 반가우면서도 티를 내진 않았다.

"왕샹(王上)은?"

"왕샹 헌망(王上 很忙 왕샹은 바빠)."

대수는 왕샹이 일회용 도시락 용기가 없다며 메이메이가 도시락을 다 먹으면 도시락통을 다시 가져오라고 한 것이 생각났다. 할 수 없이 메이메이가 도시락을 먹는 것을 보고 있는 대수.

"니예 츠(你也 吃 너도 먹어)?"

"워 츠 러 헌 뚜워(我 吃 了 很 多 많이 먹었어)."

메이메이가 도시락 내용물 중 하나인 만두를 먹는데 만두 속에서 쪽지 하나가 나왔다. 리엔수워씬(连锁信 행운의 편지)도 아니고 뭐지 하는 표정으로 쪽지를 펴보는 메이메이. 쪽지에는 PC방에서 대수가 한국의 대학교

홈페이지를 보던 것에 대해 적혀있었다. 왕샹은 한류 드라마를 좋아해서 남몰래 한글 공부를 한 모양이다.

'메이메이(美美),
따슈이 마샹 후이짜오 한구워(大水 马上 回到 韩国)。
대수는 곧 한국으로 돌아가.
웨이러 마이 찌피아오 춘치엔(为了 买 机票 存钱)。
비행기 표를 사기 위해 돈을 저축하고 있어).'

메이메이는 곧 대수가 떠날 수 있다는 쪽지에 충격을 받았다. 도시락을 먹다 남긴 메이메이는 도시락통을 씻어 대수에게 주었다.

"씨에씨에(谢谢 고마워)."

대수는 아무것도 모른 채 도시락통을 받아 면관으로 돌아왔다. 왕샹이 대수에게,

"메이메이 뿌후이슈워 션머(美美 不会说 什么 메이메이가 뭐라고 안 해)?"

"메이슈워 아(没说 啊 말 안 하던데)。"

"흠-"

왕샹은 할 수 없다는 듯 대수에게 사실을 말해주었다. 대수가 싫어하는데도 메이메이가 맞선을 보는 것은 메이메이가 원하는 일은 아니지만, 할아버지와 함께 살고 싶기 때문이라는 것이다. 그리고 왕샹은,

"딴쓰 메이메이 하이 짜이 아이 쩌 니(但是 美美 还 在 爱 着 你 하지만 메이메이는 아직 너를 사랑하고 있어)"

"쩐더(真的 정말)?"

늦은 밤, 대수는 면관 앞에서 메이메이를 기다렸다. 술 취해 나타난 메이메이는 대수가 떠난다는 사실에 이엔레이(眼泪 눈물)를 흘리고 있었다. 대수는 메이메이의 마음을 몰랐던 것에 대해 미안한 마음이 들었다. 대수

는 메이메이를 살며시 안아주며 말했다.

"뚜이불이(对不起 미안해)。 워 우후이 니 러(我 误会 你 了 오해해서)。"

☆ 간단 회화 : 어느 동물 좋아해

메이 : 니(你) 시환(喜欢) 나거 뚱우(哪个 动物)?
　　　당신은 어느 동물을 좋아해요?
대수 : 워(我) 시환(喜欢) 샤오거우(小狗). 니너(你呢)?
　　　나는 강아지를 좋아해요. 당신은?
메이 : 워(我) 시환(喜欢) 샤오마오(小猫).
　　　나는 고양이를 좋아해요.
　　　샤오마오(小猫) 삐(比) 샤오거우(小狗) 껑 피아오리앙(更 漂亮).
　　　고양이가 강아지보다 예뻐요.
대수 : 워더 샤오거우(我的 小狗) 바(把) 워더 치엔빠오(我的 钱包) 쟈오
　　　후이라이 러(找 回来 了).
　　　내 강아지가 나의 지갑을 찾아 돌아왔어.
메이 : 워(我) 헌 난꾸워(很 难过). 워더 샤오마오(我的 小猫) 바(把) 찐위
　　　(金鱼) 츠띠아오 러(吃掉 了).
　　　나는 슬퍼. 내 고양이가 금붕어를 먹었어.
대수 : 워(我) 헌 하이파(很 害怕).
　　　나는 무서워.
메이 : 비에 딴씬(别 担心). 뿌(不) 츠띠아오(吃掉) 런(人).
　　　걱정하지 마. 사람은 먹지는 않아.
대수 : 워더 시에즈(我的 鞋子) 뻬이(被) 샤오거우(小狗) 눙짱 러(弄脏
　　　了).나의 신발을 강아지가 더럽혔어.
메이 : 니(你) 페이창(非常) 셩치(生气) 마(吗)?
　　　당신 매우 화났어요?
대수 : 워(我) 뿌셩치(不生气).
　　　나 화나지 않았어요.

▲ 간단 회화해설

- 좋아하다는 '시환(喜欢)~'이고 사랑한다는 '아이(爱)~'이다. 중국의
경제 수준이 올라가면서 '강아지, 샤오거우(小狗)'와 '고양이, 샤오마오(小
猫)' 등 충우(宠物 애완동물)를 기르는 사람들이 많아졌다.

- '내 강아지가 나의 지갑을 찾아 돌아왔어.'처럼 '주어+동사술어+목적
어' 문장에서 바(把)를 쓰면 '주어+바(把) 목적어+동사술어'로 목적어가
동사술어 앞으로 오고 이를 바(把)자문이라고 한다. '워더 샤오거우(我的
小狗) / 바(把) / 워더 치엔빠오(我的 钱包) / 쟈오 후이라이 러(找 回来
了).'

- 피(披)동문은 다른 사람, 다른 것으로 하여진 것을 말한다. 용법은 바
(把)자문과 비슷해 '주어+동사술어+목적어' 문장이 뻬이(被)를 쓰면 '주어
+뻬이 목적어+동사술어'로 목적어가 동사술어 앞으로 오고 이를 피(被)
동문이라고 한다. '나의 신발을 / 강아지가 / 더럽혔어(나의 신발은 강아
지에 의해 더럽혀졌다)'는 '워더 시에즈(我的 鞋子) / 뻬이(被) / 샤오거
우(小狗) / 눙짱 러(弄脏 了).'로 된다.

▲ 회화 단어정리

뚱우(动物 dòngwù) : 동물
샤오거우(小狗 xiǎogǒu) : 강아지
샤오마오(小猫 xiǎomāo) : 고양이
치엔빠오(钱包 qiánbāo) : 지갑
피빠오(皮包 píbāo) : 가방

쟈오(找 zhǎo) : 찾다, 구하다.

바(把 bǎ) : 바자문의 바(把). '바(把)+목적어'가 주어와 동사술어 사이에 와서 한국어 어순처럼 되어 강조. 해석은 '~가 ~을/를 ~하다'

찐위(金鱼 jīnyú) : 금붕어. 물고기는 위(鱼)

츠띠아오(吃掉 chīdiào) : 다 먹어 버리다. 띠아오(掉)가 동사술어 뒤 결과 보어로 '~버리다.'

하이파(害怕 hàipà) : 무서워하다, 두려워하다.

딴신(担心 dānxīn) : 걱정하다, 염려하다.

뻬이(被 bèi)~ : ~당하다, 피동문의 피(被). 능동이 아닌 남에게 하여진, 당한 것을 말한다. 해석은 '~을 ~가 ~해버리다/당하다' 보통 뻬이(被) 다음에 인칭이나 행동의 주체가 나온다.

눙짱(弄脏 nòngzāng) : 더럽히다.

셩치(生气 shēngqì) : 화나다, 성내다.

커치(客气 kèqi) : 예의 갖추다, 정중하다, 친절하다.

☆ 간단 문법 : 접속사

접속사는 문장과 문장, 단어와 단어를 연결하는 역할을 한다.

---

1. ~와

   1) 허(和), 껀(跟), 퉁(同) : ~와
      타(他)+니(你)+**허(和)**+워(我)+떠우(都)+쓰(是)+쉬에셩(学生)。
      = 그, 당신과 나 모두 학생이다.
      라오쓰(老师)+**껀(跟)**+워(我)+이양(一样)+짜이(在)。
      = 선생님은 나와 함께 있다.
      씨꽈(西瓜)+**퉁(同)**+쥐즈(桔子)+타이꾸이 러(太贵 了)。
      = 수박과 귤은 너무 비싸다.
      허(和)는 끝 단어 앞에 쓴다.

   2) 여우(又)~ 여우(又)~ : ~하기도 하고 ~하기도 하다.
      나화(那花)+**여우(又)**+츠(赤)+**여우(又)**+헤이(黑)。
      = 그 꽃은 붉기도 하고 검기도 하다.

   3) 이삐엔(一边)~ 이삐엔(一边)~ : ~도 하고 ~도 하고
      워먼(我们)+**이삐엔(一边)**+츠(吃), **이삐엔(一边)**+허(喝)。
      = 우리는 먹고 마셨다.

2. ~아니면

   1) 하이쓰(还是) : 아니면, 또는
      쩌슈(这书)+**하이쓰(还是)**+나슈(那书)?
      = 이 책 아니면 저 책?

2) 뿌쓰(不是)~ 찌우쓰(就是)~ : ~아니면 ~이다

타(他)+**뿌쓰(不是)**+라오쓰(老师), **찌우쓰(就是)**+쉬에셩(学生)。

= 그는 선생 아니면 학생이다.

3) 위치(与其)~ 뿌루(不如) : ~하기보다, 차라리 ~하다

위치(与其)+워(我)+짜이 팡찌엔 리(在 房间 里)+떵(等), **뿌루(不如)**+추파(出发)。

= 내가 방 안에서 기다리기보다, 차라리 출발하는 것이 낫다.

4) 후워쩌(或者)~ : ~하든

후워쩌(或者)+워(我)+츠(吃), **후워쩌(或者)**+니(你)+츠(吃)+떠우(都)+하오(好)。 = 내가 먹든, 당신이 먹든 모두 좋다.

3. ~뿐만 아니라

1) 뿌딴(不但)~ 얼치에(而且)~ : ~뿐만 아니라 ~하다

쩌뻔슈(这本书)+**뿌딴(不但)**+헌 뚜워(很 多), **얼치에(而且)**+헌 하오(很 好)。 = 이 책은 많을 뿐만 아니라, 좋다.

2) 추러(除了)~ 이와이(以外), 예(也)~ : ~이외에, ~도 하다.

워먼(我们)+**추러(除了)**+쉬에시(学习)+르워(日语)+**이와이(以外)**, 잉원(英文)+**예(也)**+쉬에시(学习)。

= 우리는 일어 공부하는 외에, 영어도 공부하기도 한다.

이와이(以外)나 예(也)가 없이,

추러(除了)+츠띠엔(词典), 워(我)+쉬에시(学习)。

= 사전 없이도, 나는 공부한다.

4. 그러나, ~이지만

1) 딴쓰(但是), 커쓰(可是) : ~이지만

　워먼(我们)+쓰(是)+라오쓰(老师), **딴쓰(但是)**+워(我)+하이(还)+쉬에시 学习)。

　= 우리는 선생님이지만, 나는 아직 공부한다.

　니(你)+츠(吃)+판(饭), **커쓰(可是)**+여우(又)+츠(吃)+미엔(面)。

　= 너는 밥 먹었지만, 또 면을 먹는다.

2) 쑤이란(虽然)~ 딴쓰(但是)/커쓰(可是) : 비록 ~하지만, ~하다.

　타(他)+**쑤이란(虽然)**+여우(有)+치엔(钱), **딴쓰(但是)**+타(他)+메이(没)+마이(买)+뚱시(东西)。

　= 그는 비록 돈이 있지만, 그는 물건을 사지 않았다.

　워(我)+**쑤이란(虽然)**+취　꾸워(去　过)+중구워(中国), **커쓰(可是)**+워(我)+뿌(不)+워(说)。

　= 나는 중국에 간 적이 있지만, 나는 말하지 않았다.

5. 그래서

1) 수워이(所以) : 그래서

　워(我)+츠(吃)+판 러(饭　了), **수워이(所以)**+메이(没)+취(去)+스탕(食堂)。

　= 나는 밥을 먹어서 식당에 가지 않았다.

2) 인츠(因此) : 그래서

　웨이(为)+타(她)+피야오리앙(漂亮), **인츠((因此)**+워먼(我们)+칸(看)+타(她)。

　= 그녀는 아름다워서, 그래서 우리는 그녀를 보았다.

　'그래서'이므로 어떤 상황을 나타내는 문장이 먼저 나온다.

6. ~ 때문에

　1) 인웨이(因为) : ~때문에
　　인웨이(因为)+워먼(我们)+쓰(是)+쉬에셩(学生),　　워먼(我们)+짜이
　　(在)+쉬에시야오(学校)。
　　= 우리는 학생이기 때문에, 우리는 학교에 있다.

　2) 인웨이(以为)~, 찌우(就) : ~때문에, ~이다.
　　인웨이(因为)+타(她)+헌 피아오리앙(很 漂亮), 찌우(就)+뻬이쉬엔
　　(被选)+한구워더 따이비아오(韩国的 代表)。
　　= 그녀는 아름다워서, 곧 한국 대표로 선출되었다.

7. ~만 하면 ~한다.
　1) 즈야오(只要)~ 찌우(就)~ : ~하기만 하면 ~하다.
　　즈야오(只要)+여우(有)+스찌엔(时间), **찌우(就)**+취(去)+뤼싱(旅行)。
　　= 시간만 있기만 하면, 바로 여행을 간다.

　2) 즈여우(只有)~ 차이(才)~ : ~해야만 ~한다.
　　즈여우(只有)+즈따오(知道)+헌 뚜오(很 多), **차이(才)**+넝 칸(能
　　看)+헌 하오(很 好)。 = 많이 알아야만, 비로소 잘 볼 수 있다.

　3) 야오쓰(要是) : ~면 ~이다.
　　야오쓰(要是)+니(你)+쭈워(坐)+치처(汽车)+취(去),　　워(我)+쭈워
　　(坐)+후워처(火车)+취(去)。
　　= 만일 당신이 버스를 타고 간다면, 나는 기차를 타고 갈 것이
　　　다.

• 문법 문답

어대수 : 접속사 다 알려면 머리 아프겠어요.

주노인 : 다 알려고 하지 말고, 간단히 쓸 수 있는 '허(和) · 껀(跟) · 퉁(同) ~와', '하이쓰(还是) ~아니면', '뿌딴(不但)~ 얼치에(而且)~ ~뿐만 아니라 ~하다', '딴쓰(但是) · 커쓰(可是) 그러나', '수워이(所以) 그래서', '인웨이(因为) ~때문에' 등의 대표 접속사만 알아두면 돼.

어대수 : 처음에는 자주 쓰는 것부터 알아두라는 거죠.

주노인 : 그래. 허(和), 하이스(还是) 같이 쉬운 접속사는 바로 쓰고 조금 복잡한 접속사는 그냥 읽고 무슨 말인지 알기만 하면 돼. 접속사를 능숙하게 쓰려면 시간이 필요해.

18. 흘러간 세월과 남은 날들

주전자 노인은 다시 실려 가고

대수가 학원을 마치고 면관으로 돌아왔으나 실내는 조용하기만 했다. 옆집 왕상에게 물어보니 주전자 노인이 쓰러져 병원에 실려 갔다고 한다.

"여우 션머쓰(有 什么事 무슨 일이 있는 걸까)?"

대수는 택시를 타고 병원으로 달려갔다. 메이메이는 삥쓰(病室 병실)에 있지 않고 복도에 있는 의자에 앉아 있었다. 메이메이의 말에 따르면 주전자 노인은 안정을 취하고 있다고 했다. 대수가 재차 주전자 노인의 상태를 묻자 메이메이는 주전자 노인이 쓰러진 것은 아니고 몸이 안 좋아 예방 차원에서 입원했다고 말한다.

"라오삥(老病 노환)이야"

메이메이는 담담히 이야기했지만, 할아버지와 단둘이 사는 메이메이에게는 할아버지의 잦은 입원이 부담될 수밖에 없었다. 메이메이의 얼굴에 걱정스러운 표정이 역력했다. 메이메이가 대수에게,

"마마 슈워 니엔칭더 스허우 시앙취 한구워(妈妈 说 年轻的 时候 想去 韩国 엄마는 젊은 시절 한국에 가고 싶어라 했지)."

"워 예예 니엔칭더 스허우 여우 쭝구워뉘헤이즈더 쨔오피엔(我 爸爸 年轻的 时候也 有 中国女孩的 照片 내 아빠도 젊은 시절 중국 여자분 사진을 가지고 있었어)."

"쩐더(真的 정말)?"

이때 주전자 노인이 신음을 냈다. 메이메이 하던 말을 멈추고 병실로 들어가 주전자 노인을 살피고 나온다. 메이메이가 다시 대수에게,

"니더 시왕 쓰 션머(你的 希望 是 什么 네 희망은 뭐니)?"

"워 야오 후이 한구워(我 要 回 韩国 나 한국으로 돌아갈 거야). 인웨이 밍니엔 푸두 따쉬에(为了 明年 复读 大学 내년에 대학교 복학하려고)."

"뚜이(对 그래)."

"워 야오 짜이 쫑찬관 빵주 빠바(我 要 在 中餐馆 帮助 爸爸 중식당에서 아버지를 도울 거야). 니녀(你呢 너는)?"

"워 시앙 짜이 한구워 쉬에시 뤼여우쉬에(我 想 在 韩国 学习 旅游学 나는 한국에서 관광학을 공부하고 싶어)."

"그럼, 니 허 워 이치 취 한구워 바(你 和 我 一起 去 韩国 吧 너 나와 함께 한국으로 가자)."

"뿌커이(不可以 할 수 없어). 할아버지를 혼자 두고 갈 수 없어."

이때 바람이 불어 조금 열려있던 병실 문이 덜컹거린다. 대수와 메이메이가 병실 안으로 들어가 보니 할아버지는 잠들어 있는 모습이다. 하지만 주전자 노인은 문틈 사이로 대수와 메이메이의 대화를 엿듣고 말았다. 주전자 노인은 대수와 메이메이의 사랑에 걸림돌이 되는 것 같아 돌아누워 눈물을 흘렸다.

대수 할아버지 어수선의 활약상

대수는 오랜만에 대한민국 임시정부청사에 찾아가 오래된 쨔오피엔(照片 사진) 속 김구 선생과 함께 웃고 할아버지 어수선을 만났다. 대수는 대한민국 임시정부청사의 관리인인 찐 씨엔셩(金 先生 김선생)을 만났다. 김 선생은 오래전 기억을 되살려 할아버지 어수선에 대해 말해주었다.

"비 오는 날이었지. 위슈이씨엔 쓰 충 차오씨엔 청쭈워 후워촨 라이 따오쭝구워더(鱼水仙 是 从 朝鲜 乘坐 货船 来 到中国的 어수선은 조선에서 화물선을 타고 중국으로 왔지)."

"수워이(所以 그래서요)."

"타 슈워 러, 따쓰 르번쥔 러(我 说 了, 打死 日本军 了 그는 말했어,
일본군을 때려잡았다고). 쑤워이 타오따오 러 샹하이(所以 逃到 了 上海
그 때문에 상해로 도망친 거지)."

"뚜이(对 맞아요). 워 빠바 쭈워 러 두리윈똥(我 爷爷 做 了 独立运动
내 할아버지는 독립운동을 했어요)."

"그는 홍커우꿍위엔(红口公园 홍구 공원)에서 윤봉길 의사가 일본군에게
허판짜딴(盒饭炸弹 도시락 폭탄)을 던지는 것을 도왔지."

"와우!"

"그 후 일본군을 피해, 삐엔쭈앙(变装 변장)을 하고 숨어다녔지. 그때
위슈이씨엔 껀 머우거 쭝구워런 이치 셔우따 러(鱼水仙 和 某个 中国人
一起 手打 了 어수선이 어느 중국인과 함께 수타를 했어). 수타로 번 돈을
독립운동하는데 보탰지."

"니 쯔따오 나거 쭝구워런 마(你 知道 那个 中国人 吗 그 중국인 이름
아세요)?"

"워 뿌쯔따오(我 不知道 난 모르지). 딸이 하나 있었다나."

"위슈이씨엔 쩐더 헌 시환 쭝구워(鱼水仙 真的 很 喜欢 中国 어수선은
정말 중국을 좋아했지). 그렇다고 타 뿌타오이엔 르번(他 不讨厌 日本 그
가 일본을 싫어하지 않았어). 타 즈 쓰 타오이엔 르번쥔(他 只 是 讨厌
日本军 그는 단지 일본군이 싫었지)."

대수는 김 선생으로부터 할아버지 어수선의 활약상을 들으니 가슴이 뿌
듯했다. 우리 할아버지 어수선이 상해 땅에서 나라를 위해 독립운동을 했
다는 사실에 감동하였다. 숨어다닐 때 중국인 친구와 수타를 했다는 것도
흥미로웠다. 그리고 보니 아버지 어물전의 수타 솜씨는 전적으로 할아버
지 어수선에게 배운 것이었다. 대수가 익히 수타는 할아버지가 수타를 했
던 중국에서 스스로 터득한 것이 자랑스러웠다. 한편으로 할아버지 어수
선과 함께 수타를 하며 지냈다는 중국인에 대해서 궁금한 점이 많았지만,

더는 알 수 없었다.

중국 사람과 한국 사람은 중국을 침략했던 일제에 대항해 목숨을 걸고 함께 싸운 고귀한 선례가 있었다. 하지만 당시 중국 사람과 함께 일본군과 대항해 싸운 사람 중에 사회주의자들이 있어 그 의미가 제대로 알려지지 않아 아쉬웠다. 당시 중국 사람과 한국 사람은 일제라는 공동의 적에 대항해 싸운 동지였다. 상해 홍구 공원에서 윤봉길 의사가 일제 군부를 향해 도시락 폭탄을 던진 사건은 무력하게 일제의 통제를 받던 중국 사람들을 크게 자극했고 중국 사람들이 일제와 맞서 싸우게 하는 계기가 되기에 충분했다. 다만, 상해의 독립운동 세력이 사상에 따라 좌우로 분열되어 통합된 힘을 발휘하지 못한 것은 아쉬운 일이다. 이 때문에 일제가 패망하고 난 뒤 한국으로 돌아온 독립운동가들은 영향력이 약할 수밖에 없었다. 대수의 할아버지 어수선도 독립운동으로 지친 몸을 이끌고 한국으로 돌아와, 나라를 위해 일하지 못하고 생계를 위해 수타를 할 수밖에 없었다.

대수, 절도면을 배우다

어느 날 주전자 노인은 대수를 불러놓고 절도면에 대해 가르쳐 주었다. 대수도 주전자 노인의 건강이 나빠지면서 절도면을 배워두어야겠다고 생각하고 있었다. 실제 중국에서는 절도면과 수타 등을 가르치는 면 요리 학원이 있다고 한다. 면 요리 학원에서는 절도면 훈련으로 반죽을 칼로 잘라 일정한 굵기의 면발로 만드는 것을 하고 수타면 훈련으로 반죽을 바닥에 친 뒤 손가락을 면발을 뽑는 것을 한다고. 절도면이나 수타면은 먹기는 쉬워도 만드는 일은 쉽지 않다. 주전자 노인의 절도면 반죽은 수타면의 반죽보다 단단했다. 절도면은 손으로 면발을 뽑지 않고 따오(刀 칼)로 반죽을 얇게 썰어내기 때문이다. 반면에 수타면의 반죽은 반죽을 도마에 내려치며 손가락 사이로 면발을 뽑아야 해서 좀 묽은 편이다. 주전자 노인이 대수에게,

"따슈이(大水), 후워미엔 허 따오 쭈이 쫑야오(和面 和 刀 最 重要 반죽

과 칼이 제일 중요해). 반죽이 되면 칼로 한 번에 잘라야 하지."

대수는 주전자 노인이 내놓은 오래되고 녹슨 칼을 숫돌에 갈기 시작했다. 녹슨 칼은 언제 쓰고 쓰지 않은 것인지 알 수 없었다. 그런데 이상하게 칼자루가 대수의 손에 꼭 맞았다. 대수가 정성을 다해 녹슨 칼을 숫돌에 갈자 녹이 벗겨지고 칼날이 서기 시작했다.

대수가 칼을 다 갈자 주전자 노인은 반죽에 대해 말을 했다.

"반죽은 단단하게 해야 한다. 잘 주물러 치파오(汽泡 기포)를 빼고 둥근 모양을 만들어야 하지. 반죽을 들고 하는 칼질은 더 어렵지. 우선 티리(体力 체력)이 있어야 하고 면발을 티아오지에(调节 조절)할 수 있는 섬세함까지 있어야 하지."

"허 셔우따 뿌이양 아(和 手打 不一样 啊 수타와는 다르네요)."

"쭈워(做 해봐)."

주전자 노인은 대수에게 밀가루 반죽 덩어리를 넘겨주었고 대수가 칼로 반죽을 샥- 샥- 잘라 면발을 만들어 보였다. 처음 해보는 것이라 면발은 굵은 것에서 얇은 것까지 제각각이었다. 대수는 끓는 면수 통 앞에서 커다란 반죽 들고 칼로 자르고 하는 바람에 땀을 비 오듯 흘리고 있었다.

"츠리(吃力 힘드네), 츠리"

대수는 힘이 든다고는 하면서 열심히 절도면을 만들었다. 주전자 노인은 예전 누군가를 보는 것 같아 남몰래 눈물을 흘렸다.

☆ 간단 회화 : 희망 찾기

메이 : 니더(你的) 시왕(希望) 쓰(是) 션머(什么)?
　　　당신의 희망은 무엇이에요?
대수 : 워(我) 시왕(希望) 후이취(回去) 한구워(韩国).
　　　나는 한국으로 돌아가길 희망해요.
메이 : 니(你) 라이(来) 쫑구워(中国) 이징(已经) 이거 니엔 러(一个 年 了).
　　　당신이 중국에 온 지 이미 1년이 되었어.
대수 : 메이메이더(美美的) 시왕(希望) 쓰(是) 션머(什么)?
　　　메이메이의 희망은 무엇이에요?
메이 : 워(我) 시왕(希望) 취(去) 한구워(韩国) 쉬에시(学习) 한위(韩语), 딴쓰(但是) 워(我) 뿌넝취(不能去).
　　　나는 한국에 가서 한국어를 공부하는 것이 희망이지만, 나는 갈 수 없어요.
대수 : 웨이션머(为什么)?
　　　왜?
메이 : 워(我) 짜이 쫑구워(在 中国) 뿌넝리우쌰(不能留下) 워더(我的) 예예(爷爷).
　　　나는 중국에 나의 할아버지를 남길 수 없어요.
대수 : 워(我) 쯔따오(知道) 니더(你的) 씬(心).
　　　나는 당신의 마음을 알았어요.
메이 : 짜이찌엔(再见). 콰이러(快乐) 니더(你的) 웨이라이(未来).
　　　안녕히. 당신의 미래가 좋기를 바라요.
대수 : 짜이찌엔(再见).
　　　안녕히.

▲ 간단 회화해설

- '나의 희망이 뭐냐?'라는 말은 '니더 시왕 쓰 션머(你的 希望 是 什么)?'라고 할 수 있고 대답은 '나는 희망한다 ~을/를, 워 시왕(我 希望) ~'로 하면 된다. 여기서 '너의 희망, 니더 시왕(你的 希望)'의 더(的)는 '~의'로 해석되고 시왕(希望) 없이 니더(你的)만 쓰면 '당신 것'이 된다.

- '나는 한국에 가서 한국어를 공부하는 것이 희망이지만, 나는 갈 수 없어요, 워 시왕 취 한구워 쉬에시 한위(我 希望 去 韩国 学习 韩语), 딴쓰 워 뿌넝취(但是 我 不能去).'에서 딴쓰(但是)는 '~하지만, 그러나' 하는 접속사이다.

▲ 회화 단어정리

시왕(希望 xīwàng) : 희망, 희망하다.
후이취(回去 huíqù) : 돌아가다.
후이라이(回来 huílái) : 돌아오다.
딴쓰(但是 dànshì) : 그러나, 단지 ~라면
리우쌰(留下 liúxià) : 말해두다, 남기다.
예예(爷爷 yéye) : 할아버지 / 주푸(祖父 zǔfù) : 할아버님
나이나이(奶奶 nǎinai) : 할머니
주무(祖母 zǔmǔ) : 할머님
씬(心 xīn) : 마음
시아오씬(小心 xiǎoxīn) : 조심하다, 조심스럽다.
콰이러(快乐 kuàilè) : 즐겁다, 유쾌하다.
씬니엔콰이러(新年快乐 xīnniánkuàilè) : 새해 복 많이 받으세요.

☆ 간단 문법 : 비교문과 바(把)자문

비교문은 A와 B의 비교를 나타내는 문장, 바(把)자문은 목적어를 강조
한 문장으로 주어와 동사술어 사이에 '바(把)+목적어'가 온다.

---

1. 비교문
   대표적인 비교문은 '삐(比) ~보다', '쭈이(最) 가장 ~하다', '껀(跟)~
   이양(一样)~ ~와 같다', '여우(有) ~나머(那么) ~만큼 한다.' 등이 있
   다.

   1) 삐(比)
      워(我)+**삐(比)**+니(你)+따(大)+싼수이(三岁)。
      = 나는 당신보다 3살이 더 많다.
      메이(美)+**삐(比)**+타(她)+피아오리앙(漂亮)。
      = 그녀보다 메이가 더 아름답다.
      '~보다'의 삐(比)는 대상(你)의 앞에 놓이고 많고 적고 좋고 나쁘
      고의 비교이므로 형용사술어 따(大)가 쓰였다.

   2) 쭈이(最)
      쩌 스탕더 차이(这 食堂的 菜)+**쭈이(最)**+하오 츠(好 吃)。
      = 이 식당의 요리가 가장 맛있다.
      여기에서 '쭈이(最)+형용사술어'로 '가장 ~하다'의 뜻.

   3) 껀(跟)~ 이양(一样)/이치(一起)
      워 타이타이(我 太太)+**껀(跟)**+니 타이타이(你 太太)+**이양(一样)**+
      피아오리앙(漂亮)。 = 내 아내는 당신 부인과 같이 아름답다.
      워(我)+**껀(跟)**+니(你)+**이치(一起)**+취(去)+메이구워(美国)。
      = 나는 당신은 함께 미국에 간다.

라오쓰(老师)+**껀(跟)**+타(他)+**이치(一起)**+옌지우(研究)。

= 그와 선생님은 함께 연구한다.

'와, 껀(跟)' 다음에 '이양(一样)+형용사술어'가 오거나 '이양(一样)+동사술어', '이양(一样)+동사술어+목적어' 오기도 한다. 껀(跟)과 이양(一样)만 알면 그 뒤는 해석이 '~와 같이 ~이다.'로 된다. 이치(一起)는 '함께'의 뜻.

4) 여우(有) ~나머(那幺)

워(我)+**여우(有)**+니(你)+**나머(那么)**+후이슈워(会说)+르위(日语)。

= 나는 당신만큼 일어를 말할 수 있다.

여기서 여우(有)는 '갖다'가 아닌 '~이다' 정도의 뜻으로 '만큼'의 나머(那么)가 대상(你)의 뒤에 있고 다음은 '동사술어+목적어'로 된다.

2. 바(把)자문

1) 주어+바(把)+목적어+동사술어~

타(他)+**바(把)**+나거 띠엔잉(那个 电影)+칸완 러(看完 了)。

= 그는 그 영화를 다 봤다.

바(把)+쭈워즈(桌子)+팡샤라이(放下来)。 = 탁자 좀 내려주세요.

칭(请)+**바(把)**+니더 밍즈(你的 名字)+시에(写)+짜이 쩌얼(在 这儿)。 = 당신 이름을 여기에 써주세요.

바(把)자문은 동작 대상(주로 목적어)을 강조해 원래 자리에서 주어와 동사술어 사이로 이동하게 하여 한국어 어순과 같게 된다. '~은/는 ~을/를 ~하다'

2) 주어+바(把)+직접 목적어+동사술어+간접 목적어

타(他)+**바(把)**+나번 슈(那本 书)+게이(给)+니 러(你 了)。

= 그는 그 책을 나에게 주었다.

라오쓰(老师)+바(把)+한위(汉语)+찌아오(教)+워먼(我们)。

= 선생님은 중국어를 우리에게 가르친다.

간접 목적어와 직접 목적어 중 직접 목적어를 강조해 주어와 동사술어 사이로 이동하고 간접 목적어는 그대로 있다. 해석은 '~은/는 ~을/를 ~에게 ~하다'로 한국어 어순과 같다.

3) 부정형

타(他)+메이바(没把)+나거 띠엔잉(那个 电影)+칸 완(看 完)。

= 그는 그 영화를 다 안 봤다.

타(他)+뿌후이 바(不会 把)+나번 슈(那本 书)+게이(给)+니(你)。

= 그는 그 책을 나에게 주지 않을 것이다.

부정형은 뿌(不)나 메이(没)를 바(把) 앞에, 능원 동사(조동사)가 있을 때는 능원 동사+바(把) 앞에 위치한다.

4) 비교문에서 바(把) 없이도 쓴다.

니(你)+르번(日本)+취 꾸워(去 过), 메이구워(美国)+메이취 꾸워(没去 过)。

= 당신은 일본에 간 적이 있으나, 미국은 간 적이 없다.

'~하고, 안 ~하고'의 두 문장을 대비할 때 바(把) 없이 쓰기도 한다. 원래는 '바(把) 르번~, 바(把) 메이구워~'

• 문법 문답

주노인 : 비교문은 많고 적고 좋고 나쁘고 등 형용사술어가 쓰이는 문장이야. 따라서 간단히 '와'의 삐(比), '가장'의 쭈이(最), '~와 ~같이'의 껀(跟)~ 이양(一样)~ 정도만 알면 충분해.

어대수 : '껀(跟)~ 이양(一样)~' 다음에는 형용사술어나 '동사술어+목적어'

가 올 수도 있지요.

주노인 : 그것도 '주어 ~하다 을/를'로 중국어 핵심 어순에 충실하지. 해석해 보면 **'주어가 ~와 같이 ~다 ~을/를'**로 되는 거지. 그냥 '껀(跟)~ 이양(一样)~'에서 끝나기도 해. 그럼 **'주어는 ~와 같다'**로 되지.

어대수 : 우와~ 쉽네.

주노인 : '여우(有)~ 나머(那么)~'는 '나는 당신만큼 일어를 말할 수 있다, 워 여우 니 나머 후이슈워 르위(我 有 你 那么 会说 日语)。'가 되지. 그러니까 목적어는 '니 나머 후이슈워 르위(你 那么 会说 日语)'인데 그 안에는 '니 나머 후이슈워 르위(你 那么 会说 日语)'로 '주어+동사술어+목적어'가 있는 셈이지. 이것을 절이라고 해.

어대수 : 직역은 '나는, ~이다, 당신만큼, 말할 수, 일어'가 되는 거네요.

주노인 : 바(把)자문은 **'주어가 ~을/를 ~다 ~에게'**라는 것만 기억해.

어대수 : 바(把)자문은 잘 보면 '주어+동사술어+간접 목적어(에게)+직접 목적어(을/를)'에서 직접 목적어를 동사술어 앞으로 도치시킨 셈이네요. '주어+바(把) 직접 목적어(을/를)+동사술어+간접 목적어(에게)'이잖아요.

주노인 : 단, 간접 목적어가 없을 수도 있으니 '주어+동사술어+목적어'에서 목적어의 도치라고 해도 되지. '주어+바(把) 목적어+동사술어'로 도치란 대상 단어의 강조임을 잊지 마.

19. 마지막 보자기를 풀어보다.

비행기 표를 산 대수

대수는 PC방에 가서 인터넷으로 내년에 복학 신청을 했다. 학원 친구들과도 작별인사 겸 저녁에 면관으로 초대했다. 한때 뿌량쉬에셩(不良学生 불량학생)의 대표선수였던 나잘난은 이미 그의 아버지 나대로에게 잡혀 한국으로 끌려간 지 오래였다. 메이메이와 다툼이 있고 난 뒤, 친해진 왕샹(王上)과는 한리우꺼셔우(韩流歌手 한류가수) 안재욱의 콘서트에 같이 가는 것으로 대신했다. 안재욱은 중국에서 한국 셔우찌 꽝까오(手机 广告 스마트폰 광고) 모델로도 활동하고 있었다. ※예전 일이다. 당시는 중국에서 한국 스마트폰이 아이폰과 함께 고급으로 여겨져 상당히 잘 팔렸다. 하지만 요즘은 중국에서 한국 스마트폰 판매량이 0%에 가깝다. 한국의 삼성 스마트폰이 세계 판매 1위라는 점을 고려하면 중국에서의 한국 스마트폰 판매량이 0%에 가깝다는 것은 어딘가 부자연스럽다.

"왕샹, 니 시환 안짜이쉬 마(你 喜欢 安在旭 吗 너 안재욱 좋아해)? "

"삐치 안짜이쉬 껑 시환 리쩡시엔(比起 安在旭 更 喜欢 李贞贤 안재욱보다 이정현을 더 좋아해)."

"잉?"

안재욱의 콘서트장에는 많은 중국 사람들이 한국 가요에 열광하고 있었다. 대수도 오랜만에 한국어로 실컷 노래 부를 수 있어 좋았다. 그런데 왜 눈물이 나는지 알 수 없었다. 콘서트장을 나와 왕샹과 헤어졌다.

"니 취 나열(你 去 哪儿 어디 가는 데)?"

"여우(有 있어)。"

"짜이찌엔(再见 다시 봐)。"

대수는 왕샹의 뒷모습을 보고 '우리가 언제 다시 볼 수 있을까'하는 생각이 들었다.

대수는 지하철을 타고 시내로 갔다. 상해 시내는 언제나 많은 사람으로 북적였고 새로 생긴 한국 따싱저커우띠엔(大型折扣店 대형할인점)에서는 한구워 샹핀(韩国 商品 한국 상품)도 쉽게 볼 수 있었다. 대수는 뤼싱써(旅行社 여행사)로 갔다.

"환잉꽝린(欢迎光临 어서 오세요)。"

'환잉꽝린(欢迎光临)'이란 인사는 주로 음식점이나 큰 쇼핑센터 입구에서 중국 치파오(旗袍)을 입은 예쁜 샤오지에(小姐 아가씨)에게 들을 수 있다. 처음에 들으면 "무슨 소리를 하는 거야?"하는 생각이 들기도 하지만 조금만 익숙해지면 황잉꽝린이란 말은 '환영한다'의 후안잉(欢迎), '오세요'의 꾸앙린(光临)을 빨리하는 것임을 알 수 있다. 어쨌든,

"워 야오 취 셔우얼(我 要 去 首尔 서울로 가려는데요)。"

"뿌쓰 이거런 지우 쓰 리앙거런 마(不是 1个人 就 是 2个人 吗 한 명 아니면 두 명입니까)?"

"이거런(一个人 한 명입니다)。 칭 게이 워 이짱 찌피아오(请 给 我 一张 机票 비행기 표 한 장 주세요)。"

메뉴 바꿔서, 주전자 노인과 대수의 마지막 대결

학원 친구들을 면관으로 초대한 대수가 주전자 노인과 음식을 준비하고 있다. 주전자 노인과 대수는 서로 요리를 바꿔서 해보기로 했다. 주전자 노인이 수타면, 대수가 절도면을 시작했다. 어느새 옆집의 왕샹이 와서 메뉴를 바꾼 주전자 노인과 대수의 대결을 외친다.

"슈이후 라오런더 셔우따미엔 허 따슈이더 치에따오미엔 뚜이쮀에(水壶 老人的 手打面 和 大水的 切刀面 对决 주전자 노인의 수타면와 대수의 절 도면 대결)。"

주전자 노인은 수타 반죽을 만드는데 무척 힘겨워했다. 대수가 도우려 하자 주전자 노인은 혼자 하겠다고 고집을 부렸다. 할 수 없이 대수는 면 수를 끓이고 절도면 반죽을 하고 따오(刀 칼)을 숫돌에 갈았다. 왕상이 힘 들어하는 주전자 노인의 반죽을 조금씩 도왔다. 왕상은 어릴 적부터 주전 자 노인을 보아 아무래도 대수보다 편한 모양이다. 주전자 노인은 도마에 반죽을 치기 시작했다. 텅-텅- 완성된 반죽에 손가락을 대자 이내 면발이 뽑혀 나오기 시작했다. 이를 본 대수와 왕상은 주전자 노인의 귀신같은 솜씨에 파이셔우(拍手 박수)를 보냈다. 대수도 반죽 덩어리를 들고 칼로 샥-샥- 반죽을 썰어 면발을 만들어 냈다. 수타면과 절도면을 그릇에 담고 육수를 부어 대수의 학원 친구들에게 냈다.

"취엔 떠우 츠띠아오(全 都 吃掉 모두 먹어봐)。"

대수의 학원 친구들은 육수를 부은 주전자 노인의 수타면과 대수의 절 도면을 번갈아 맛을 보았다. 수타면과 절도면은 서로 승부를 가리기 어려 웠다. 얼마 후, 왕상이 대수 학원 친구들의 맛 평가를 수집한 후 주전자 노인의 수타면과 대수의 정도면의 대결 결과를 발표했다.

"셔우따미엔 허 치에따오미엔, 량중 웨이따오 이양(手打面 和 切刀面, 两种 味道 一样 수타면과 절도면, 두 개의 맛은 같아요)。 무승부입니다."

결과가 발표되자 모두 환호성을 질렀다. 주전자 노인은 대수의 절도면 을 맛보고 대수도 주전자 노인의 수타면을 먹어보았다. 정말 우열을 가리 기 어려운 맛이었다. 주전자 노인이 대수에게,

"치에따오미엔 헌 하오츠(切刀面 很 好吃 맛있다)。 쩐 하오츠(真 好吃 정말 맛있어)。"

"셔우따미엔예 헌 하오츠(手打面也 很 好吃 수타면도 정말 맛있어요)。 워 시앙치 러 빠바더 셔우따미엔(我 想起 了 爸爸的 手打面 아버지의 수타 면이 생각나요)。 웨이따오 이양(味道 一样 맛이 같아요)。"

"치에따오미엔예 껀 이치엔더 웨이따오 이양(绝道面也 跟 以前的 味道 一样 절도면도 옛날 맛과 같아)."

"예예(爷爷 할아버지), 워 야오 후이 한구워 러(我 要 回 韩国 了 저 한국으로 돌아가야 해요)."

주전자 노인은 이미 알고 있었다는 듯 고개만 끄덕일 뿐 말이 없었다. 그 대신 주전자 노인은 대수와 학원 친구들에게 수타면을 만드는 일처럼 중국어를 배우는 것도 처음에는 잘 안 되더라도 실망하지 말고 계속 노력하면 유창한 중국어를 할 수 있을 거라고 격려를 해주었다.

메이메이는 나를 위한 메이데이

대수는 면관에서 캐리어에 짐을 쌌다. 이 캐리어는 바로 대수가 정신을 잃고 상하이 한복판에서 튀어나온 그 캐리어였다. 막상 중국을 떠나려고 하니 캐리어에 옷가지, 책, 기념품 등 넣을 것들이 많았다. 옆집의 왕샹은 짐 챙기는 것을 도와줄 것도 없는데 굳이 대수 곁에서 이것저것 눈독을 들이고 있다. 결국, 대수는 가방에 담기 어려운 물건을 왕샹에게 주었다. 왕샹은 신나서 다른 것도 달라고 했다. 대수도 친해진 왕샹에게 웬만한 물건을 다 주고 가고 싶었다. 왕샹은 만둣가게 영업 때문에 찌창(机场 공항)에는 나가지 못한다고 했다. 대신 왕샹은 공항에서 먹으라며 막 쪄온 만두 한 봉지를 내밀었다. 고마웠다.

대수는 왕샹과 마지막 인사를 하고 면관을 나섰다. 주전자 노인과 메이메이는 가방을 들고나오는 대수에게 별말이 없었다. 대수는 주전자 노인과 메이메이에게 작별인사를 했다. 주전자 노인은 아쉬움에 대수의 두 손을 잡았다. 메이메이는 애써 다른 쪽을 바라보고 있었다. 대수는 불러놓은 택시를 타고 공항으로 출발했다. 대수는 공항으로 가는 택시 안에서 쭝구워 셩후워(中国 生活 생활)에 대해 생각해 보았다.

"워 짜이 쭝구워더 셩후워쭝 더따오 러 션머 너(我 在 中国的 生活中 得到 了 什么 呢 나는 중국 생활에서 뭘 얻었을까)?"

대수는 특별히 떠오르는 것은 없었지만 낯선 중국에서 힘든 시간을 이

겨냈고 할아버지 어수선이 상해에서 독립운동한 것을 알게 되었다. 공항에 도착해, 체크인 카운터에서 짐을 부치니 드디어 중국 생활이 마무리되는 것 같았다. 대수는 혼잣말했다.

"짜이찌엔(再见 다시 봐)"

중국의 작별인사인 짜이지엔(再见)은 '잘 계세요'가 아니라 '다시 봐요'여서 작별이 아니라 곧 누군가를 다시 만나야 할 것만 같았다. 대수는 끝으로 아버지가 준 마지막 보자기를 펼쳐보았다. 거기에는 '런(人 사람)'라고 적혀있었다. 그 순간 대수의 머리를 스쳐 가는 지에따(解答 해답)가 있었다.

"나는 중국 생활에서 나를 구원해줄 사람을 얻은 거였어. 나는 불량학생이었지만, 나를 구원해준 사람으로 인해 새로 태어난 거야. 그 사람이 바로 메이메이였어. 메이메이는 나를 위한 구조신호 Mayday야."

대수는 페이찌(飞机 비행기)를 취소하고 택시 타고 면관으로 돌아갔다. 대수는 택시에서 내려 크게 소리 높여 불렀다.

"메이메이! 메이메이! 메이메이!"

☆ 간단 회화 : 날짜, 요일 묻기 - 년과 월, 일, 요일

메이 : 찐티엔(今天) 지위에(几月) 지하오(几号)?
오늘은 몇 월 며칠이에요?

대수 : 찐티엔(今天) 이위에(一月) 얼스하오(二十号).
오늘은 1월 20일이에요.

메이 : 찐니엔(今年) 쓰(是) 나니엔(哪年) ?
올해는 어느 해입니까?

대수 : 찐니엔(今年) 얼링링리우니엔(2006年).
올해는 2006년입니다.

메이 : 워(我) 쓰(是) 취니엔(去年) 라이(来) 쫑구워더(中国的).
나는 작년에 중국에 온 거예요.

대수 : 니(你) 밍티엔(明天) 샹 취(想 去) 한구워(韩国) 마(吗)?
당신은 내년에 한국에 갈 예정이에요?

메이 : 뚜이(对). 쭈워티엔(昨天) 씽치지(星期几)?
네. 어제는 무슨 요일이었어요?

대수 : 쭈워티엔(昨天) 쓰(是) 씽치이(星期一).
어제는 월요일이었어요.

메이 : 니(你) 짜이(在) 워찌아(我家) 샹 쭈(想 住) 지티엔(几天)?
당신은 나의 집에서 며칠간 살 거예요?

대수 : 예쉬(也许) 야오(要) 이거 씽치(一个 星期) 하이쓰(还是) 이거 위에
(一个 月) 쭈워여우(左右).
아마 일주일 아니면 한 달 정도 머물 거예요.

메이 : 쌰씽치(下星期) 지(几) 니(你) 야오 추파(要 出发)?
다음 주 무슨 요일에 당신은 출발할 예정이에요?

대수 : 워(我) 쌰씽치(下星期) 씽치산(星期三) 야오 추파(要 出发).
나는 다음 주 수요일에 출발하려 해요.
인웨이(因为) 워(我) 라이(来) 쫑구워(中国) 이징(已经) 이거 니엔

러(一个 年 了)。
내가 중국에 온 지 이미 1년이 되었기 때문에.

▲ 간단 회화해설

- '몇 월 며칠이에요?'하는 질문은 '지위에 지하오(几月 几号)?' 정도로 할 수 있는데 일(日)을 '하오(号)'로 하는 것에 주의하자. 또 '올해 몇 년도입니까?' 하는 질문도 '찐니엔 쓰 나니엔 今年 是 哪年)?'으로 지니엔(几年) 하지 않고 '어느 해, 나니엔(哪年)'으로 한다.

- 요일을 물을 때에도 '지(几)'가 쓰이는데 '어제는 무슨 요일이에요?'는 '쭈워티엔 씽치지(昨天 星期几)?'라고 한다. 여기서 씽치(星期)는 '~요일'이란 말로 월요일부터 토요일은 '숫자 이(一) , 얼(二), 싼(三)...'을 붙인다. 월요일은 씽치이(星期一), 화요일은 씽치얼(星期二), 수요일은 씽치싼(星期三), 목요일은 씽치쓰(星期四), 금요일은 씽치우(星期五), 토요일은 씽치리우(星期六)이다. 일요일은 숫자가 아니고 티엔(天)을 붙여 씽치티엔(星期天)이라 한다.

- '아마 일주일 아니면 한 달 정도 머물 거예요, 예쉬(也许) 야오(要) 이거씽치(一个星期) 하이쓰(还是) 이거위에(一个月) 쭈워여우(左右).'에서 하이쓰(还是)는 '아니면' 하는 접속사이다.

▲ 회화 단어정리

찐티엔(今天 jīntiān) : 오늘. '내일'은 밍티엔(明天), '어제'는 쭈워티엔(昨

253

天). 금일(今日)이 아닌 티엔(天)으로 쓰는 것에 주의

지티엔(几天 jǐtiān) : 며칠. '1일'은 이티엔(一天), '2일'은 량티엔(两天), '3일'은 싼티엔(三天)

지위에(几月 jǐyuè) : 몇 월. 며칠은 지하오(几号). 말할 땐 하오(号), 쓸 땐 르(日)를 쓴다. 1하오(号) = X, 1르(日) = O

쩌위에(这月 zhèyuè) : 이번 달. '다음 달'은 쌰위에(下月), '지난달'은 샹위에(上月)

나니엔(哪年 nǎnián) : 어느 해. '올해'는 찐니엔(今年), '작년'은 취니엔(去年), '내년'은 밍니엔(明年)

얼링링리우니엔(2006年 èrlínglíngliùnián) : 2006년. '링(零)'은 0

씽치지(星期几 xīngqījǐ) : 무슨 요일

씽치(星期 xīngqī) : 요일

씽치이(星期一 xīngqīyī) : 월요일. 화요일은 씽치이(星期二), 수요일은 씽치싼(星期三), 목요일은 씽치쓰(星期四), 금요일은 씽치우(星期五), 토요일은 씽치리우(星期六), 일요일은 씽치티엔(星期天)

이거씽치(一个星期 yígexīngqī) : 1주일간. 이거(一个)를 붙여 기간을 나타내고, 2주간은 량거씽치(两个星期), 3주간은 싼거씽치(三个星期), 1년간은 이거니엔(一个年)

쌰씽치(下星期 xiàxīngqī) : 다음 주. '이번 주'는 쩌씽치(这星期), '지난 주'는 샹씽치(上星期)

예쉬(也许 yěxǔ) : 아마. '이미'는 이징(已经)

추파(出发 chūfā) : 출발하다.

☆ 간단 문법 : 피(被)동문과 겸어문

　피(被)동문은 주어가 동작의 대상이 되거나 개사 '뻬이(被)', '찌아오 (叫)', '랑(让)' 등을 써서 동작의 주체를 끌어내는 수동태 문장이고, 겸어 문은 한 문장에서 술어가 두 개 이상 있는 문장이다. 겸어문(바람문)은 피 동문 구조와 비슷하나 타인의 바람이 담긴 것이 다르다.

---

1. 피(被)동문

　1) 목적어 주어+피동 주어+동사술어~
　　씨꽈(西瓜)+니(你)+츠 꾸워(吃 过)。
　　= 수박은 당신이 먹어본 적 있다.
　　한위(汉语)+워(我)+쉬에시 꾸워(学习 过)。
　　= 중국어는 내가 공부한 적이 있다.
　　씨꽈(西瓜)는 목적어지만 주어 자리에서 동작의 대상이 된다. 목
　　적어가 주어가 되었으므로 '을/를' 아닌 '은/는(이/가)'으로 해석.
　　씨꽈(西瓜)가 목적어 주어, 피 (被)개사(여기서는 생략), 니(你)가
　　피동 주어, 츠 꾸워(吃 过)가 동사술어로 된다.

　2) 목적어 주어+피(被) 개사+피동 주어+동사술어~
　　쫑구워차이(中国菜)+**뻬이(被)**+타(他)+츠 러(吃 了)。
　　= 중국 요리는 그가 먹어버렸다.
　　황산(黄山)+**뻬이(被)**+러먼(人们)+청 러(乘 了)。
　　= 황산은 사람들이 올라버렸다.
　　피(被) 개사는 '~당하다'의 뜻이고 직역은 '중국 요리는 그에 의
　　해 먹혔다.'가 되고 의역은 '중국 요리는 그가 먹어버렸다.'가 된
　　다. 피동문은 다른 이에게 당하는 것임으로 부정적인 의미로 쓰
　　인다.

3) 기타 피동사

목적어 주어+게이(给)/랑(让)/찌아오(叫)+피동 주어+동사술어

쩌 뚱시(这 东西)+**게이(给)**+니(你)+마이 러(买 了)。

= 저 물건은 당신이 사버렸다.

루상(路上)+**랑(让)**+위(雨)+게이린 러(给淋 了)。

= 오는 길에 비 맞아 젖어버렸다.

워(我)+**찌아오(叫)**+타(她)+아이 러(爱 了)。

= 나는 그녀를 좋아해 버렸다.

피(被) 개사 대신 게이(给), 랑(让), 찌아오(叫) 등을 쓸 수 있고
게이(给)는 생략할 수 있다.

2. 겸어문(바람문)

1) 주어+칭(请)동사+목적어(주어)+동사술어~

타(他)+**칭(请)**+워먼(我们)+취(去)。 = 그는 우리가 가길 바란다.

칭(请)+니(你)+까오수(告诉)+타더 밍즈(他的 名字)。

= 당신이 그의 이름을 말해주세요.

주어+칭(请) 술어 다음에 다시 목적어 주어+동사술어가 나온다.
해석은 '누구는, ~해주길 바람(사역), 누가, ~하게'로 된다. 주어
없이 칭(请)동사로 문장을 시작할 수도 있다.

칭(请) 외 랑(让), 찌아오(叫), 스(使) 등이 쓰인다.

빠바(爸爸)+**랑(让)**+워(我)+후이(回)+찌아(家)。

= 아버지는 내가 집에 돌아오도록 했다.

랑(让)+니(你)+찌야오(叫)+띠엔화하오마(电话号码)。

= 당신이 전화번호를 불러 주세요.

2) 여우(有) 겸어문

팡지엔 리(房间 里)+**여우(有)**+이거 런(一个 人)+찌아오(叫)+메이
(美)。 = 방안에 메이라는 한 사람이 있다.
쭈워즈상(桌子上)+**여우(有)**+이번 슈(一本 书)。
= 탁자 위에 책 한 권이 있다.
여우(有)가 겸어문에 쓰일 때는 일반적으로 이거 런(一个 人) 같
은 수량 보어가 온다.

• 문법 문답

어대수 : 피(被)동문은 말 그대로 피를 본 문장인가요?

주노인 : 말장난하지 말고. 피동은 스스로 동작을 한 것이 아니라 다른
사람이나 요인에 의해 뭐가 하여진 것을 말해. 그래서 '목적어
주어(은/는)+피(被) 개사(생략 가능)+피동 주어(이/가)+동사술어'
어순이 되지. 간단히 수동태 문장이라고 하면 이해가 쉽지.

어대수 : 피동문은 바(把)자문의 목적어 강조를 뛰어넘어 목적어가 문장
앞으로 가네요.

주노인 : 그래서, 목적어가 주어가 되어 목적어 주어라고 하지. 해석은
'뭐는 (피동)주어가 ~당했다'로 되지. '씨꽈(西瓜)+피(被) 개사+
니(你)+츠 꾸워(吃 过)'의 직역은 '수박은 당신에 의해 먹혔다.'
인데 의역해서 '수박은 당신이 먹어버렸다.'가 된 거야.

어대수 : '목적어 주어+피(被) 개사+피동 주어+동사술어'에서 피(被) 개사
(~당하다)를 술어로 보면 피동 주어는 피(被) 개사의 목적어가
되는 셈이네요.

주노인 : 맞아, 위치에 따라 목적어가 주어도 되고 주어가 목적어도 되지.
또한, 이것은 '주어+동사술어+주어+동사술어(연동문)'이나 '주
어+동사술어+목적어(주어)+동사술어(겸어문)' 같은 독특한 중국
어 어순 때문인데 이들을 연동문과 겸어문이라고 해.

어대수 : 다른 피(被) 개사인 게이(给)와 랑(让), 찌아오(叫)는 알아만 두면 되겠네요.

주노인 : 이들 피(被) 개사도 뻬이(被)와 같이 '~당하다'인 것만 알아 둬.

어대수 : 겸어문은 거의 피동문과 구조가 같아요. '주어(은/는)+칭(请)동사 +주어(이/가)+동사술어'로 말이죠. 해석은 '누구는, ~해주길 바람(사역), 누가, ~하게'가 되는 거죠.

주노인 : 그래. 이제 잘 아는구나. 겸어문은 바람문이라고 할 수 있는데 주어 없이 '칭(请)동사~'로 될 수 있는 것도 기억해.

20. 짜이찌엔

사라진 주전자 노인

"메이메이(美美), 니 허 워 이치 취 한구워 바(你 和 我 一起 去 韩国吧 너 나랑 한국으로 가자)."

대수가 급하게 메이메이를 찾으며 면관으로 들어서는데 주전자 노인은 보이지 않고 메이메이가 저녁 식사를 준비하고 있었다. 대수가 갑자기 나타나자 메이메이는 당황스러운 표정이었다. 이미 비행기를 타고 한국으로 향하고 있어야 할 대수가 내 앞에 있으니 말이다.

"니 슈워 션머 너(你 说 什么 呢 무슨 얘길 하는 거야)?"

"니 뿌쓰 쯔따오 마, 워 시환 니(你 不是 知道 嘛, 我 喜欢 你 너 알잖아, 나 너 좋아해)."

"뚜이(对 맞아). 하지만..."

"워 까오수 예예(我 告诉 爷爷 할아버지에게 내가 말할게)."

주전자 노인은 면관 어디에도 없었다. 옆집 왕상도 알지 못한다고 했다. 다만, 면관 선반 위에서 쪽지 하나가 놓여있었다. 대수와 메이메이가 주전자 노인의 쪽지를 읽어보았다.

'칸 따슈이 허 메이메이(看 大水 和 美美).
대수와 메이메이 보아라.

259

니엔칭더 스허우(年轻的 时候),
젊은 시절,
워 여우 이거 찌아오 위슈이씨엔더 한구워펑여우(我 有 一个 叫 鱼水仙的
韩国朋友).
나는 어수선이라고 불리는 한국인 친구가 있었다.'

대수가 말했다.
"위슈이씨엔 쓰 워더 예예(鱼水仙 是 我的 爷爷 어수선은 내 할아버지
인데)."

'워먼 위에 하오 러, 랑 헤이즈먼 지에훈(我们 约 好 了, 让 孩子们
结婚).
우리는 약속했지, 자식들을 결혼시키기로.'

대수가 다시 말했다.
"그래서, 빠바 나쩌 쭝구워 뉘런더 쨔오피엔 마(爸爸 拿着 中国 女人的
照片 吗 아버지가 중국 여자 사진을 갖고 있었나)?"
예전 대수가 아버지 어물전의 오래된 사진 속에는 예쁜 중국 여자의 사
진을 본 적이 있었다. 지금 생각해 보니 메이메이가 그 여자를 닮은 것
같았다. 그럼, 그 사진 속 중국 여자가 메이메이의 엄마?
메이메이가 말했다.
"마마 니엔칭더 스허우 시앙후이 한구워 찌우 쓰 인웨이 쩌거(妈妈 年
轻的 时候 想回 韩国 就是 因为 这个 엄마가 젊은 시절 한국에 가고 싶
다는 것이 이것 때문이었어)."

'딴쓰 쩌쓰 메이빤청(但是 那事 没办成).
하지만 그 일은 성사되지 못했지.'

대수와 메이메이가 놀라 동시에 소리쳤다.

"워먼더 쌍위 쓰 자오이 위띵더 쓰칭(我们的 相遇 是 早已 预定的 事情 우리의 일은 예정된 일이었어)."

'뚜이(对)。 쩌 찌우 쓰 위엔펀(这 就 是 缘分)。
　맞아, 이것을 인연이라고 하지.
메이메이 위따슈이 이퉁 치엔왕 한구워(美美 鱼大水 一同 前往 韩国)。
　메이메이는 대수와 함께 한국으로 떠나라.
워 야오 취 뤼여우 이뚜안 스찌엔(我 要 去 旅游 一段 时间)。
　나는 한동안 여행을 할 테니.'

오래된 사진 속 주전자 노인과 어수선

아무리 주전자 노인이 그리 말했다고 해도 메이메이는 바로 대수와 함께 한국으로 떠날 수는 없었다. 메이메이는 주전자 노인의 행방을 알기 위해 주전자 노인의 서랍을 열어보았다. 그곳에는 젊은 시절의 주전자 노인과 대수 할아버지인 어수선의 쨔오피엔(照片 사진)이 있었다. 오래된 사진 속에는 젊은 주전자 노인과 어수선이 어깨동무하며 행복하게 웃고 있었다. 사진 뒤에는 '꾸 펑여우 삐 꾸 지우 하오 러(古 朋友 比 古 酒 好 오래된 친구는 오래된 술보다 좋다).'고 쓰여 있었다. 대수와 메이메이는 옆집의 왕상에게 주전자 노인의 행방에 관해 물었다.

"예예 게이 니 리우 러 션머 후아(爷爷 给 你 留 了 什么 话 할아버지가 너에게 무슨 말씀 남겼니)?"

"뿌쓰(不是 아니)。 워 뿌쯔따오 러(我 不知道 了 난 몰라)."

대수와 메이메이가 온 동네를 다 찾아다녔지만 끝내 주전자 노인의 행방을 찾을 수 없었다. 할 수 없이 대수와 메이메이는 면관을 왕상에게 맡기고 주전자 노인의 바람대로 한국으로 떠났다. 메이메이는 비행기 안에서 할아버지에게 미안한 마음이 들어 눈물이 났다. 하지만 이제는 슬픔을 나눌 사람이 곁에 있었다. 메이메이의 눈물은 오래된 사진 위로 떨어지고 사진 속의 주전자 노인은 이렇게 말하듯 했다.
"짜이찌엔(再见 다시 보자)。"

☆ 간단 회화 : 서바이벌 회화

메이 : 니(你) 찌야오(叫) 션머 밍즈(什么 名字)?

　　　당신 이름이 무엇이에요?

대수 : 워(我) 찌야오(叫) 위따슈이(鱼大水)。 워(我) 쓰(是) 한구워런(韩国人)。 나는 어대수라고 불러요. 나는 한국인이에요.

메이 : 야오(要) 쩌거(这个) or 야오(要) 나거(那个)。

　　　이것 주세요. or 저것 주세요.

대수 : 처수워(厕所) 짜이 나얼(在 哪儿)?

　　　화장실 어디 있어요?

메이 : 쫑궈인항(中国银行) 쩐머 저우(怎么 走)?

　　　중국은행 어떻게 가요?

대수 : 칭(请) 니(你) 시에(写) 이싸(一下)。

　　　좀 써주세요.

메이 : 뚜워샤오치엔(多少钱)?

　　　얼마에요?

대수 : 타이 꾸이 러(太 贵 了). 칭(请) 피엔이(便宜) 바(吧)。

　　　매우 비싸요. 싸게 해주세요.

메이 : 칭(请) 지에쩡(结帐)。

　　　계산해 주세요.

대수 : 칭(请) 빵(帮) 워(我) 짜오쌍(照相) 마(吗)?

　　　사진 좀 찍어주실래요?

▲ 간단 회화해설

- 중국을 여행할 때 가장 기본적인 자기소개만 할 수 있어도 처음 만나

는 중국 사람들과 잘 지낼 수 있다. '나는 한국인이고 어대수라고 해요'
라는 말은 '워 쓰 한구워런(我 是 韩国人), 워 찌야오 위따슈이(我 叫 鱼
大水).'라고 하면 된다.

- 또 물건을 살 때나 무언가를 가리킬 때 '이것, 쩌거(这个)', '저것, 나
거(那个)'만 알아도 얼마나 편한지 모른다. '~주세요'는 '야오(要)~', 화장
실은 '처수워(厕所)', 중국은행은 '쭝구워인항(中国银行)'이다.

- '좀 써 주세요'는 '칭 니 시에 이쌰(请 你 写 一下).', '얼마에요?'는
'뚜워샤오치엔(多少钱)?', '싸게 해주세요'는 '칭(请) 피엔이(便宜) 바(吧).'
로 하면 된다. 간단한 단어만 알아도 중국 여행 시 편리하고 중국어는
기본적으로 **'주동보/목(주어+동사+보어/목적어)'**라는 것만 알면 간단한
문장으로 말할 수 있다.

▲ 회화 단어정리

찌아오(叫 jiào) : 외치다, 부르다.
밍즈(名字 míngzi) : 이름. 성는 씽(姓)
야오(要 yāo) : 구하다, 주세요. 게이(给)도 주다.
쩌거(这个 zhège) : 이것. 나거(那个)는 저것
처수워(厕所 cèsuǒ) : 화장실
웨이셩즈(卫生纸 wèishēngzhǐ) : 화장지, 휴지
짜이(在 zài) : ~에 있다.
나얼(哪儿 nǎr) : 어디. 나(哪)는 어느
쩐머(怎么 zěnme) : 어떻게. 쩐머저우(怎么走)는 어떻게 가나?
시에(写 xiě) : 쓰다.

티엔(填 tián) : 채우다, 보충하다, 기입하다.
뚜워샤오치엔(多少钱 duōshaoqián)? : 얼마에요?
타이꾸이(太贵 tàiguì) : 매우 비싸다. '싸다'는 피엔이(便宜)
지에쩡(结帐 jiézhàng) : 계산하다.
셔우쮜(收据 shōujù) : 영수증
빵(帮 bāng) : 돕다.
쨔오썅(照相 zhàoxiàng) : 사진

☆ 간단 문법 : 연동문과 존출문

　　연동문은 한 주어 하에 동사술어와 목적어가 연이어 나오는 것을 말하고, 존출문은 대상의 존폐 여부를 가리키는 문장이다. 연동문과 겸어문은 '주어1+동사술어1+목적어1(주어2)+동사술어2...'로 같다고 할 수 있다. 겸어문의 동사술어1이 칭(请)동사인 것만 다르다.

---

　1. 연동문

　1) 주어+동사술어1+목적어1(주어2)+동사술어2+목적어2
　　니(你)+취(去)+투슈관(图书馆)+찌에(借)+슈(书)。
　　= 당신은 책 빌리러 도서관에 갔다.
　　연동문은 주어+술어의 주술문의 반복이다. 동사술어는 시간 순서대로 쓴다. 연동문에 쓰인 취(去)와 찌에(借)는 취찌에(去借 빌리러 가다) 같이 2음절 동사(이합 동사)로도 쓴다.

　2) 주어+동사술어1+쩌(着)/완(完)/러(了)+목적어1+동사술어2+목적어2
　　워(我)+취(去)+**쩌(着)**+찬팅(餐厅)+츠(吃)+완판(晚饭)。
　　= 나는 저녁을 먹으러 식당에 가는 중이다.
　　워(我)+취(去)+**완(完)**+찬팅(餐厅)+츠(吃)+완판(晚饭)。
　　= 나는 저녁을 먹으러 식당에 다 갔다.
　　워(我)+취(去)+**러(了)**+찬팅(餐厅)+츠(吃)+완판(晚饭)。
　　= 나는 저녁을 먹으러 식당에 갔다.
　　동사술어1 뒤에 쩌(着 ~중)와 완(完 다하다)/러(了 했다) 같은 단어를 써서 시제와 시태를 표시할 수 있다. '츠 완판 러(吃 晚饭 了)'처럼 목적어2 뒤에 러(了)가 오면 '저녁 먹고 식당에 갔다.'는 뜻이 된다. 이는 러(了)가 과거나 동작완료를 의미하기 때문이다.

2. 존출문

1) 여우(有)

장소 주어+동사술어(有)+수량 보어

쭈워즈상(桌子上)+**여우(有)**+이핑 피지우(一瓶 啤酒)。

= 탁자 위에 맥주 1병이 있다.

찌아 리(家 里)+**여우(有)**+이거 런(一个 人)。

= 집안에 한 사람이 있다.

여우(有)를 써서 맥주의 존재를 나타낼 때는 수량 보어를 써서 구체적으로 한다. ※존출문은 존재를 나타내는데 쓰(是)는 '~이다'이지, '~있다'가 아니다. 그런데 '쓰(是) ○○'이면 우리처럼 '을/를'이 되지 않아도 ○○이 목적어.

2) 동사술어+쩌(着)/꾸워(过)/러(了)

장소 주어+동사+쩌(着)+수량 보어

쭈워즈상(桌子上)+여우(有)+**쩌(着)**+이핑 피지우(一瓶 啤酒)。

= 탁자 위에 맥주 1병이 (계속) 있다.

쭈워즈상(桌子上)+여우(有)+**꾸워(过)**+이핑 피지우(一瓶 啤酒)。

= 탁자 위에 맥주 1병이 있었던 적이 있다.

쭈워즈상(桌子上)+여우(有)+**러(了)**+이핑 피지우(一瓶 啤酒)。

= 탁자 위에 맥주 1병이 있었다.

러(了)가 와서 '탁자 위에 맥주 1병이 있었다.'라는 말은 '지금은 맥주가 없다.'는 의미로 존재가 없어졌다는 뜻.

● 문법 문답

어대수 : 연동문은 '**주어+동사술어1+목적어1(주어2)+동사술어2+목적어2**'로 시간 순서대로 동사술어가 위치하는 게 특징이네요.

주노인 : 맞아. 동사술어1 뒤에 쩌(着)나 꾸워(过), 러(了) 같은 시태(동태) 조사가 와서 동사술어의 시제와 시태를 바꿀 수 있다는 것은 앞서 배운 것이지.

어대수 : 존출문은 장소가 주어일 때의 경우를 말하는 거네요. '주어에 (구체적으로) 뭐가 있다'로 해석되고 직역은 '주어에 있다. (구체적으로) 뭐가'로 되네요.

주노인 : 여기서도 동사술어 뒤에 쩌(着), 꾸워(过), 러(了) 같은 시태 조사가 붙으면 동사술어의 시제와 시태가 달라진다는 거 알지.

어대수 : 네, 끝났다~

주노인 : 아직 일러. 이제 기초 중국어 문법을 알았으니 쉬운 것부터 익혀서 몸에 맞도록 해야 해. 몸에 맞도록 한다는 것은 자연스럽게 문법을 사용할 수 있게 하라는 거지.

어대수 : 알아요.

주노인 : 또 문법은 쓰라고 있는 거지, 알고만 있으라고 있는 건 아니지. 그러니 초급 중국어 교과서나 회화를 보고 어떤 문법이 쓰였나 스스로 테스트해보면 실력이 금방 늘 거야.

어대수 : 네.

주노인 : 대수야, 짜여우(加油)!

작가의 말

〈불량학생 중국어 정복기〉는 불량학생 어대수의 중국 표류기를 다룬 **명량 소설**을 통해 중국문화를 엿보고 중단어와 간단 중국어 회화, 어순감각으로 설명한 간단 중문법을 익힐 수 있게 한 책입니다.

중단어와 간단 중국어 회화, 어순감각 간단 중문법 예문은 모두 한국어로 표기하였고 띄어쓰기를 하였으므로 초급자가 보기에 어려움이 없으리라 봅니다. 한국어로 표기한 중단어의 정확한 발음이 궁금한 분은 소설 각 장 끝 〈회화 단어정리〉의 한어병음(발음기호)이나 중국어 사전을 참고해주세요.

〈불량학생 중국어 정복기〉는 본격적으로 중국어를 공부하기 전, 가볍게 명량 소설을 통해 중국문화를 살펴보고 필수 중국어 회화와 기초 중문법을 일독하려는 사람에게 적당합니다. 내용상 초급에 부족함이 없으리라 봅니다만, 부족한 부분이 있다면 어학전문 출판사의 중국어 책을 보아주세요. 끝으로 이 원고를 저술하며 여러 중단어 책, 중국어 사전, 중문법 책, 영문법 책, 중국어 학습 사이트, 인터넷 중국어 카페와 블로그 등을 참고하였으므로 이에 알립니다.

재미리